旅游线路设计

LUYOU XIANLU SHEJI

负聿薇　郑凤阁　宁　磊　编

西北大学出版社

·西安·

图书在版编目(CIP)数据

旅游线路设计 / 负聿薇,郑凤阁,宁磊编. —西安:西北大学出版社,2021.11

ISBN 978-7-5604-4867-1

Ⅰ.①旅… Ⅱ.①负…②郑…③宁… Ⅲ.①旅游线路—设计 Ⅳ.①F590.63

中国版本图书馆 CIP 数据核字(2021)第 232942 号

旅游线路设计
LUYOUXIANLUSHEJI

负聿薇 郑凤阁 宁 磊 编

责任编辑	李奕辰 朱 亮
出版发行	西北大学出版社有限责任公司
地　　址	西安市太白北路 229 号　邮　编　710069
网　　址	http://nwpress.nwu.edu.cn
邮　　箱	xdpress@nwu.edu.cn
电　　话	029-88303593
经　　销	全国新华书店
印　　刷	陕西汇丰印务有限公司
开　　本	787mm×1092mm　1/16
印　　张	17
字　　数	220 千字
版　　次	2022 年 4 月第 1 版　2024 年 1 月第 3 次印刷
书　　号	ISBN 978-7-5604-4867-1
定　　价	56.00 元

如有印装质量问题,请与本社联系调换,电话 029-88302966。

目 录

项目一 旅游线路设计基础知识
  任务一 初识旅游线路……………………………………………(1)
  任务二 旅游线路的类型…………………………………………(7)
  任务三 旅游线路设计理论基础………………………………(15)

项目二 旅游市场
  任务一 旅游市场概述…………………………………………(35)
  任务二 旅游市场细分…………………………………………(40)
  任务三 旅游市场调研…………………………………………(48)
  任务四 旅游产品的促销………………………………………(64)

项目三 旅游线路设计六要素组合
  任务一 旅游餐饮与旅游线路设计……………………………(74)
  任务二 旅游住宿与旅游线路设计……………………………(83)
  任务三 旅游交通与旅游线路设计……………………………(89)
  任务四 旅游景区与旅游线路设计……………………………(98)
  任务五 旅游娱乐与旅游线路设计……………………………(108)
  任务六 旅游购物与旅游线路设计……………………………(113)

项目四 旅游者购买行为分析
  任务一 旅游者的购买动机……………………………………(121)
  任务二 旅游消费构成及特点…………………………………(125)
  任务三 旅游者的旅游决策……………………………………(129)

  任务四 影响旅游消费者决策的因素……………………………(135)

项目五 旅游线路设计实际操作流程
  任务一 踩线………………………………………………………(144)
  任务二 旅游线路设计的客观因素……………………………(148)
  任务三 确定旅游线路主题………………………………………(151)
  任务四 旅游线路设计实际操作流程…………………………(154)

项目六 旅游线路设计实例评析
  任务一 天上西藏旅游线路………………………………………(164)
  任务二 亲子旅游线路……………………………………………(168)
  任务三 "神雕侠旅"旅游线路……………………………………(171)
  任务四 "长安号"丝绸之路专列旅游线路……………………(174)
  任务五 延安红色旅游线路………………………………………(178)
  任务六 神奇桂西:中国第一条世界级养生旅游线路………(181)

项目七 特殊旅游线路的设计
  任务一 户外旅游线路设计………………………………………(186)
  任务二 研学旅游线路设计………………………………………(194)
  任务三 银发旅游线路设计………………………………………(199)
  任务四 特殊旅游线路设计实例………………………………(205)

附 录
  附录1 中国世界遗产名录……………………………………(226)
  附录2 中国 AAAAA 级景区名录………………………………(255)
  附录3 "一带一路"沿线国家名单…………………………(266)

参考文献

项目一　旅游线路设计基础知识

课件：
项目一

导读

　　旅游者希望在舒适度不受影响或体力许可的前提下,能花较少的费用和较短的时间游览更多的风景名胜,而这一目标的实现也意味着旅游组织者工作效率的提高、旅游企业成本的降低及竞争力的增强,所以旅游线路设计人员一直在寻求一种更好的旅游线路设计方法,以满足旅游企业与旅游者双方的共同要求。因此,本章重点讲解旅游线路的概念、类型及旅游线路设计人员必须掌握的线路设计的指导思想、原则、方式和线路组合的具体形式。

学习目标

1. 解释和阐明旅游线路的概念
2. 区别旅游线路不同的划分标准
3. 分类和比较不同类型旅游线路的特点
4. 应用旅游线路设计的指导思想
5. 概括旅游线路设计的原则
6. 解释我国旅游线路设计中存在的主要问题

任务一　初识旅游线路

一、旅游线路的概念

　　公元629年,年轻的僧人玄奘为探究佛法的精髓,经凉州出玉门关,西行五万里赴天竺游学,前后历时十七年时间。公元645年,玄奘回国后,将他西游亲身经历的110个国家及传闻的28个国家的山川、地邑、物产、习俗编写成《大唐西域记》十二卷。1300多年来,不断有旅游发烧友重走玄奘的西行路线,探寻沿途丰富的历史文化遗存,感受多样的人文风情……因此,在中国的历史评价中,玄奘不仅是一位伟大的佛学家、翻译家,也是旅行家,玄奘西游的路线也是一条独具特色的旅游线路。

视频:别浪费了一路上的好风景

在现代旅游研究中,由于研究人员所站的角度不同,对旅游线路会有不同的理解。目前,我国学术界对旅游线路尚没有统一的规范性定义。只是一些研究人员分别从旅游规划学、旅游市场学、旅游产品的角度,给出了一些不同的解释。综合各家观点,本书认为:旅游线路是指在一定的区域内,为使游人能够以最短的时间获得最大观赏效果,以旅游交通的方式把若干旅游点或旅游节点城市合理地贯穿起来,并具有一定的特色。

关于这个概念的内涵,需要抓住三个重点:一是旅游节点城市;二是旅游交通;三是设计串联的游程。比如,在中原古都游线路中,西安、洛阳、郑州、开封就是整个线路中的节点城市,这几个城市之间的交通方式可以是高铁,也可以是旅游大巴,具体串联的游程相对比较复杂和具有灵活性,可以有各种方式,一般会因旅行社而异、因旅游者而异,其目的就是要能够体现该区域的人文历史特色,同时满足不同游客的旅游需求。

中原古都游

第1天 郑州→开封→鼓楼夜市

从郑州成团出发,我们即前往有"八朝古都"之称的【开封】,抵达后我们先享用晚餐,餐后我们到开封最具代表和热闹的【鼓楼夜市】。在这里,您可以享受到不同的夜市文化。

早餐:自理　　中餐:自理　　晚餐:天下第一楼"包子宴"
住宿:开封五星级酒店

第2天 开封(清明上河园、包公祠、铁塔)→洛阳

早餐后前往【清明上河园】游览,这是以北宋画家张择端所绘制的《清明上河图》为蓝本,再现北宋东京开封繁华景象。随后前往位于市中心的包公湖西侧的【包公祠】,其与延庆观毗邻,是后人为纪念北宋名臣包拯而建的一座祠堂。继而我们前往著名的【铁塔】参观,由于塔身全部以褐色琉璃瓦镶嵌构建而成,看似铁色,故名铁塔。此塔建于北宋皇祐元年(1049),距今已有900多年的历史,塔身遍砌纹砖,上有飞天、麒麟、菩萨、乐伎、狮子等花纹图案50余种,造型优美,神态生动,堪称宋代砖雕杰作。最后我们前往素有"九朝古都"之称的【洛阳】。

早餐:酒店自助早餐　　中餐:合菜飨宴　　晚餐:水席风味餐

住宿:洛阳五星级酒店

第3天　洛阳(白马寺、关林、龙门石窟)→华山

早餐后,我们前往参观【白马寺】,白马寺建于东汉,相传为佛教传入中国后兴建的第一座寺院,被尊称为中国佛教第一寺。东汉时两位印度高僧在此翻译《四十二章经》,这里也可以说是中国佛教的生化之地。继而前往【关林】参观,这里俗称关帝庙。相传为埋葬三国蜀将关羽首级之处,后与孔圣文武并祀。随后我们游览中国四大石窟艺术宝窟之一的【龙门石窟】,龙门石窟与莫高窟、云冈石窟、麦积山石窟齐名,并称为中国四大石窟。继而前往西岳华山。

早餐:酒店自助早餐　　中餐:合菜飨宴　　晚餐:合菜飨宴

住宿:华山酒店(三星)

第4天　华山(华山风景区)→西安(古城墙、大雁塔)

早餐后前往华山,【华山】是我国著名的五岳之一,位于华阴市南,东距西安120余公里。它南依秦岭,北临黄河,奇峰突起,巍峨壮丽,气势磅礴,以险峻秀丽称雄于世。共有五大峰,即东峰朝阳、西峰莲花、中峰玉女、南峰落雁、北峰云台。五峰耸立于群山之中,如同一朵盛开的莲花,为世界一大奇观。据说因周平王迁都洛阳,华山在东周京城之西,故称"西岳"。千百年来,华山以它雄伟险峻闻名天下,吸引了无数游人。"华山如立"形象地概括了它的挺拔高峻。对此唐代诗人张乔也曾有"谁将倚天剑,削出依天峰。卓绝三峰出,高奇五岳无"的诗句。华山奇峰耸立,绝壁巍峨,"自古华山一条路"亦绝非夸大之辞。游览华山后前往世界四大古都之一的西安。

早餐:酒店自助早餐　　中餐:华山汽锅　　晚餐:饺子宴

住宿:西安五星级酒店

第5天 西安(华清池、兵马俑)→三门峡

早餐后前往参观雄伟的【秦始皇陵兵马俑】,兵马俑发掘于1974年,这些兵马俑不但与真人同比例,且其前锋、后卫、两翼的布阵方式皆暗合《孙子兵法》中的"有锋有卫,敌人必走"。武士俑有的身穿战袍,有的身披铠甲,手里拿的青铜兵器,都是实物。威武雄壮的军阵,再现了秦始皇当年为完成统一中国的大业而展现出的军功和军威。继而游览具有浪漫气息的【华清池】,据记载,唐玄宗先后来此36次之多。现有4个泉眼,内含多种矿物质和有机物质,池水沐浴对理疗皮肤很有帮助。白居易《长恨歌》写道:"春寒赐浴华清池,温泉水滑洗凝脂。"这座唐代的别墅园林,前有杨贵妃之出浴,后有西安事变之政争相互呼应。参观完毕后即驱车前往河南省【三门峡】。

早餐:酒店自助早餐　中餐:羊肉饱馍　晚餐:长安大排档

住宿:三门峡四星级酒店

第6天 三门峡(虢国博物馆、天井窑洞)→登封

早餐后我们即驱车前往参观独具黄土风情的民居【天井窑洞】。继而前往【虢国博物馆】,其馆主要展出内容有:1.描绘虢国在历史上主要战争的五幅壁画及历史事件;2.出土的以青铜器、玉器为主的国家级文物;3.虢国国君陪葬车马(车14辆、马64匹、狗6只),全部为真车真马。接着游览著名的【车马坑博物馆】。参观完虢国博物馆后随即前往武林圣地【登封】,其为中国武术发源地之一。

早餐:酒店自助早餐　中餐:合菜飨宴　晚餐:合菜飨宴

住宿:登封四星级酒店

第7天 登封(少林寺、塔林、武术表演)→郑州(黄河游览区、黄河气垫船、河南博物院)

早餐后我们前往武林圣地【少林寺】参观,少林寺位于登封西北,泛称北少林,为中国武术发源地之一。寺内以天王殿、藏经阁、立雪亭为主体建筑。通过"练功房"内地砖之凹陷情形,即可知少林功夫深奥之道。接着我们前往历代少林高僧的塔墓【塔林】参观,塔林现存两百余座形状各异的石塔,是目前中国最大的塔群。接着我们欣赏绝妙的【少林武术表演】。继而前往【黄河游览区】参观,在这里我们乘船畅游黄河,可经过黄河中下游分界地,并可观赏到"汉霸二王城",即刘邦和项羽平分天下的古战场,此处也是象棋棋盘中"楚河、汉界"之地。随后参观【河南博物院】,该馆占地10余万平方米,建筑面积7.8万平方米。目前馆藏文物达13万余件,其中一级、二级文物5000余件,以史前文物、商周青铜器、历代陶瓷器、玉器最具特色。内设基本陈列馆、专题陈列馆、临时展览馆等,内容丰富,蔚为大观。

早餐:酒店自助早餐　　中餐:少林寺素斋　　晚餐:老妈风味火锅
住宿:郑州五星级酒店

第8天　郑州(送团)

享受完酒店的丰富早餐后便整理行李,专车前往机场搭乘豪华客机返回温暖的家,结束这段令人回味的古都怀旧之旅。

早餐:酒店自助早餐　　中餐:飞机套餐　　晚餐:自理
住宿:温暖的家

二、旅游线路的特点

旅游线路具有四大特点,分别是高组合性,易受影响性,季节性与不可储存性,还有就是可替代性。

(一)高组合性

旅游者的旅游活动具有综合性,涉及旅游者的正常生理需求和旅游需求。这就要求旅行社提供的产品即旅游线路必须是涵盖吃、住、行、游、购、娱六大要素的综合性产品,甚至还包括旅游目的地接待游客的硬件环境和社会软环境。旅行社在设计旅游线路时,必须按照旅游者的各方面需求进行产品组合。所要考虑的因素是多方面的,一个要素上的疏忽就会造成游客体验感的下降。比如:一个团队里有穆斯林同胞,这就需要在用餐上单独关照这位游客的需要,在尽可能的情况下,为他提供清真餐饮。再比如老年旅游团,在线路设计的吃、住、行、游、购、娱等多方面都需要根据游客特点量身定制。

(二)易受影响性

旅游线路的易受影响性是旅游线路的一个重要特点,是指旅行社在生产和销售旅游线路的过程中容易受到各种因素的影响,可能是自然的因素,也可能是社会文化因素,这些都会影响到旅游者对旅行社产品的需求,进而影响到旅行社的经营。比如:2004年东南亚海啸给整个东南亚的旅游业带来了灭顶之灾。2008年5月12日突如其来的汶川大地震,造成了成都—都江堰—九寨沟旅游线路的停运。2010年中日关系的紧张,造成了中国赴日游客数量锐减。2020年的新冠肺炎疫情则使全球旅游业的各条线路经营都受到了致命性打击。

(三)季节性与不可储藏性

旅游线路的销售存在明显的淡季、旺季之分,而淡季、旺季是根据旅游者需求来决定的。比如:对于广东游客来说,冬天去寒冷的东北看冰雪这种线路就很受欢迎;相反,同一个时间,对于东北客人来说,他们更愿意去海南三亚感受阳光、沙滩。

哈尔滨赴广州卖冰雪

2020年11月4日,由哈尔滨市文化广电和旅游局主办的"2020—2021哈尔滨冰雪季文化旅游对接洽谈会"在广州正式召开。这也是哈尔滨2020年开展的首个省外文旅推介对接洽谈活动。120余家广州旅行社代表出席了本次活动。

据介绍,哈尔滨冰雪季将从11月持续至次年4月。哈尔滨市将用"冰雪旅游""冰雪文化""冰雪艺术""冰雪时尚""冰雪体育""冰雪经贸"六大板块200余项活动及优惠政策,打造全国冰雪旅游首选目的地。活动现场发布了"赏冰乐雪之旅""冰雪节庆之旅""滑雪度假之旅""徒步穿越之旅""亲子研学之旅""文化艺术之旅""寒地温泉之旅"七大主题文化旅游产品。来自哈尔滨冰雪大世界、亚布力滑雪旅游度假区、伏尔加庄园、哈尔滨香格里拉大酒店、哈尔滨波塞冬旅游度假区、冰城航空等众多文旅企业,运用视频、图文、有奖互动等多种形式进行推介。

在此次对接洽谈会期间,广州7家旅行社与哈市旅行社签署了客源输送合作协议,预计将向哈尔滨输送游客近10万人次。

旅游线路的不可储存性指旅游线路主要是通过服务来满足游客需要,只有当游客购买并消费时,旅游资源、设施与服务相结合的旅游线路才得以存在。因此,旅游线路具有不可储存性,这也就意味着机不可失、失不再来。于是,在旅游市场中,经常会出现在同一时间段各旅行社为了抢客源一拥而上,采取各种各样的降价销售措施,有时甚至会出现恶性价格竞争的现象。比如:2010年东南亚线路的零负团费,就是旅行社为了争抢客源而形成的恶性竞争事件。

(四)可替代性

不同的旅游线路之间的替代性很强,旅游线路日益增多的数量和类型使旅游者有了更多的选择余地,从而增加了其选择的随机性。比如:观赏熏衣草最好的目的地是法国的普罗旺斯,但是如果因为经济原因不能成行,价格相对低廉的日本北海道就是一个不错的替代性目的地;如果因为旅途遥远,无法去夏威夷度假,三亚热带海滨就是一个不错的替代性目的地。

 基础检测

测试题:
项目一
任务一

一、简答题

1.请谈谈什么是旅游线路。

2.旅游线路都有哪些特点?并举例说明。

二、实训练习

以小组的形式搜集资料,选择一条感兴趣的旅游线路,说明该线路的旅游节点城市、旅游交通方式及线路的游程与特色。

任务二 旅游线路的类型

与旅游线路概念的提出类似,旅游线路类型的划分标准也并不是唯一的,由于选取的划分标准不同,得出的旅游线路类型也是多种多样的。在此,本项目根据学界常用的旅游线路类型的提法,将旅游线路的划分标

准归纳为:按旅游者的组织形式分,按旅游活动的性质分,按旅游线路的远近距离分,按旅游线路的空间结构分以及按旅游线路的全程旅游时间分。

一、组织形式

按旅游者组织形式分的旅游线路类型包含:包价旅游线路,组合式旅游线路,自助式旅游线路三种类型。

(一)包价旅游线路

包价旅游是目前我国游客出行的主要形式,包价旅游线路也是旅行社的常态旅游产品。所谓的包价旅游就是旅游者在旅游活动开始前,即将全部或部分旅游费用预付给旅行社,由旅行社根据与旅游者签订的合同,相应地为旅游者安排旅游途中的吃、住、行、游、购、娱等活动。比如:一个西安四日游的线路,游客可以在出游前将全部或部分费用预付给旅行社,旅行社根据旅游合同所列内容负责安排游客这四天的活动。

(二)组合式旅游线路

组合式旅游线路是指整个游程有几种分段组合线路,游客可以自己选择拼合。比如:有的游客来到西安,他们根据自己的需要选择先参加一个东线兵马俑、华清池一日游,再在西安市内花两天左右的时间参观游览城墙、大雁塔、陕西历史博物馆、大唐芙蓉园等景区,最后参加一个北线黄帝陵、壶口、延安两日游。再如有的游客去拉萨,希望领略地球第三极壮丽的自然风光和独特的人文风情,但由于西藏的高海拔会引起游客不同程度的高原反应,所以我们一般不建议为了节省时间而选择包价旅游线路,即一到拉萨就跟团去纳木错、日喀则、珠峰大本营、阿里等地,而是最好采用组合式线路,先在拉萨适应两天,再采用拼合的方式走其他线路。

(三)自助式旅游线路

自助式旅游线路多为自由行游客所采用,是指由旅游者自己设计旅游线路,旅行社为线路中游客的各项要求提供服务。比如:游客在自由行过程中,旅行社为游客提供预订酒店、机票、门票及包车等服务。特别值得一提的是,目前越来越多的线上旅游平台推出的机票+酒店组合,很受年轻游客的追捧,这种形式摆脱了包价旅游的模式化,给予个人更多的出行自由。

二、活动性质

旅游活动按其性质大致可分为游览观光型、休闲度假型、专题型、会议奖励型旅游线路。不同性质的旅游线路在组织上各有特点。

(一)游览观光型旅游线路

游览观光是典型的大众旅游，它最大的好处就是拥有最广泛的客户群。无论文化程度、生活阅历和价值取向，几乎所有的人都不会排斥这种旅游活动。加上其旅游成本相对低廉，能有效地吸引大批旅游者。这种线路的特点用四个字来形容就是"走马观花"，一般在线路设计上所涉及的节点城市较多，所要参观的景点也较多，线路安排上比较紧凑，最终目的是使游客能在较短的时间内领略旅游目的地的特色。比如西安四日游，中原古都游等旅游线路。

视频：
黄河主题
旅游线路

(二)休闲度假型旅游线路

休闲度假型旅游线路指旅游者前往度假地区短期居住，进行包括娱乐、休憩、健身、疗养等消遣性活动。休闲度假型旅游线路要求度假地具备四个条件：环境质量好、区位条件优越、高标准的住宿设施和健身娱乐设施以及服务功能强。休闲度假型旅游线路所含的项目都是参与性很强的户外休闲、健身、娱乐运动等。这种类型的旅游线路所串联的旅游点少，游客在每个旅游点停留的时间长，旅游线路重游度高。线路内容包括：海滨度假、山地度假、湖滨度假、温泉度假、滑雪度假、海岛度假、森林度假、乡村度假等。以海岛度假游为例，这样的线路一般都是以酒店为核心，参观游览内容少，线路设计的侧重点则主要放在休闲、放松、体验等活动上。

视频：
满足口腹
的欲望

(三)专题型旅游线路

专题型旅游线路也称为主题型旅游线路，这是一种以某一主题内容为基本思路，串联各点而成的旅游线路。全线各点的参观游览有比较专一的内容或属性，因而具有较强的文化性、知识性和趣味性。比如：丝绸之路专题十日游线路，就是以探寻丝路沿线丰富的历史文化遗存，感受西北地区独特的民风民俗为主题。再比如：四川的大熊猫之旅，从成都大熊猫繁育研究基地到雅安碧峰峡熊猫基地，再到卧龙大熊猫国家级自然保护区，这一线路可以系统地了解大熊猫的繁育、栖息及保护等方面的相关知识，游客可尝试做一名"铲屎官"，亲身体验照顾大熊猫的工作，该线路成为深受学生和动物爱好者欢迎的研学之旅。

(四)会议奖励型旅游线路

会议旅游是指企业到旅游目的地召开会议，这既是一种会议形式，又是与会人员的一种休闲活动。比如：广州是我国发展会议展览类旅游的著名中心城市，拥有具备国际领先水平的会议展览场地，如广州白云国际会议中心、广州进出口商品会展馆等。每年的"广交会"更是举世闻名，而广交会的旅游线路则可辐射深圳、珠海、香港、澳门等众多珠三角城市，甚至很多外国客商在参加完广交会后还会到我国内地的很多城市去参观游览，"广交会"的辐射能力不仅带动了珠三角地区区域旅游经济的发展，也同时带动了我国的入境游发展。

奖励旅游则是企业为了对有良好工作业绩的员工进行奖励而组织的旅游活动。比如：很多企业会在年底奖励这一年工作业绩优异的员工去国内外著名的旅游度假地进行参观游览、休闲放松。因此，针对这两种情况，在线路设计上要注重线路的双重功效，既重视游客对会议设施的需求和企业文化的传播，又要满足游客休闲度假的需要。

三、远近距离

按旅游线路的距离划分，可以把旅游线路分为短程旅游线路、中程旅游线路和远程旅游线路三种类型。

(一)短程旅游线路

短程旅游线路游览距离较短，活动范围小，一般多为到周边的城镇、远郊旅游。近年来，一方面，因私家车和高铁的普及程度不断提高，经济便捷的短途周边自助游俨然已成为城镇居民小长假主要的休闲形式；另一方面，短途周边游线路供给也呈现爆发式增长，比如：西安周边近年来就出现了大量与秦岭自然风光、关中美食小镇、特色民宿体验、时令农产品采摘相结合的主题短途游线路，这些都对区域经济发展，特别是农民脱贫致富、特色小镇建设起到巨大的推动作用，涌现出了袁家村、上王村等一大批全国知名的特色村镇。

(二)中程旅游线路

中程旅游线路游览距离较远，活动范围一般在省级旅游区内或跨省旅游区的周边地区，比如：以红色旅游与黄河、黄土风情相结合的西安—黄帝陵—壶口—延安线路，还有以滨海度假、葡萄酒休闲、健身养生为特色的烟台—威海—青岛—日照仙境海岸休闲线路，以及以中国传统文化元素和世界自然遗产相结合的庐山—景德镇—婺源—三清山—龙虎山环鄱阳湖生态旅游线路等，这些特色线路都属于在一个省级旅游区内开展的中程旅游线路。

(三)远程旅游线路

远程旅游线路游览距离长，旅游者活动范围大，一般指国内跨省级旅游区以上，包括海外旅游线路、边境旅游线路等。比如：最吸引外国游客的跨越陕西、甘肃、新疆三个省级区域的丝绸之路精品旅游线路，以及跨河北、山东、江苏、浙江四省，加上北京、天津两市的京杭运河精品旅游线路等。

四、空间结构

旅游线路按空间布局形态可分为以下五种类型：

(一)两点往返式

两点往返式指在远距离旅游时主要表现为乘坐飞机往返于两个旅游城市之间，此种线路易使旅游者感到乏味。比如：西安—大连，大连—西安。

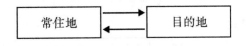

图1-1 两点往返式旅游线路示意图

(二)单通道式

单通道式指游客从某一节点城市进入该旅游线路，按一定的顺序参观游览，后从游览的最后一个节点城市离开该线路，比如：广受入境游客喜爱的北京（入境）—西安—成都、昆明—桂林—广州、香港（出境），再比如：2015年开通的合福高铁旅游线路，该线路从合肥出发，途经黄山、婺源、三清山、武夷山等诸多著名风景名胜区到达福州,一路上风景如画,被誉为"中国最美高铁旅游线路"。

图1-2 单通道式旅游线路示意图

(三)环通道式

这类旅游线路一般跨度比较大,所选各点均为知名度较高的精华旅游城市或风景名胜区。这种线路的特点是基本不走"回头路",沿途接触的景观景点较多,旅游者会感到游览行程最划算。比如:西北大环线旅游线路,全程近3000公里,从西宁出发,沿途的著名景点有青海湖、茶卡盐湖、柴达木盆地、莫高窟、雅丹魔鬼城、鸣沙山月牙泉、嘉峪关、张掖七彩丹霞、塔尔寺、克鲁克湖、门源万亩油菜花等,行程最后再回到起点西宁。这条线路是西北自然风光与丝路人文历史的大集合,也是目前最棒的西北旅游线路之一。还有被誉为"中国最美旅游环线"的川西环线,该线路旅游资源丰富多样,有"熊猫王国"卧龙、"天然氧吧"碧峰峡、"户外天堂"四姑娘山、"蜀山之王"海螺沟、"中国最美乡村"甲居藏寨,沿线独特的生态优势,浓厚的民俗风情,彰显了其独具特色的旅游吸引力。

视频:
环状旅游
线路

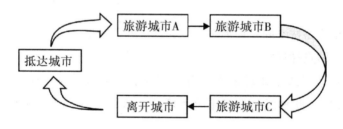

图1-3 环通道式旅游线路示意图

(四)单枢纽式

旅游者选择一个中心城市为"节点",然后以此为中心,向四周旅游点作往返性的短途旅游。这类旅游线路在国内游客出游中较为常见。比如:游客来到陕西可以以西安为中心城市,向东参观兵马俑、华清池,向西游览咸阳、宝鸡等城市的旅游景点,向北则可以浏览革命圣地延安和塞外明珠榆林等旅游城市,在这些线路中西安是处于节点的中心城市。

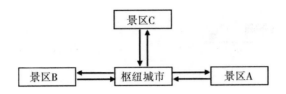

图 1-4　单枢纽式旅游线路示意图

(五)多枢纽式

该旅游线路形式是以若干个重要的旅游城市为枢纽联结其他的旅游目的地,几个枢纽旅游城市间有便利的交通直接相连,该类型线路一般运用于大的旅游区,同时也可以分散客流聚集,有利于缓解某一枢纽城市在旅游高峰时的承载压力。例如,华东五市"南京—无锡—苏州—杭州—上海"这一旅游线路中就有多个旅游枢纽城市,各枢纽城市间的交通联结也非常便捷。

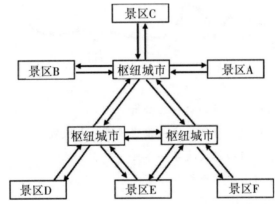

图 1-5　多枢纽式旅游线路示意图

五、旅游时间

该划分标准较好理解,即按旅游线路的全程旅游时间分,可分为一日游线路、二日游线路、三日游线路和多日游线路。

基础检测

测试题:
项目一
任务二

一、简答题

1.请谈谈专题型旅游路线的特点。你还能举出哪些专题型旅游线路吗?

2.请谈谈枢纽式旅游线路的特点。为什么游客会选择这样的旅游线路?

二、实训练习

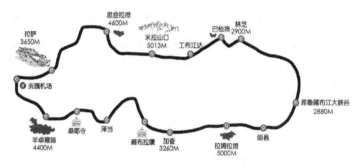

第一天:拉萨—米拉山口—巴松措

第二天:巴松措—鲁朗林海—雅鲁藏布江大峡谷

第三天:雅鲁藏布江大峡谷—泽当

第四天:泽当—羊卓雍措—拉萨

请根据以上线路,说明:

1.按旅游活动的性质分,该线路属于哪种类型?

2.按旅游线路的远近距离分,该线路属于哪种类型?

3.按旅游线路的空间结构分,该线路属于哪种类型?

4.按旅游线路的全程旅游时间分,该线路属于哪种类型?

任务三　旅游线路设计理论基础

旅游线路设计不是某个旅游企业的主观臆造,而是根据现有旅游资源的分布状况以及整个旅游区域发展的整体布局,采用科学的方法,确定最合理的游览路线,使旅游者获得最丰富的旅游经历的过程。在这个过程中,既要考虑尽可能满足旅游者的旅游愿望,又要考虑便于旅游活动的组织与管理。所以,旅游线路设计是一项技术性与经验性非常强的工作,在设计时要按照一定的指导思想和原则,同时还要考虑诸多影响因素。

一、旅游线路设计指导思想

(一)创新精神

创新是企业进步的灵魂,旅游是一项充满憧憬、创意的文化活动,必须以观念创新推动旅游产品的开发。在旅游线路设计中,要按照全面创新的战略要求,用新的思维理念开发旅游产品,因此,旅游线路的设计要随着市场的不断变化而不断创新,这样才能使旅游线路具有强大的吸引力和生命力。那么,如何将"创新"理念融入旅游线路的设计中呢?

视频:
旅游线路设计创新三法

1.观念创新

随着旅游业的发展,许多省、市都提出了旅游强省、旅游强市的发展战略,旅游业成为区域经济的支柱产业。国务院"关于进一步加快旅游业发展的通知"提出了"大旅游"的指导思想。"大旅游"实际就是围绕旅游产业把酒店、餐饮和相关的多元化经营带动起来,做到商贸结合、商旅结合,实现集团化的整体优势和综合优势。众所周知,旅游行业作为一个综合性的行业,其发展会带动餐饮业、交通业、娱乐业等相关行业的发展,还会间接地推动第二产业和第一产业的发展,进而带动整个区域经济的发展。因此,旅游业的发展不仅仅是旅游企业的发展,而是要推动整个区域经济的发展。这就是"大旅游"思想的题中应有之义。有些地方或旅游企业在进行旅游线路设计时,只考虑本地或本企业的经济效益,对旅游景点进行简单的拼合,结果可想而知。

2.策划创新

旅游线路设计的策划要有创新意识,其核心是要把旅游资源转化为旅游产品。这就要求开发者立足现有的旅游资源,精心搞好策划,深挖文化内涵,张扬本土个性。例如:郑州某旅行社针对社会上大龄青年越来越突出的婚姻问题,借助当地电视台情感类节目,在农历的七月初七——"牛郎织女鹊桥相会"的日子,策划了大型单身男女旅游交友活动,一时间盛况空前,取得了良好的社会效益与经济效益。

3.表现创新

特色旅游线路要有合理的表现形式,既要根据旅游资源特色和不同的消费市场,开发出集展示性、表演性、参与性(体验性)于一体的旅游精品线路;又要注重文化延伸,开发丰富多样的旅游商品与旅游活动,拉长旅游产品(产业)链,使旅游产品在表现形式上具有协调性、多样性和创新性。

(二)依托城市

一个地区除了旅游资源以外,基础设施、旅游接待设施以及交通设施也是影响旅游业发展的关键因素,而这些因素大都要依托一定的城镇公共体系,在旅游线路设计中起着骨架支撑作用。区域中的主要城镇往往也是主要的旅游中心,它们不仅是旅游客源地,更重要的是旅游接待中心、旅游集散中心。完善的机场、火车站、汽车站、码头等设施,具有较好的接待条件和较强的容纳能力。城镇体系的建设与旅游业的发展是相辅相成的,基础设施、旅游接待设施以及交通设施良好的城镇一般来说也是旅游业发展比较好的地方,而旅游业的发展也促进了这几个方面的建设。

(三)区域协作

区域协作日益受到人们的重视,因为每一个区域都不是孤立的,都需要和周边地区进行交流和协作。在旅游业的发展中,这种跨区域的协作显得尤为重要。旅游是一种空间消费行为,旅游产业具有强烈的地域关联性。多个区域的协作能够使旅游资源互补,并且可以互相输送客源。因此,旅游线路的设计要有"大环线"的思想,把具有同一特质的一定区域资源进行整合,以显现旅游线路的生命力。

项目一　旅游线路设计基础知识

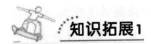

红军长征路线

红军长征路线是目前世界上最具影响力的国际红色旅游线路之一。这条线路把中国多各省份红色旅游资源串联起来，构成中国红色旅游距离最长、辐射面最广、形象最突出、最具吸引力的旅游带。而赣南苏区荟萃了红色文化起源的主体和红色革命的精华，且见证了红色文化的诞生和成长，已然成为闻名海内外的著名旅游品牌。

赣南苏区的地理位置、交通条件、自然人文、旅游资源类型等方面关联度大、互补性强且具有良好的整合合作基础。各市县红色旅游资源的数量和分布又各具特色，相互之间存在着较强的连续性和互补性，将客家风情、革命历史、民俗文化、地区特色结合成有机的统一体，最大限度地发挥这一旅游带的资源潜力。赣南苏区区域内各市县充分发挥红色资源优势、交通区位优势、文化特色优势，共同打造区域红色旅游品牌。

在具体的旅游线路的组合设计中，应以区域旅游为主。为了串联更多的景点，又避免线路重复，以最大限度满足旅游者观景和享受的需要，旅游线路必须与既定的旅游网络格局配套。在一定范围内，依赖方便、舒适的交通将不同类型、各具特色的景点或景区连接成纵横交错、经纬交织的完整网络，从而构成合理而高效的旅游地域景区(点)结构系统。旅游线路的理想模式是：旅途时间短、游览时间长，人在景中行，景在游览线路旁。

江苏省沿黄海区域旅游线路设计

江苏省沿黄海旅游区位于江苏省东部，包括南通市、盐城市和连云港市。三地的旅游资源既有一定的共性，又有自己的特性。南通、盐城、连云港都紧邻黄海，但三地的海滨给人以不同的感受。连云港的海滨是沙滩，游客不能下海,但可以在岸边举行篝火晚会,远观黄海的滔天巨浪,别有一番情趣;南通有全国著名的渔场,游客在此可以下海拾贝,体验捡拾鱼虾的无穷乐趣。三地区如果联合开展以大海为主题的旅游活动,可以让游客感受海滨的不同风情。

除了蓝色迷人的大海外,三地都有红色旅游资源。盐城市是皖南事变后,新四军重建军部所在地,有全国规模最大、史料最全、内容最丰富的新四军纪念馆,为当代人的红色之旅提供了生动的资源;南通有南通钟秀山烈士陵园、中共江苏省第一师范支部旧址(怡园码头)、白雅雨烈士墓(狼山)、南通博物苑等;连云港有抗日山烈士陵园、刘少奇故居、小沙东海战遗址等。三地区如果联合开展红色文化旅游,可扩大该区域红色旅游的厚度。

南通的如皋,是我国著名的长寿之乡,百岁以上的老人近200人,长寿老人成了该市最亮丽的"名片",吸引了海内外大批游客到这座千年古城饱览风光,探寻"天增岁月人增寿"的奥秘,如皋因此被称为"仙人之乡"。盐城东部沿海拥有太平洋西海岸面积最广大的海岸型湿地,盐城珍禽自然保护区和大丰麋鹿自然保护区两个国家级自然保护区被列入联合国"世界重要湿地名录",成为太平洋西海岸最大的湿地公园和亚洲东部最大的生态乐园。丹顶鹤一直以来被认为是长寿的象征,被称为仙鹤。麋鹿是传说中姜子牙的坐骑,也是吉祥的象征。

据传说,连云港的花果山相传是盘古开天辟地留下的,在花果山的旁边有盘古的一根头发,头发变成了一块很有灵性的石头,里面诞生了一只猴子,也就是陪唐僧西天取经的孙悟空,由于"西游记"家喻户晓,因此,花果山也成为一座人们向往的仙山。

根据以上江苏省沿黄海地区旅游资源的分布特点,可以设计出如下几条反映江苏省沿黄海地区特色的整合式旅游线路方案:

1.梦游天国 —— 神山仙鹤长寿游

线路编排:花果山—丹顶鹤自然保护区—麋鹿自然保护区—如皋水绘园—狼山

线路特色:通过这条线路,游客可以体验神话传说"西游记"的神奇,享受太平洋西海岸最大湿地公园等丰富多彩的自然旅游资源的美丽,感悟长寿之乡的魅力。探索神话传说"西游记"中花果山的原型,让游客有遁神山仙境、品仙鹤魅力、探长寿秘诀的旅游体验。同时该条线路有204

国道以及沿海高速便利的交通推动,有旅游服务设施相对较完善的城镇为节点,实现了该条线路的文化体验、观光休闲、避暑度假、生态科考等功能。该条线路可以丰富的自然资源和人文资源满足游客最大的游览观光需求。

2. 追忆激情燃烧的岁月 —— 红色文化纪念游

线路编排：盐城新四军纪念馆—狼山—南通博物苑—连云港抗日山烈士陵园—刘少奇故居—小沙东海战遗址。

线路特色：该线路主打景点为盐城新四军纪念馆。盐城是当年新四军重建军部的地方,全国独此一家,"陕北有延安,苏北有盐城",闻名遐迩。以"革命圣地之旅"为品牌进行宣传,具有一定的吸引力；加上南通的一批红色旅游项目,其中以白雅雨烈士墓（狼山）、南通博物苑为主；最后可以游览连云港的抗日山烈士陵园、刘少奇故居、小沙东海战遗址等。三地区联合开展红色文化游,扩大该区域红色旅游文化厚度。

主要客源：该线路主要以红色文化为主题,目的在于感受革命精神带给我们心灵上的震撼。该线路的市场定位以国内客源为主。客源市场主要面向上海、南京、浙江等长三角旅游地区及市内游客,以党员干部和中小学生为主。

3. 八千里路云和月——沿海休闲观光自驾游

线路编排：狼山风景区—濠河风景区—新四军纪念馆—麋鹿自然保护区—丹顶鹤自然保护区—花果山—东海温泉

线路特色：自驾旅游者充满活力,敢于冒险,有创新意识,不墨守成规,这条旅游线路主要满足该类旅游者求新求异、求奇求险、求真求纯、求精求名的心理需求。此线路以"江海福地、休闲港湾"的南通为第一目的地。从南通的狼山风景区到濠河风景区,再到"东方湿地之都"盐城,沿途经过新四军纪念馆,感受革命精神,后继续北上到达全国最大的湿地公园观看丹顶鹤和麋鹿,最后到达有"神奇浪漫之都"美誉的连云港体验东海温泉的舒适。该线路在景点的安排上还可以穿插一些冷门旅游项目,如南通的海上迪斯科、东方大寿星园,盐城的东台永丰林农业生态园、建湖九龙口风景区,连云港的宿城风景区、徐福祠游览区等,从而使游客有多种视觉上的享受,真正做到猎奇旅游与热门景点旅游相结合。

主要客源：这条线路的市场定位是顺应旅游发展趋势,结合该地区的旅游资源及产品实际,以国内客源市场为主,兼顾国际客源市场。国内客源市场主要面向上海、南京、浙江等长三角旅游地区;国际客源市场主要面向韩国、日本、东南亚及欧美、澳洲地区。游客定位是重点吸引热爱生态旅游的城市白领、时尚中青年游客和国际高尔夫爱好者、国际爱鸟者,有一定经济基础的自驾车族,海内外热爱大自然、研究生态旅游的中高端旅游者,兼顾一般中低端旅游者。

4.拥抱大海——海滨拾趣游

线路编排:南通吕四渔场—盐城海边篝火晚会—连云港海滨浴场

线路特色:此线路充分体现了三地海滨的主题特色,在南通的吕四渔场,游客可以在海里拾贝壳、踩文蛤、吃海鲜、吹海风、看日出,感受潮起潮落的乐趣;在盐城的黄沙港海滩,游客夜晚在此参加篝火晚会,看日落、听潮声、吃野炊、睡睡袋,享受大自然带来的原始欢乐;在连云港的海滨浴场,游客可以和大海亲密接触,在沙滩上漫步,在海水中嬉戏,在快艇中冲浪,尽情享受潮来潮往的刺激与浪漫。

主要客源:游客定位是重点吸引在校的中小学生和大学生,以暑假夏令营的方式带领学生亲近自然,扩大与外界的交流,缓解学习压力,结交更多的朋友。此外,热爱大海的城市白领、时尚中青年游客也是很重要的客源。

(四)美学思想

旅游美学作为研究旅游审美活动和审美价值的新型学科,运用美学的基本原理,指导人们如何欣赏自然美、艺术美和社会美,并揭示审美的特征,通过观赏,进一步了解自然风光、文化艺术和民风民俗,加深对人类文明的体验,得到更深刻的美感享受和审美教育。早在两千多年前的孔子就说过:"智者乐水,仁者乐山。"虽用意是追求人格的完善,以自然山水来比喻和陪衬,但山水之美能使仁智者精神和心灵得以乐。当徐霞客登上黄山莲花峰,目睹万峰起伏、云雾奔腾的迷人景色时,也不禁"狂叫欲舞",这是黄山给徐霞客带来的强烈美感。圣人与贤者纵情山水,游乐而忘返,其真正目的是通过观光游览,释放烦恼、舒畅精神、愉悦情感。

因此,对山水的审美欣赏绝不能仅仅停留在表层的感官享受,这就需要旅游企业的旅游线路设计时重视现有资源的文化传统和地方特色,不仅要以市场为导向,充分满足旅游者的不同审美需求,更重要的是要坚持旅游文化的指导作用,努力找出旅游地文化的历史特色、人物特色、艺术特色、习俗特色,引导旅游者领悟美、发觉美,提高审美修养。无论是设计者、开发者,还是经营管理者,都应该首先有一颗弘扬优秀文化的心,有一种发现美、创造美、引导美的审美心态,站在文化的角度开发旅游线路,提供美的服务,增添美的魅力,使游客在旅游审美活动中心情愉快、精神舒畅,获得丰富的美的享受,留下美好的记忆。

(五)生态观念

"生态旅游"这一术语,最早由世界自然保护联盟(IUCN)于1983年首先提出,1993年国际生态旅游协会把其定义为:具有保护自然环境和维护当地人民生活双重责任的旅游活动。生态旅游的内涵更强调的是对自然景观的保护,是可持续发展的旅游。

"生态旅游"不仅是指在旅游过程中欣赏美丽的景色,更强调的是一种行为和思维方式,即保护性的旅游。旅游活动不破坏生态、认识生态、保护生态,以期达到人与自然的和谐,是一种层次性的渐进行为。生态旅游以旅游促进生态保护,以生态保护促进旅游,准确地说就是有目的地前往自然保护地区了解文化和自然,它不会破坏自然,还会使当地在保护自然资源中得到经济收益。

生态旅游作为一种旅游活动,兼顾着生态环境保护、资源持续利用和带动区域经济发展,现如今国家大力倡导旅游的可持续发展。尤其经历了片面追求旅游业发展的经济效益,使旅游生态环境遭到破坏的发展模式以后,生态旅游逐渐成为新的发展趋势。

普达措国家公园

项目概况

普达措国家公园位于滇西北"三江并流"世界自然遗产中心地带,距香格里拉市城区22公里。由国际重要湿地碧塔海自然保护区和"三江并流"世界自然遗产哈巴片区之属都湖景区两部分构成,以碧塔海、属都湖和弥里塘亚高山牧场为主要组成部分,海拔在3500米至4159米之间。

普达措国家公园拥有地质地貌、湖泊湿地、森林草甸、河谷溪流、珍稀动植物等景观,原始生态环境保存完好。

核心特色

1.普达措是香格里拉生态景观的浓缩体现

自然生态景观资源分地质地貌景观资源、湖泊湿地生态旅游资源、森林草甸生态旅游资源、河谷溪流旅游资源、珍稀动植物和观赏植物资源五大部分。

普达措基本上包括了高原上的全部自然景观,高山湖泊如明镜一般、牧场水草丰美、湿地里百花盛开、原始森林里飞禽走兽时常出没,碧塔海、属都湖两个美丽的淡水湖泊素有"高原明珠"之称。

2.普达措国家公园是一个无任何污染的童话世界

普达措国家公园水质和空气质量达到国家一类标准,湖水清,天湛蓝,林涛载水声,鸟语伴花香,是修身养性和陶冶情操的最佳净域。

3.人文景观资源为普达措国家公园自然生态景观注入灵魂

普达措国家公园居民的宗教以藏传佛教为主,将苯教的"万物有灵论"和佛教的"灵魂不灭"观念统一起来,赋予自然以某种生命的象征,形成对一些特殊山川神灵般的敬畏和崇拜,提倡人对自然的顺从和尊重的关系。这种朴素的环境观形成了其独特的自然自然文化观和环境保护生态观。

4.保护理念及价值

普达措国家公园是大自然的鬼斧神工,保护和传承好这一人类共有的珍贵资源,开发建设必须坚持"环保优先、生态延续",遵循资源开发可持续、生态环境保护可持续的原则,本着对历史负责、对子孙后代负责的态度,做好生态环境保护,让普达措这一宝贵的世界遗产造福后世。

生态保护与开发是永恒的主题,把资源留给下一代,永续利用,实现人与自然的和谐共生,让生态理念在我们这一代能够弘扬和升华。生态的保护不仅是资源的永续,也是生命的永续。

(六)效益观念

1.旅游经济效益

在合理利用旅游资源以及对其科学开发的前提下,需要对旅游环境给予适当保护。在整个旅游活动中,将生产要素的使用与投入以及消耗与产出关系进行对比分析,即是旅游经济效益,以此来衡量整个经济活动水平。因此,如何以较少的投入获得较大的效益,是分析旅游经济效益的根本前提。在最大限度地提升旅游经济效益的前提下,实现优化旅游产业结构的根本目标,是我国旅游业持续发展的重要基础与客观要求,更是继续进行旅游经济活动的重要准则。在此基础上,旅游线路的开发效益与其吸引旅游者数量多少和质量高低成正比。因此,旅游线路的设计必须做到:

(1)优先利用地理位置优越、易于旅游者前往的旅游资源,以便能较快地产生效益。

(2)充分利用现有资源、提高利用率。

(3)密切关注供求关系,循序渐进地开发。

(4)开发中还要随时根据市场情况进行调整。

旅游企业产品同其他产品一样,也有各种成本支出。一条旅游线路的成本主要由三个部分构成:经济成本(包括线路直接成本、线路设计成本、线路的推广成本)、时间成本(包括旅行社的时间成本、旅游者的时间成本)和其他成本(包括健康成本、心理成本、管理成本等)。其他成本虽然对旅行社的利润没有直接的影响,但是可能会带来更大的损失。由此看来,旅游企业设计旅游线路的最终目的是通过销售旅游线路,获得一定的经济效益,即以相对低的投入,获得相对高的效益。

2.旅游社会效益

旅游社会效益是指旅游者及其活动对旅游地经济、文化等诸多方面的综合影响。旅游企业设计的旅游线路为了能满足旅游者的精神需要,因此,旅游企业设计的旅游线路应该有较高的文化品位和内涵。同时,旅游企业作为社会经济生活中的一个组织,必须考虑自身的行为对社会造成的影响,也必须重视自身在公众中的品牌形象。事实上,只有既注重经济效益又讲求社会效益的旅游线路,才是真正受旅游者欢迎的产品,才能在旅游市场中长盛不衰。

西湖——免出来的百亿效益

杭州的免票旅游始于 2002 年。当年,杭州市西湖环湖南线景区整合工程刚刚结束,市政府决定对南线景区实行免费开放。到 2003 年 4 月,没有围墙、不收门票的完整西湖被还给了广大市民和国内外游客,此举成为全国园林景区门票制度改革的创举。如今,西湖沿岸的七大公园(花港观鱼、曲院风荷、柳浪闻莺、老年公园、长桥公园、少儿公园、孤山)和浙江省博物馆向游客大门敞开,完全免费。浙江省博物馆还专门挂出"常年免费"的横幅提醒游客。阳春三月,环西湖一周,游客不用花一分钱就可以饱览西湖秀丽的天堂美景。

在现阶段全国各景点门票政策大背景下,杭州的免票举动就显得格外卓尔不群。面对记者的疑惑,杭州市旅游委员会常务副主任李虹给记者算了一笔细账。

从微观上看,杭州旅游似乎损失了环湖七大公园和博物馆的门票,加上管理维护费每年约 6000 万元,然而,因为免票带来的旅游人气猛增,使得环湖的服务设施身价倍增,因此带来的环湖商业网点、服务设施每年的租金就达到 5500 万元,这已经基本可以补贴西湖风景区管委会的门票损失。从宏观上看,免票后带来了游客的激增,拉动了消费的增长,对杭州城市经济产生了巨大的拉动力。2004 年,杭州接待国内游客 3016 万人次,同比增长 8.65%,彻底摆脱了多年来在 2%至 3%之间徘徊的局面。2004 年,杭州旅游综合收入达到 410.73 亿元,比 2002 年增加了 120 亿元,旅游业增加值占到了 GDP 的 6.5%。

西湖用免票留住了游客,2004 年仅韩国过夜游客就超过了 20 万人次,日本过夜游客达到 17 万人次,创造了杭州旅游的历史新纪录。游客停留时间的增加促进了餐饮业的繁盛,2004 年杭州市平均客房出租率达到 71.64%,同比增长 5.8%。统计表明,虽然门票免费导致游客的硬性支出降低,但通过购物、娱乐等弹性消费的增加使总的消费量不降反增。2004 年到杭州旅游的国内过夜游客人均消费 1317.2 元,比 2003 年增加了

12.95%。景点门票收入的减少大大小于住宿、购物、交通、饮食等消费收入的增加。这一点,即便是穿梭于大街小巷的杭州出租车司机也能感受到。免票还带动了淡季旅游,优化了旅游产业的结构。抽样调查显示,2004年到杭州的休闲度假游客的比例增加了31.5%,商务会展客人达到了25.1%。小小一个免票举措,促动了杭州旅游向"观光、休闲、会展"三轮驱动的理想结构快速转变。

李虹告诉记者,取消门票造成的损失是有形的、微观的,而免票带来的收益却是从旅游到餐饮、服务、会展、通信等系列化、全方位的。从2001年到2004年,杭州旅游收入增加了10亿元,旅游增长率全面回升。实践证明,西湖免票不仅带来了社会效益,更带来了经济效益。李虹笑称:"与人气旺盛、消费活跃、品牌提升相比,门票的损失就可以看成是微不足道的。免却几张门票,却带动了一个城市经济的整体提升。小免票'免'出了大效益!相信这个账谁都能看明白。"

二、旅游线路设计原则

旅游线路是联系客源地与旅游目的地、联系旅游客体与旅游主体的重要环节。旅游线路如串珠,旅游交通是线,旅游目的地(景区、景点)如珠,旅游设施与服务如加工装饰,几者协调地组合在一起,才能显示串珠的美丽。旅游线路之所以有所谓的"黄金旅游线"与"温冷旅游线"、"全天候旅游线"与"季节旅游线"的区别,除了线路本身固有的一些客观存在的制约因素外,旅游线路设计者的设计能力和技巧,也是关键因素之一。

在生活节奏不断加快的今天,对于多数旅游者来说,在舒适度不受影响或体力许可的前提下,能花较少的费用和较短的时间尽可能游览更多的风景名胜,是他们的最大愿望。而这一目标的实现要求旅游线路的设计必须遵循科学的原则,只有在正确的原则指引下才能够设计出合理的旅游线路。

(一)市场导向,适应需求的原则

旅游者因地区、年龄、文化、职业的不同,对旅游市场的需求是不一样的,随着社会经济的发展,旅游市场的总体需求也在不断变化,成功的旅游线路设计必须首先对市场需求进行充分的调研,以市场为导向,预测市场需求的趋势和需求的数量,分析旅游者的旅游动机,并根据市场需求不断地对原有旅游线路进行加工、完善、升级,开发出新的旅游线路以满足旅游者的需要,这样才能最大限度地保持对旅游者有持续的吸引力。再者,旅游者的需求也决定了旅游线路的设计方向。根据旅游者的需求特点,同时结合不同时期的风尚和潮流,设计出适合市场需求的旅游线路产品,可以创造性地引导旅游消费。例如:在经济发达地区,因用于旅游的闲暇时间多、经济支付能力强等因素,以观赏为主的旅游早已让位于以度假为主的旅游;再如现在越来越多的年轻人喜欢富于冒险、刺激的旅游活动,野外露营、攀岩、漂流、蹦极、沙漠探险等户外活动,既充满挑战,又满足了人们的猎奇心理,很快得到年轻人的青睐,成为流行时尚。因此,针对不同的旅游市场,除了要以人为本,强调旅游线路产品的普适性与个性化的结合,设计出多种类型的旅游线路以满足旅游者的现实需求,还要从发掘潜在的需求和创造未来需求的角度去设计旅游线路,以此来刺激旅游者,开辟未来旅游市场。

与此同时,在旅游线路设计中,还必须充分考虑旅游者的心理状况和体能,并结合景观类型组合、排序等,使旅游活动安排做到劳逸结合、有张有弛;遵循体验效果递进的原则,即同样的旅游项目,会因旅游线路的结构顺序与节奏的不同而产生不同的效果,在交通合理、方便的前提下,同一线路旅游点的游览顺序应由一般的旅游点逐步过渡到吸引力较大的旅游点,这样才能极大地调动旅游者的游览兴趣,使旅游者的兴奋度一层一层地上升,在核心景点达到兴奋顶点。当然,旅游线路的节奏安排还应注意游客的特点,例如:对于中老年人来说,节奏慢、旅游舒适的线路较为合适;而节奏快、富有挑战性和刺激性的旅游线路会更受年轻人的青睐。

(二)注重特色,突出主题的原则

一方面,旅游线路可以多种多样,但特色是旅游线路的灵魂。注重特色、突出主题可以使旅游线路充满魅力,获得强大的竞争力和生命力,从而在旅游市场营销中以差异竞争代替价格竞争,使旅游线路摆脱低水平的竞争。另一方面,旅游者的旅游动机也是多种多样的,但究其共性都是追新猎奇。综合以上两个方面的因素,这就要求旅游企业对旅游线路的资源、形式要精心选择,力求充分展示旅游线路的主题,做到特色鲜明,以新、奇、美、异吸引旅游者的注意。

具体的要求是,在一条旅游线路中,除了包括必要数量的旅游热点景区外,根据旅游线路的主题和市场需求,有针对性地选择一些对于旅游者来说还不是很熟悉的、新奇的冷门景区。新奇和熟悉,即是矛盾的现象,也是平衡的现象。在组合旅游线路时要正确处理,使二者有机结合起来,才能使旅游者在旅游活动中即得到追求新奇的满足,又不产生孤独、陌生及思乡之感。当然,追求新奇应是占主导地位的,也是旅游线路设计的主要依据,在辅助环节中可以穿插一些旅游者熟悉的内容,为旅游者创造一个既有新奇感又有安全感的环境。

(三)布局合理,避免重复的原则

在设计旅游线路时,应慎重选择构成旅游线路的各个旅游点,最佳旅游线路应是由一些旅游依托地和尽可能多的、不同性质的旅游点串联而成的环形(或多边形)路线,应力避往返旅途重复。当旅游依托地周围的旅游点之间距离较近时,可将它们分作几组安排在同一天游览;若各旅游点与旅游依托地距离在一天行程以上时,旅游者便没有必要返回依托地过夜,而是就近住宿,然后前往下一组旅游地,这便形成了环形旅游支线(图1-6)。

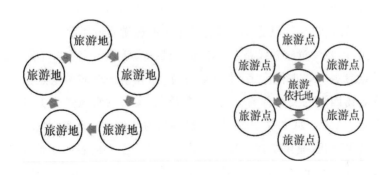

图1-6 环形旅游支线示意图　　图1-7 放射形旅游支线示意图

事实上,旅游者的游览活动并不仅仅局限于旅游景点上,旅途中沿线的景观也是旅游观赏的对象。在游览过程中,如果出现走回头路,就意味着要在同一段路上重复往返,相同的沿途景观要再浏览一遍,旅游者会感到乏味,减弱旅游的兴趣。这种重复,对旅游者来说,是一种时间和金钱上的浪费,是旅游者最不愿意接受的。因此,在旅游线路设计时应尽量避免。

当旅游依托地周围的旅游点之间距离较远,而它们都与旅游依托地距离在一天行程之内时,为减少改换住宿地点的麻烦,增加游客的安全感,一般是重返原住宿处过夜,然后再前往其他旅游点,这就形成了放射形旅游支线(图1-7)。采用这种类型的旅游线路的原因在于:一是由于旅游者对中心城市有归属感,觉得中心城市食、宿条件比周围景点或小城市好得多;二是周围城市之间没有方便的交通联系,或者虽有交通但不如中心城市的方便;三是路程短,可以在一日内游览完并返回。多种因素使游客宁愿走回头路也不愿在周围景点过夜。目前,这种旅游线路在国内的短途旅游中非常常见。

(四)内容丰富,形式多样的原则

游客的需求是多种多样的。设计多条旅游线路,以供不同层次和需求的游客选择和拼合,让游客灵活参与,具有主动性,这样更能激起游客的游览兴趣,促成旅游活动的实现,收到更好的旅游效果。

首先,要注意旅游线路类型上的多样化。组成旅游线路的各项内容有:旅游景点、旅游活动项目、餐饮、住宿、交通、服务的类型等,完全有条件组合成多种类型的旅游线路以供市场选择。任何一次旅游中交通费用和食宿费用都占很大的比例,在具体的旅游线路组合时,可以选择不同类型的旅游点和不同等级的宾馆,甚至不同等级的房间,分别组合成不同档次的线路供游客选择,以适应不同经济水平的旅游者的需要。

其次,还要注意旅游线路上旅游景点(区)及活动内容的多样化。如在一个景点参观一些古代庙宇、佛塔等古迹,而在下一个旅游景点,则可品尝一些名扬四海的美味佳肴,在另一个景点,又可欣赏风景优美、民风淳朴的宁静小镇等。总之,在旅游线路设计时,为增加旅游乐趣,要使景点选择尽量富于变化,避免单调重复。以游览观赏为主要内容的旅游线路,切忌观赏内容的安排过于紧张,避免把轻松愉快的旅游变成一次疲劳的参观活动。

(五)延长周期、持续发展的原则

可持续发展的原则要求旅游产品的设计与开发必须正视旅游产品的生命周期以及与环境、资源保护的协调。

1.正视旅游产品生命周期

旅游产品从产生到被市场淘汰,一般经历探查、参与、发展、巩固、停滞、衰落或复苏6个阶段,客观地制约了旅游业的可持续发展。我们要重视并应用旅游产品生命周期理论，研究各种不同旅游产品的生命周期的特点及规律，剖析形成这些具体的生命周期特点和规律的内在因素，以有效地指导旅游产品的设计、开发和管理。一方面，分析旅游产品所处生命周期的阶段，在不同阶段采取不同的营销策略，尽量延长其生命周期。特别是在产品的衰落阶段，应研究运用深度开发、转型开发、塑造新形象、开拓新市场等方法，以延长产品生命周期，保持其持久的吸引力。另一方面，要协调、优化区域旅游产品组合结构，研究旅游市场需求变化的新趋势和区域环境、资源特点，不断设计、开发新的旅游产品。在旅游产品开发的时序上，做到"销售一代，开发一代，储备一代"，以保持旅游业的可持续发展。

2.与环境、资源保护相协调

良好的生态环境和旅游资源的可持续利用是旅游可持续发展的重要基础和标志，这就要求旅游产品的设计与开发必保持与环境、资源的和谐统一，保证经济效益、环境效益、社会效益的统一。由于旅游产品的设计、建设、消费和管理等观念与行为不当，造成旅游环境和资源的破坏，损坏了旅游地形象，降低了旅游地的吸引力，使旅游业发展难以持续。

为实现旅游业与环境、资源的协调发展，在旅游产品的设计与开发中，第一，要强化环境、资源的保护意识和观念，自觉执行国家有关环境、资源保护的标准、政策和法规。第二，坚持保护与开发并重的原则，建立旅游产品开发项目的环境影响评估制度，防止低水平、掠夺性、破坏性的开发建设。第三，研究、调控旅游环境容量。旅游地环境容量的饱和与超载，将导致旅游资源的破坏、生态系统的损伤、旅游者与当地居民关系紧张等问题，对旅游业造成致命的消极影响。应采取控制旅游需求、提高旅游供给能力等方法，调控旅游者的时、空分布。第四，加强旅游环境与资源的抚育，在旅游业发展的同时，不断改善生态环境的质量和提高资源的可持续利用水平。第五，加强旅游地环境监测管理。第六，有序开发，建立旅游资源与环境保护区，留给后代一定的开发空间和可利用资源。

(五)安全第一、预防为主的原则

安全作为马斯洛需求理论的第二层次需求，仅次于生理需求，未来社会的发展对于人类的生理需求自然是可以满足的，这种情况下安全就成为第二个最基本的需求。正如现在，很多生活条件优越的人，首先考虑的

视频：旅游安全包括哪些

是健康，吃健康的食品，培养健康的生活习惯。这种现象也适用于旅游。旅游线路中所包含的安全涉及人、设备、环境等相关主体，既包括旅游活动中的安全观念、意识培育、思想建设与安全理论等"上层建筑"，也包括旅游活动中安全的防控、保障与管理等"物质基础"。没有安全，便没有旅游。旅游安全是旅游线路设计的生命线，是旅游线路的基础和保障。旅游业发展的事实证明，旅游安全事故的出现，不仅影响旅游活动的顺利进行，而且可能带来巨额经济损失；旅游安全事故危及旅游者生命和财产，直接影响社会的安定团结；旅游安全事故还会损害国家的旅游声誉，阻碍旅游业发展。因此，在旅游线路设计中对于安全的保障具有重要意义。

 小资料

广西力保游客安全

广西在进入雨季汛期时，为做好汛期的旅游安全防范工作，避免和预防因暴雨而引发的山洪暴发、泥石流、道路塌方等地质灾害对游客的影响，广西桂林市旅游局下发通知，要求做好雨季汛期旅游工作，确保游客安全。

通知要求，各单位要认真做好雨季汛期旅游安全工作，确保旅游者的生命和财产安全，并将此项工作列入重要议事日程，制订切实可行的工作预案，并落实到位，确保工作万无一失。加强对雨季期间旅游安全各项措施管理工作，消除安全隐患；密切关注雨季期间气象部门的天气预报，随时掌握未来天气状况。根据汛情，对以湖面、江河、溶洞、山林为主要旅游设施的旅游场所的安全进行监督管理。加强对景区（点）内的山体松动、游览道路容易塌方的地段、水域进行排险和加固；严禁漂流、登山、攀岩、游江等活动；严禁游客参加高危旅游项目。在设计和推出旅游线路、项目或安排团队运行旅游计划时要把安全放在第一位，不能推出含有安全隐患的旅游线路、项目和团队运行计划。

对已经发生自然灾害的地域造成游客滞留时，要及时报告当地政府和上级旅游管理部门，并迅速组织抢险和自救，提高反应能力，最大限度地减少事故损失。严格执行国家旅游局重大旅游安全事故报告制度,不得隐瞒不报、谎报或者拖延不报。

目前,桂林各有关部门对一些水上游览项目已纷纷采取各种措施加强安全。五排河漂流公司做出了超过水位警戒线不得漂流的规定,同时采取在险滩增加安全员等措施,确保游客安全;临桂十二滩漂流A线也因水位高而停漂半天,经营者还聘请医生坐镇,以防万一;阳朔龙颈河也增加了护漂员,同时及时清理河道,防止河道淤塞。

三、我国旅游线路设计中存在的问题

我国对旅游线路设计问题的研究历史比较短,由于对旅游线路还没有统一的规范性定义,加之学者的专业背景各不相同,使得许多名为旅游线路的研究,实质内容之间差别较大。

关于旅游线路设计中存在的问题,康福天、张晋燕、曹洪珍等认为主要反映在以下五个方面。

(一)旅游线路设计没有形成完整的技术路线

欧美地区一些国家的旅游企业在旅游线路设计与生产中已经形成了一套比较规范的流程,大致分为四个阶段:市场调研阶段、产品计划、谈判与定价、宣传手册的制定。我国旅游线路设计与生产流程与国外相比,还没有形成一套比较规范的流程。究其原因主要是旅游线路设计集中在两个传统领域:旅行社和景区。线路设计涉及变量多,是一个复杂而系统的过程。目前旅行社旅游线路设计主要由计调部门承担,但计调人员通常不走线路,不从事前线工作,掌握资源和信息量少,所以旅游线路设计一直停留在依托交通干线以景点为节点进行串联,导致旅游线路同质化程度高、周期短、更新慢。同样,景区旅游线路也没有统一规范的设计模式。旅游地的空间布局是景区线路设计的基础,旅游吸引物的特色是设计的关键要素,景区工作人员在设计过程中往往忽略市场的动态、旅游资源特征、单体布局与景区道路之间的空间关系,导致景区线路承载力低,资源遭到破坏。

(二)价格竞争导致服务质量下降

由于我国旅行社仍处于初级发展阶段,许多都是中小型企业,其经营能力、产品生产能力较低,在面临激烈的市场竞争时,往往容易陷入价格战的怪圈。旅行社为了赢得游客,在销售旅游线路时往往通过削减价格来达到市场的占有率,而不是通过高品质的旅游线路来吸引游客。例如,东方网曾报道某旅行社为了在淡季吸引更多游客,曾经刮起过强劲的"海南双飞"降价风,价格连破1600元、1500元、1400元大关,甚至跌破1300元的行业公认底线。要知道一张去海南的单程机票就要1500元左右,大幅度的降价活动导致旅行社在价格竞争的漩涡中利润率越来越低,从而忽视了旅游线路设计的本身特点,直接造成旅行社服务质量不断下降,旅游投诉增多。

(三)旅游线路缺乏人性化

游客是旅游活动的主体,所以旅游线路的设计应最大限度地满足游客的需要,体现以人为本的思想。现在很多游客抱怨参团游览景点大多是走马观花,来也匆匆去也匆匆,令人愉悦的旅游变成了单纯的拍照留念。例如新浪网曾报道"欧洲十一国十四天"游,游客回来后愤怒地反映:"这团真是太累了,早上还在奥地利,白天横穿瑞士,黄昏时就到了意大利,每天疲劳奔波,在车上的时间比实际参观浏览的时间还多!由于时间有限,便减少一些景点或改参观为'外观'。如卢浮宫、凡尔赛宫等最能体现欧洲文化精髓的景点,都不能入内参观游览。到了卢浮宫就在广场外'到此一拍',便匆匆赶上车,至于卢浮宫博物馆内的蒙娜丽莎真品和40余万件艺术收藏精品就更看不到了。"显然,如此旅游没有达到放松身心的目的,忽略了旅游的真正价值。

(四)旅游线路更新缓慢

旅游线路老化是业内公认的问题,其中一个重要原因,就是旅行社对旅游新产品的开发缺乏主动性。据有关部门统计,我国现有各类景区1万多处,旅游资源十分丰富,但旅游资源并没有转化为有吸引力的旅游产品。即便是在国内旅游主要客源地的上海,400多家旅行社推出的旅游线路也只有六七十种,远不能满足市场的需求。造成旅游线路同质化现象严重,没有真正体现我国的旅游资源优势及旅行社自身所具有的经营特色。另一方面,热、冷、温点线路在旅游线路设计时没有得到很好的协调,过于关注热点旅游线路。例如:一提到去四川旅游,目前旅游市场上最多的就是九寨沟—峨眉—乐山—都江堰这条线。这条传统线路从开发到现在基本没有任何变化,即使是国际游客也似乎感觉到了"审美疲劳"。

(五)旅游线路设计不符合市场需求

目前,旅行社设计的部分旅游线路之所以遇冷,主要是设计旅游线路时缺乏对旅游市场的调查研究。旅行社在设计旅游线路时并没有考虑到该线路的市场需求量有多大,是否足以给旅行社带来可观的经济效益,或者说要对哪一部分消费群体进行有针对性的市场营销,采用何种手段对这类群体进行市场营销活动。例如:深圳某旅行社曾在世界杯期间为球迷安排的"机票+房费+球票"的方便套餐,但深圳"铁杆"球迷们却并不"领情"。因为旅行社在推出此旅游线路时并没有考虑游客的结构和特点,团队游最便宜的三、五日行程价格也要两三万,这样的"起步价"对"全民性"的足球赛事来说,无疑不具备任何吸引力。深圳国旅总经理反映:"真正的、少数有钱的铁杆球迷是会到国外看世界杯的,但是他们不会让旅行社来安排。"因此,旅行社在设计旅游线路时要全面地进行市场需求分析,重视旅游线路调研与市场推广,这是销售旅游线路必须要考虑的问题。

一、简答题

1. 旅游线路设计应遵循哪些原则?
2. 简述旅游线路设计的指导思想。
3. 我国旅游线路设计中存在的核心矛盾是什么?

二、实训练习

搜索资料,详细分析自己家乡的一条旅游线路的类型、特点与不足,并尝试提出优化该线路的建议。

测试题:
项目一
任务三

项目小结

通过本项目的学习,能说出旅游线路的基本概念、旅游线路的基本特征、旅游线路的类型及特点,能归纳旅游线路设计的指导思想和原则,能总结我国旅游线路设计中存在的一些问题及应采取的措施,并且对旅游线路及设计有一个全方位的框架性认识。

项目二 旅游市场

导读

对任何一个国家、地区或旅游企业来说,旅游市场的占有率直接关系到旅游经营的效益,尤其在旅游线路设计及旅游经营过程中,旅游市场的调查、划分、开拓、预测就显得十分重要。通过对旅游市场的研究,可以确定旅游需求的现状和变化趋势,并据此确定该地区的目标市场,进行市场规划,使旅游线路的设计方案有效地适应不断变化的市场,达到吸引旅游者的目的。因此,本项目所阐述的内容围绕着旅游市场的内涵、旅游市场细分、旅游市场调研的组织与实施及旅游线路产品的促销策略而展开的。

课件:
项目二

学习目标

1. 理解并阐明旅游市场的概念
2. 比较各种旅游市场细分的标准
3. 阐明旅游细分市场的特点
4. 描述旅游市场调研的作用
5. 概括旅游市场调研工作的基本过程
6. 灵活运用调研工作中收集原始资料的主要方法

任务一 旅游市场概述

旅游线路在开始设计之前跟其他产品一样,都要对市场进行深入的了解和分析,只有在对目标市场情况有着完善分析的前提下,才有可能设计出满足游客需求的旅游线路。本次任务重点讲解旅游市场的概念、构成要素及特点。

一、旅游市场概念

旅游市场是由无数游客的需求构成的,是进行旅游线路设计的根本依据,旅游企业只有同市场保持密切的联系才能求得生存与发展。认识市场、适应市场并使设计的旅游线路与市场需求相协调,是旅游线路设计的核心与关键。

视频:闽宁镇打造多条《山海情》主题旅游线路

旅游市场可以从狭义和广义两方面来理解。狭义的旅游市场是指旅游产品交换的场所,就跟我们在日常生活中看到的市场一样,是商品进行交易的地方。广义的旅游市场是指旅游产品交换关系的总和,这个概念就很大了,会涉及旅游目的地、旅游者、旅游经营者等一切与旅游产品交换相关的要素。但在旅游线路设计中,我们需要重点考虑的旅游市场则是旅游客源市场,即某一旅游线路的购买者和潜在购买者。比如:现在对于很多旅行社来说,退休老年人群体就是一个重要的客源市场,这主要是因为退休老年人有时间,也有一定的经济基础,只要身体条件允许,没有家庭琐事的拖累,他们一般都愿意出门走走逛逛。因此,很多旅行社就设计了针对这一市场的各种旅游线路。

二、旅游市场构成要素

旅游市场的形成必须同时具备四个要素:人口数量、旅游愿望、购买能力和购买权利。这四个要素和旅游市场的关系可以用以下公式来表示:

旅游市场=人口数量×旅游愿望×购买能力×购买权利

这四个要素缺一不可,少一个都无法构成旅游市场。

(一)人口数量

旅游产品的消费是构成旅游市场主体的基本要素,旅游市场的大小取决于该市场上人口数量的多少,一个国家或地区总人口多,则潜在的旅游者就多,需要旅游产品的基数就大,因此,人口的多少反映了潜在旅游市场的大小。

(二)旅游愿望

旅游愿望是驱使人们进行旅游活动的内在动因,是旅游者把潜在购买力变为现实购买力的重要条件。但由于人们的个性、兴趣、爱好和所处环境的差异,购买愿望也是各不相同。

(三)购买能力

旅游市场的大小取决于购买能力。购买能力指人们在可支配收入中用于购买旅游产品的能力,一般由收入水平决定。没有足够的支付能力,旅游者的旅游愿望只能是一种主观愿望而已。

(四)购买权利

旅游市场大小还取决于人们购买旅游产品的权利。购买权利是指允许消费者购买某种旅游产品的权利。因为存在某些地方政府会出台限制性旅游政策,例如:不签发签证等情况。

三、旅游市场特点

(一)全球性

随着世界经济一体化的不断发展,国与国之间的往来越来越频繁,人们渴望走出国门,了解其他国家和地区的人文风俗,这就使国际旅游得到了快速的发展。现如今的世界,旅游需求或者说旅游客源是来自世界各地的,一个有旅游动机的人在各方面条件允许的情况下可以选择世界上任何一个地方出游,一个旅游景点也可以接待来自世界任何一个国家的旅游者。比如:你想去法国旅游,对于法国的地接旅行社来说,设计出能满足你出游需求的旅游线路就非常重要,他们的客源不一定是法国人,而是世界各国想去法国旅游的人。

(二)异地性

旅游活动伴随着旅游者地理位置的移动,目的地接待旅游企业的客源一般主要是非当地居民,旅游客源市场通常都远离旅游目的地,也就是旅游产品的生产地。这就造成了旅游企业获取客源信息的难度较大。比如:对于西安的旅行社来说,想要获取北京游客的出游喜好等相关信息就比较困难,成本代价也比较大。

(三)季节性

旅游市场的季节性主要表现在以下两个方面：其一，旅游目的地与气候有关的旅游资源在不同季节的使用价值有所不同，比如北戴河、黄山等旅游目的地是夏季理想的避暑胜地，而海南则是冬季避寒的最佳选择。这些旅游资源在特定的气候条件下其旅游价值较高于平日，会形成淡旺季的差异。其二，旅游者闲暇时间分布不均衡也是造成旅游市场淡旺季的原因。旅游者一般都是利用节假日出游，而世界各地节假日的长短和时间段也是不一样的，比如：相对来讲，欧洲国家的带薪假期和公共假期就较多，法国的带薪假期甚至能达到5周之久。相比其他国家，我国就有国庆、春节黄金周等公共假期。作为旅行社和其他旅游企业，应根据旅游市场的季节性特点，有针对性地分析淡旺季对策，尽量避免旺季接待能力不足，淡季资源闲置的情况。

(四)多样性

旅游者的年龄、性别、喜好等因素的差异性导致了旅游客源市场的多样性，同时也为旅游经营者创造了多样化的市场空间。从旅游供给的角度看，经营者可以依托不同的自然和人文景观资源进行不同形式的产品组合，使旅游者获得不同的感受和经历。随着现代旅游业的发展，一些并非专为旅游服务的社会资源也在逐渐转化为旅游资源，比如农业景观、农产品采摘、演出活动、体育比赛等，都可以成为旅游经营者加以开发利用的资源，因此，传统的旅游形式在不断强化和充实的同时，新的旅游内容也在不断涌现。

(五)波动性

旅游消费属于非生活必需品消费，从经济学的角度来讲，弹性很大，很容易受到外部环境的影响，比如：国际局势、突发事件、传染性疾病、汇率、通货膨胀、物价水平，以及旅游者心态的变化等，像近两年的新冠肺炎疫情就对全球旅游业产生了巨大的影响。当然，从长期来看，世界旅游市场将保持持续发展的趋势，但这种发展是波浪式渐进的，特别是在一定时期内某一局部旅游市场的波动性可能更加明显。举个例子来说，拥有灿烂波斯文明的丝路古国伊朗是个很棒的旅游目的地，但最近由于国际局势的突然紧张和新冠肺炎疫情的影响，短时期内外国游客是无法赴伊朗旅行了，这点实在是非常遗憾。

2020年全球旅游业收入损失1.3万亿美元

据联合国世界旅游组织2021年1月28日发布的数据显示,新冠疫情导致全球旅游人数大幅减少,2020年全球旅游业收入损失1.3万亿美元,成为"旅游业历史上最糟糕年份"。世界旅游组织在声明中说,全球旅游业去年损失的收入是2009年受金融危机影响所损失的"11倍多",1亿至1.2亿个与旅游业直接相关的工作面临风险。

数据显示,2020年全球入境游客总人次较上一年减少10亿人次,降幅达74%。其中,亚洲和太平洋地区减少84%,降幅最大;非洲和中东地区减少75%;欧洲地区2019年夏天虽"迎来小规模短暂反弹",但2020年全年下降70%;美洲减少69%。上一次出现全球入境游客人次减少是2009年,受金融危机影响,当年全球入境游客人次同比减少4%。

相关专家认为,全球旅游业活动在2023年前不会恢复至新冠疫情暴发前水平。旅游业得以重启时,户外旅游和自然旅游需求将上升,国内旅游也将更受欢迎。"为使安全的国际旅行成为可能,已经做了很多,但我们清楚,这场危机还远未结束。"世界旅游组织秘书长祖拉布·波洛利卡什维利说,"检测、追踪以及发放疫苗接种证书"等防疫措施需要"统筹、协调以及实现数字化",这些是推动安全旅行,为旅游业在条件允许时恢复做准备的必要基础。

(六)高度竞争性

从经济学角度来讲,旅游市场准入的低壁垒,造成了旅游市场的高度竞争性。再加上经济发展以及由此带来的人们生活水平的不断提高,闲暇时间的增多,还有就是人们对异域文化的兴趣等决定了旅游业良好的发展前景,新的进入者瞅准机会就会不断涌现,而旅游线路高度的可复制性也加剧了旅游市场竞争的激烈程度。

测试题：
项目二
任务一

 基础检测

一、简答题

1.请谈谈旅游市场的重要作用。

2.旅游市场的特点都有哪些？

二、实训练习

请以旅游市场构成要素的角度举例描述某种旅游市场，说明该市场的人口数量、旅游愿望、购买能力和购买权利。

任务二 旅游市场细分

市场细分的概念是在20世纪50年代中期由美国营销学家温德尔·斯密(Wendell R. Smith)在总结企业按照消费者不同需求组织生产的经验中提出的。所谓市场细分，是指企业根据消费者群体之间需求的差异性，把一个整体市场划分为两个或更多的消费群体，从而确定企业的目标市场的活动过程。每一个需求特点相似的消费群体叫作一个细分市场，由于消费者需求的千差万别和消费需求的千变万化，一个企业无论规模多么巨大，也只能满足市场上某一个或者某几个细分市场的需求。因此，每个企业的经营者只能在市场细分的基础上选择自己特定的目标市场，并制定相应的经营策略，才能更好地实现企业的经营目标。

一、旅游市场细分的概念

旅游市场细分是指旅游经营者根据旅游者对旅游产品的需求愿望、购买行为和购买习惯的差异把整体旅游市场划分为若干个不同类别的市场的过程。同一细分市场内部需求差别比较细微，而在各个不同的细分市场之间，旅游消费者的需求差别则比较明显。举个跟我们生活相关的例子，就跟买牙膏一样，有人的需求是希望能防蛀，有人的需求是希望能美白,还有人的需求是希望能抗过敏,当然,还有人买牙膏单纯就是为了把牙刷干净而已。因此,根据这些不同的需求,我们就可以划分出不同的细分市场。

此外,我们还必须明确,旅游市场细分不由人们的主观愿望决定,而是由旅游市场供需双方的特点来决定。我们可以说,旅游市场细分其实质就是"同中求异,异中求同"地划分旅游者的过程。旅游经营者通过市场细分能更好地确定营销组合,使产品或服务的价格、种类、销售渠道、营销方法等能更好地满足某一或某几个细分市场的需求。其实,旅游经营机构瞄准一个和几个细分市场就可以了,毕竟只有集中优势资源主攻一到几个点,才能最终在市场竞争中脱颖而出。

二、旅游市场细分的变量

由于受到旅游市场细分变量的影响和作用,旅游者在欲望和消费需求方面产生了明显的差异。细分市场所依据的标准很多,一般依据人口统计因素、地理因素、心理因素和行为因素四大类进行划分。

表2-1 旅游市场细分标准及变量一览

细分标准	细分变量
人口统计因素	年龄、性别、职业、收入、民族、宗教、教育、家庭人口、家庭生命周期等
地理因素	地理位置、地形、地貌、气候、交通状况、人口密度等
心理因素	生活方式、性格、购买动机、态度、兴趣、价值等
行为因素	购买时间、购买数量、购买频率、购买习惯(品牌忠诚度)、对服务、价格、渠道、广告的敏感程度等

(一)人口统计因素

1.根据年龄划分

不同年龄段的游客,由于生理、性格、爱好、经济状况的不同,对旅游线路的需求往往存在很大的差异。因此,根据年龄划分,我们可以把旅游客源市场分为老年市场、中青年市场、青年市场和儿童市场等。例如:老年市场又被称为"银发市场",随着人口平均寿命的增长,这一市场的重要性

视频:
激活"银发旅游"的市场潜力

会逐渐显现,而老年人比较倾向于平静、休闲的旅游方式也为我们在旅游线路的设计上提出了要求。比如:山东省针对老年旅游市场出台了多项举措,制定打造符合老年人出游习惯的旅游产品的方针政策。很多酒店、民宿节假日期间一房难求,但周一到周五的入住率都很低,造成旅游资源的浪费,为了能够有效利用资源,打破不平衡,山东省召集分管部门、旅行社、老年大学等进行了多次会议,试行错时房价,鼓励老年人错时旅游,培育老年旅游市场。

2.根据性别划分

根据性别可将旅游客源市场划分为男性旅游市场和女性旅游市场。男性游客和女性游客对旅游服务和项目的要求差别较大。男性游客独立性相对较强,倾向于比较刺激、消耗大的旅游活动;女性游客则大多重视人身安全,喜欢购物,对价格敏感。

得"她"得天下

据统计,2019年全年我国女性旅游出游人数28亿人次,占国内旅游总人次的46.6%,女性游客人均出游已超过4次,其中观光游览、休闲度假等旅游产品对比男性游客更受女性游客青睐。同程旅行发布的《中国女性旅行消费报告》显示,2019年全年,女性旅行者80后占比27.1%,90后占比43.8%,二者合并占比70.9%。71%的居民家庭旅游度假消费决策是由妻子做出的,女性俨然已经成为影响4亿多个家庭年度旅行消费的最终决策者。女性旅游市场也越来越受到旅游业界重视。

中国的旅游企业应该充分挖掘女性游客需求,研发有特色的女性旅游产品。现实中,女性更喜欢结伴出游,包括与伴侣的旅游、与闺蜜的旅游、与同事的旅游。女性更加喜欢主题明确的旅游产品,以下六类旅游产品更受女性的青睐:

第一,主题旅游产品。女性对于赏花、摄影、美食、探险等主题游兴趣浓厚。在旅游目的地植入合适的主题旅游产品将对吸引女性旅游者起到决定性的作用。

第二，亲子游产品。据相关调查显示，有超过八成的中国家庭认为"亲子游"是必需开支，今后会定期开展亲子游互动。四成亲子游的旅游消费者人均花费在3000元以上。两个孩子或以上的亲子游家庭占比正处于上升阶段。

第三，购物游产品。携程旅游专家分析认为，爱好购物是女性旅游的一大动因，特别是在出境旅游时，超过50%的女性在购物上的花费都超过5000元人民币。女性在旅游中预定的必须前往的前五个场所中，有四个是购物地点。超过20%的女性认为血拼易冲动，预算形同虚设。

第四，康养旅游产品。对于健康的重视，使得越来越多的中国旅行者将其作为旅游行程的重要因素，甚至是整个旅行计划的缘起，由此带动康养医疗旅游的稳步增长。康养医疗成为人气最高的主题旅游项目之一。此类产品单价高、回购率高，成为盈利空间巨大的旅游产品之一。

第五，医美旅游产品。爱美是女人的天性。当下人们的观念越来越开放，对医疗美容的接受度也普遍提高。为了抗衰老、修整瑕疵，女性往往会选择见效明显的医疗美容。境外医美旅游产品应运而生，成为高端女性消费群体趋之若鹜的产品。

第六，新兴旅游产品。据《中国女性旅游消费研究报告》显示，女性消费者在对待各类新兴旅游玩法的态度上普遍较男性消费者更为积极，她们实际上已成为当前旅游消费升级换代的重要推动力量。从具体数据上来看，除自驾游外，女性在包团定制、邮轮出境游、房车露营度假、潜水旅游、低空旅游、极地旅游等方面的尝新热情均高于男性。

那么，在设计女性旅游产品时应该注重哪些因素呢？

第一，注重主题设计的女性化。女性群体对于旅行和男性有着截然不同的诉求。对于追寻刺激、惊险这些主题，女性会更偏向轻松与舒适的享受型主题。众多重复的线路也不能满足日益追求小众路线的女性消费人群，如何开发大众旅游目的地中的小众亮点，会成为吸引女性消费者的点睛之笔。

第二，注重品牌设计的个性化。女性非常喜欢尝鲜，她们愿意尝试新品牌，追求产品的格调性和品牌附加值，追求个性化。

第三，轻奢类消费品越来越受到女性的青睐。这些产品往往包含流行元素，价格比普通的商品偏高，但在可承受范围内。当各大品牌使出各种手段抢夺市场时，很多年轻未婚女性往往会不惜花掉她们一个月的工资，只为了取悦自己。轻奢类的、有个性的民宿、旅游景点、网红餐厅等经常成为女性旅游的打卡地。

第四，注重环境营造的"颜值"化。星巴克"猫爪杯"的脱销，正显示出当代女性对于"颜值"的重视，年轻女性们更加注重旅游景点的"颜值"，例如去自己爱豆影片的取景地，跟随短视频"热门"而行，打卡风景绝美、人生必去的景点等。

第五，注重旅游产品的品质化。据调查显示，对于七成被访中老年女性而言，旅游消费在保持身心健康、增长见识等方面有着积极作用，同时，她们对于邮轮旅游、国内长线游等旅游产品也有着不同的认知，在个别产品上的认知水平甚至高于年轻消费者。年长的女性们看重的是品质，而充足的时间、金钱也成为她们能够领略多种风光的强大后盾，因此，旅游产品在打造的过程中要注重对产品品质的打造。

第六，注重服务体验的贴心化。由于女性内心细腻，对于细节要求较高，因此对于旅游产品质量要求也会较高。她们在住宿方面倾向知名品牌酒店，更看重餐食和用车等服务质量和多项增值服务内容。因此，旅游线路设计要更加注重细节，从细微处体现人性关怀。在后期运营的过程中，更要考虑活动设计的安全性、趣味性等，从方方面面让女性旅游消费者感到优质的服务体验。

3.根据收入划分

收入的变化将直接影响旅游者的需求愿望和支出模式。根据平均收入水平的高低，可将旅游者划分为不同的群体，收入高者在旅游过程中平均停留时间长、花费高；不同收入的旅游者在旅游中选择参加的活动类型、购买的旅游产品也因收入的不同而有所差别。现今在旅游市场中，很多旅游经营者往往更愿意为高收入者设计旅游线路，因为针对高收入者的旅游线路一般利润回报率也较高，但实际上，中、低收入群体由于其巨大的体量，其实也是很好的旅游目标市场。

4.根据受教育状况划分

受教育不同的旅游者,在志趣、生活方式、文化素养、价值观念等方面会有所不同,因而会影响他们的购买种类、购买行为、购买习惯。一般来说,受教育程度越高,对旅游线路需求层次的品位越高。比如:受过良好教育的群体可能会更加偏好文化内涵深厚、线路设计相对自由的旅游线路。

5.根据家庭生命周期划分

视频:
满巢家庭
的亲子游

一个家庭的生命周期可分为以下几个阶段:经济基本独立的新婚夫妇、有三岁以下小孩的年轻夫妇、有一个三岁以上孩子的满巢家庭、子女已独立的空巢家庭等。不同时期的家庭对旅游线路的需求是不同的。比如:经济独立的新婚夫妇,一般有着较高的购买能力,空闲时间可以外出旅游,偏好度假型旅游线路;有三岁以下小孩的年轻夫妇,孩子小,家庭负担重,基本没有空闲时间,难以外出旅游;有一个三岁以上孩子的满巢家庭,有旅游需求,一般偏好跟团游,在旅游线路上偏好适合孩子玩耍或者能使孩子增长见识的旅游线路;子女已独立的空巢家庭,经济负担减小,夫妻双方的收入和空闲时间增多,往往偏好观光或者休闲式的旅游线路。

(二)地理因素

按地理因素分就是按旅游者所处的地理位置、地理环境等变量来细分市场。处在不同地理环境下的旅游者对同一类产品往往会有不同的需求与偏好。

根据WTO的划分标准,可以把全球旅游市场分为六大板块:欧洲、美洲、东亚及太平洋地区、南亚、中东和非洲。在我国,则可以分为东北、华北、西北、西南、华东和华南等地区市场。当然,也可以按照行政区域来进行细分,比如省、自治区、市、县等。举个例子来说,在旅游线路设计中的餐饮环节,就特别要关注不同地域游客的餐饮偏好,四川游客好麻辣,西北游客好面食,广东游客好清淡,等等。

此外,地形和气候的不同也会影响对旅游产品的消费。比如:在我国的北方地区,冬天气候寒冷干燥,阳光海岛游线路就很受欢迎;沿海及平原地区的游客会对大西北线路很感兴趣。从国际旅游市场看,凡气候寒冷、缺少阳光地区的游客,一般倾向于到阳光充足的温暖地区旅游,这也是地中海、加勒比海等地区旅游业发达的主要原因。

视频：打卡文化与网红经济

(三)心理因素

心理行为是由消费者主观心态所导致的行为，它比较复杂难测。从心理行为进行细分，即主要从游客的生活方式、性格、态度和购买动机等方面去分析。

1.生活方式

所谓生活方式，是人们对工作、消费、娱乐的特定习惯和模式，不同的生活方式会产生不同的需求偏好，比如："传统型""新潮型""节俭型""奢侈型"等。此外，工作和生活的改变都会影响生活方式，比如：有人关心绿色环保问题，有人追逐网红打卡地，有人是音乐和电影的发烧友等，在旅游线路设计过程中我们应该充分考虑这些因素。举个例子来说，对于普通的老年游客，他们的生活方式一般比较节俭，因此在为他们设计旅游线路时，一般不必考虑太过奢华的住宿，简单干净即可。而对于大学生游客来说，他们比较喜爱追逐潮流，受网络影响较大，热衷于跟随网红进行打卡，在为他们设计旅游线路时，除传统旅游景点外，适当增加新潮景点会提高游客满意度。

2.性格

针对游客性格特点的分析对于旅游线路的设计也是非常有用的，因为作为自由裁量的旅游消费和游客的性格有着很大的关系。性格可以用外向与内向、乐观与悲观、自信、顺从、保守、激进、热情等词语来描述。性格外向、容易感情冲动的游客往往好表现自己，因而他们偏好购买能展现自己个性的旅游线路；性格内向的游客则喜欢大众化，往往偏好购买比较中庸的旅游线路；富于创造性和冒险心理的游客则对新奇、刺激性强的旅游线路感兴趣。

3.态度

态度因素是根据游客对旅游经营者及旅游线路的态度进行分类并采取相应的营销措施。比如：针对"我知道这条线路，但我不是很了解具体的情况"之类持中间态度的游客，应通过为其提供详细资料，并开展有说服力的促销活动；针对"这条线路好棒的，我挺想走一趟"之类持积极态度的游客，应利用持续的促销活动并与其签订合同的办法加以巩固；针对"我对这条线路不是很感兴趣"之类持消极态度的游客，由于基本无法改变他们的态度，旅游经营者放弃这样的细分市场也是合理的，毕竟进行市场细分的目的度不是要针对所有细分市场来展开营销活动。

4.购买动机

购买动机因素是按游客追求的利益来进行细分的,游客所追求的主要有求实、求廉、求新、求美等一系列动机,这些也都可以作为细分的变量。比如:有些游客出游是为了追求感受与自己固有生活环境有很大差异的自然和人文环境;有些游客出游是为了在朋友圈晒照,让别人看到或者感受到他的幸福生活;还有些游客出游是为了放松身心,远离繁重的工作。因此,旅游经营者可根据旅游者的购买动机进行细分市场,并根据细分市场需求特点来设计旅游线路和制定营销策略。

(四)行为因素

购买行为因素是根据游客对旅游线路的购买行为和使用情况等细分市场,可分为购买目的、购买方式、购买数量、购买频率、品牌忠诚度等。

按购买目的细分,可以分为观光旅游客源市场、探亲访友旅游客源市场、度假旅游客源市场、会议旅游客源市场、商务旅游客源市场、奖励旅游客源市场等,不同客源市场在购买旅游产品时的需求是不同的。比如:商务游客在购买时更关心的是便捷而非成本,因此,当我们把商务游客作为目标市场时,在产品的设计和安排上就应更加关注服务的质量和便捷的交通等因素。

购买方式是指游客购买旅游产品所通过的渠道形式,比如网络平台购买、旅行社门店购买等。

按购买数量和频率细分是指按游客购买旅游线路的数量和频率特征细分,可以分为较少旅游者,多次旅游者和经常旅游者。一般来说,虽然经常旅游者所占市场比重小,但他们的购买量却比较大。比如:很多游客被称为"老驴",只要一有假期,不论是周末还是小长假,都会出游。旅游经营者可以加强与经常出游游客的关系或是通过多样化的营销策略来增加旅游线路的销售量。

品牌忠诚度是指根据游客对某旅游经营者的忠诚度来进行细分,有游客忠诚于某家航空公司或某品牌酒店,还有的游客忠诚于某家旅行社,只要出游一定会购买该旅行社的旅游线路等。因此,旅游经营者必须辨别他的忠诚顾客及特征,更好地满足他们的需求,必要时要给予忠诚顾客以某种形式的回报或鼓励,比如给予一定的折扣或是赠送一些礼品,这些都会收到很好的效果。

测试题:
项目二
任务二

一、简答题

1.请谈谈为什么要进行旅游市场细分?

2.旅游市场细分的标准都有哪些?

二、实训练习

请以某一细分市场为例,说明这个细分市场是以哪种标准来划分的,以及该市场的具体特点。

任务三 旅游市场调研

一、旅游市场调研的概念

20世纪30年代初,由市场调查人员、市场学教育工作者以及工商企业者和政府部门工作人员组成的美国市场营销协会设立了委员会,该委员会于20世纪60年代初对市场调研进行了定义:市场调研是企业系统的收集、记录和分析有关货物和劳务的市场营销问题的资料。

美国著名的市场营销专家菲利普·科特勒认为,市场调研是企业系统的设计、收集、分析和提出数据资料以及跟公司面对的特定营销状况有关的调查研究结果。

现代旅游企业经营管理基本理论认为,旅游市场调研是运用科学的方法,有计划、有目的、有针对性地收集、整理和分析企业外部环境和内部条件的相关信息,从而为旅游企业营销决策者和旅游管理部门提供客观的决策依据。

二、旅游市场调研的目的

在市场经济条件下,已经没有人会公开说自己不考虑、不在乎市场,每个旅游线路的策划与设计也无不列出"旅游市场"一章。但事实表明,大多数旅游企业不重视市场调查。多年来,国内大部分省份的旅游主管部门和企业缺少对目标市场做连续性深入细致的调查,在国际旅游市场调查方面舍不得花钱,更舍不得请旅游系统以外的专业调查机构(包括国外专门的市场调查公司)进行客源产出地的调查。

与国内企业忽视旅游市场调查形成鲜明对比的是,在充分了解旅游市场的基础上进行旅游线路的设计与营销已成为国外旅游公司经营的基本理念。他们每年要支付数百万元甚至数千万元的资金在中国进行旅游市场调查,并因此在中国旅游市场中取得了巨大的业绩。另外,国外旅游企业有一套完整的旅游市场研究、设计和使用的组织机构,保证了旅游市场调查结果在旅游线路设计过程中的应用。

随着旅游产品的多元化、旅游类型的复杂化,日新月异的旅游市场要求旅游企业必须把握不同游客对不同产品的喜好,明确客源市场出游动机,选择、制定出贴近市场的旅游线路和营销方案。旅游市场调研的目的具体表现在以下四个方面:

(一)为旅游线路营销决策提供依据

旅游市场调研能及时探明旅游市场需求变化的特点,掌握市场供求情况,为旅游企业编制旅游经营计划、制定科学的营销决策提供依据。

(二)有效地促进市场营销活动

在整个旅游市场营销活动过程中,企业必须有效地加以控制、引导和调整,以保证其战略和计划的正确执行。同时,由于环境和市场始终处于变化状态,一旦出现了新情况、新问题,原定计划应适当进行修订,这一切必须依靠通过市场调查获取的最新信息来做出决断。因此,旅游企业进行旅游线路设计、开展经营活动时,要进行充分的市场调查,不断收集和获取新的信息,以增强企业自身在市场中的竞争力。

(三)有助于开拓新市场

旅游市场调研能充实和完善旅游市场信息系统。旅游企业通过旅游市场调查,系统、连续地搜集来自市场各方面的信息资料并输入到旅游市场信息系统中,使之不断地充实和完善,凭借全面、完整的旅游信息系统,开展旅游市场预测。当一条旅游线路在某种特定客源市场上还未达到饱和状态时,旅游企业就应开始着眼于更远、更多的客源市场,同时寻找并

视频:
市场调查研究是经营决策的前提

开发新的旅游线路。

(四)减少旅游企业的风险

周密的旅游市场调研可以及时掌握市场的动向,有效地防范旅游企业的经营风险。

市场调研助力企业决策:茨城包机案例

1.项目背景

2009年,日本政府正式向中国游客开放个人旅游,此时正值中国出境旅游兴起之时。根据2008年的统计,1998到2008年的十年间,中国的出境旅游市场步入了快速发展的轨道,出境旅游规模由843万人次增加到4584万人次,增长了5.4倍。

当时日本国内的不同地方政府、机构嗅到了商机,开始积极策划如何迎接中国游客,以期赢得新兴的观光接待市场。其中,临近东京都市圈的茨城县政府敏锐地洞察到了这个新动向,结合当地茨城机场民营化的契机,希望打开中国的旅游航空市场。为此,茨城县政府特别委托上海图书馆(上海科学技术情报研究所)信息咨询与研究中心竞争情报部进行了市场可行性调研,并希望能够获得竞争情报角度的发展建议,协助其在中国国内寻找合作伙伴,开辟新航线。

2.项目调研结果

根据2008年的统计数据,当时中国赴日本的正式民航客运航线为64条,另有专门货运航线4条。其中,旅客运输量最多的航线为"大阪—上海"航线,全年旅客运输量为471121人次。第二位是"东京—上海"航线,旅客运输量为462929人次。"北京—东京"位列第三,旅客运输量为271315人次。考虑到2009年后日本政府正式开放中国游客个人旅游,因此东京首都圈游客量将会有显著提升。在可预期的将来,仍会呈现不断增长的势头,所以潜在的来访游客资源依旧十分丰富。因此,除成田机场、羽田机场外,毗邻东京首都圈的茨城机场亦有可能成为新的游客出入口岸。茨城机场位于茨城县小美玉市,距离东京市区约2.5小时的车程。该机场原先是日本航空自卫队的军用机场,于2009年开始新增民用功能。开港之初,每天仅有一班往返首尔的航班。如何有效开发机场运能,在蓬勃的中国赴日旅游市场中获得商机是当时茨城县政府的当务之急。

项目调研人员利用竞争情报的分析工具,分析了茨城机场的客观条件后,项目团队认为,当时北京、上海等中国主要城市赴东京首都圈的日常航班已较为密集,而茨城机场距离东京中心区存在一定距离,所以对商务旅客的吸引力有限。有鉴于此,茨城机场的潜在目标人群应集中于观光游客,项目团队建议着眼于跟中国旅行社、廉价航空公司的包机合作业务。

通过一系列调查研究,项目团队发现影响旅游包机业务可行的因素繁多,大致可归纳为四个方面:市场需求、往返目的地条件、时间点选择以及包机承销方式。当此四方面因素大致均能符合要求时,那么包机业务在理论上便是可行的。

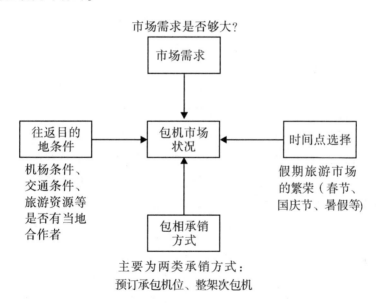

图2-1 影响包机的四大因素分析

从市场角度来说,在当时出境游市场中"旅游包机"是最被看好的盈利选择。随着中国公民出国旅游越来越频繁,旅游市场的竞争也愈演愈烈,为了吸引游客,很多旅游经营者争取客源最直接的方式就是降低利润。对旅行社而言,想在利润微薄的旅游市场上立足,越来越多的旅行社推出旅游包机业务,一来节省旅客出游的飞行时间;二来在旺季出游的季节里,原有航班无法满足客源需求的情况下,目的单纯的旅游包机能赚取更多利润;第三则是创新包装新产品内容,吸引消费者注意。旅游包机确有便利性,但在决定包机计划是否可行的过程中,需要考察多方面的因素。在此期间,相关评估与前置准备工作仍需要较长的时间。旅游包机业务主要由旅行社发起策划,再与航空公司协商并提出申请。

  在分析包机的业务特色后,项目团队也有针对性地分析了茨城机场的自身特点。相较于首都圈的成田机场、羽田机场,茨城机场在诸多领域有着自身的竞争优势,只要发挥得当,应该能在首都圈巨大的旅游访客市场中分得一杯羹。首先,茨城机场的着陆费用是整个东京地区最低的,A330、A320的费用均要比成田机场、羽田机场低30%以上。如果机场费用可以大幅度降低,对旅行社、廉价航空公司的吸引力是巨大的。其次,如果中国旅行社能在当地找到合适的合作者,那么也能够继续降低成本,彼此分享包机资源,避免出现所谓空机返程的不利情况。机场应充当协调人的角色,积极与双方旅行社进行协调、沟通,通过协调来降低成本,努力使自身的成本优势发挥到最大限度。

  根据一手调查的信息,项目团队在现状梳理和分析的基础上,进一步提出了市场建议,认为茨城县选择包机合作伙伴时,宜优先考虑航空公司与旅行社隶属同一集团(或是两者维持了长期良好合作关系)的合作者,如春秋航空等都拥有自己的旅行社。如果旅行社和航空公司隶属同一集团,那么就可以最大程度上消解可能存在的利益冲突,彼此顺利地进行协调,从而保证包机业务自始至终都能获得长期成功。同时,建议其对赴茨城县的包机航班项目进行定制化操作:一是建立动态的航空旅游市场开发数据库,深入调研,全面掌握航空旅游市场发展的规律和方向,挖掘有市场潜力的航线航班;二是根据各航空公司的市场发展战略、基地布局、运力状况等具体情况,站在航空公司的立场,为航空公司量身打造旅游机场的航线发展计划;三是通过走访、航线会议、座谈会等多种方式,积极向航空公司进行推介;四是应进一步密切与低成本航空公司的合作,加大扶持力度,在政策优惠、航班保障等方面给予更大的支持,鼓励低成本航空公司飞行该航线。

3.项目成效

  这份基于竞争情报的市场调查报告获得茨城县政府方面的高度评

价,其中大部分建议都获采纳。2010年6月,茨城县政府与国内廉价航空代表企业——春秋航空签署合作备忘录。如之前的建议那样,茨城县最终选择与国内拥有旅行社资源的春游航空进行了战略合作,以包机形式开辟了新航路。根据协议,双方共同开发上海—茨城包机航线,以方便东京及东北部茨城县和周边群马县、木县等地区的日本旅游客源到上海参观世博园,也方便上海及周边的中国旅游者到日本旅游。当时的初期计划申请开通每周2—3班,由春秋航空空中客车A320飞机机队执飞。借助春秋航空母公司春秋国旅的客源优势,由春秋国旅和日本的合作伙伴包销。日本茨城县政府将尽可能地支援、扶持春秋航空增加运力,以开设定期航班为目标。

2010年7月,上海浦东机场至茨城机场的定期航班正式开通,客座率长期维持在80%以上。中国航线的开通与旅行社合作深化,使得茨城机场的外国游客的访问量有了明显的提升。虽然由于2011年日本东海道大地震,茨城机场外国游客出入量有所下降,但自2013年便开始恢复并逐步稳步提升。

三、旅游市场调研的内容

旅游市场调研的内容十分广泛,由于调查目的不同、调查时间有限,内容也并非完全一样,一般旅游市场调研的基本内容如图2-2所示。

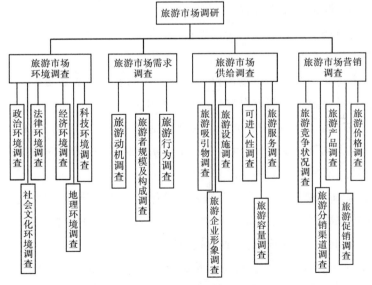

图2-2 旅游企业市场调研的主要内容

(一)旅游市场环境调查

旅游企业的生存与发展是以旅游市场环境为条件的,对旅游企业而言,旅游市场环境是不可控因素,旅游企业的生产与营销活动必须与之相协调和适应。

(1)政治环境调查。了解对旅游市场起影响和制约作用的国内外政治形势,以及国家对旅游市场管理的相关方针政策。

(2)法律环境调查。了解我国及客源国或地区的有关法律、法规,包括环境保护法、保险法、旅游法、与外国合资经营条例、办理出入境证手续方面的规定、地区旅游管理条例等。

(3)经济环境调查。了解我国及客源国或地区的经济特征和经济发展水平,以及世界旅游经济发展趋势等。

(4)科技环境调查。了解我国和世界范围内新科技的发展水平及发展趋势等。

(5)社会文化环境调查。包括旅游目的地和客源地的价值观念、受教育程度与文化水平、职业构成与民族分布、宗教信仰与风俗习惯、社会审美观念与文化禁忌等。

(6)地理环境调查。包括区位条件、地质历史条件、自然景观条件、气候条件、季节因素以及物产资源等。

(二)旅游市场需求调查

旅游市场需求是指在一定时期内、一定价格上,旅游者愿意并能够购买旅游产品的数量,即旅游者对某一旅游目的地需求的数量。旅游需求是决定旅游市场购买力和市场规模大小的主要因素。针对旅游者所进行的需求调查是旅游市场调查内容中最基本的部分。

(1)旅游者规模及构成调查。主要包括经济发展水平与人口特征、人均收入与人均可支配时间,旅游者数量与消费构成、旅游者对旅游产品的质量、价格、服务等方面的要求和意见等。

(2)旅游动机调查。旅游动机是激励旅游者产生旅游行为、达到旅游目的的内在原因。对旅游需求的调查需要了解旅游者的动机,以便有针对性地诱导和激发旅游行为,达到营销目标。

(3)旅游行为调查。旅游行为是旅游者的旅游动机在实际旅游过程中的具体表现。旅游行为调查就是调查客源地旅游者何时旅游、何处旅游、由谁决定旅游以及怎样旅游。

(三)旅游市场供给调查

旅游市场供给是指一定时期内旅游企业为旅游市场提供旅游产品的总量。对旅游市场供给的调查,应着重以下六个方面:

(1)旅游吸引物(旅游资源)调查。凡是能够吸引旅游者并能引起游客情趣的事物、事件或现象,均属旅游吸引物范畴。它的数量和质量决定着旅游者对旅游目的地的选择。

(2)旅游设施调查。旅游设施是直接或间接向旅游者提供服务所凭借的物质条件,它又分为旅游专用设施和旅游基础设施两类。

(3)可进入性调查。可进入性是指旅游者进入旅游目的地的难易程度。主要表现为进入游览点、服务设施和参与旅游活动所付出的时间和费用,包括交通工具、地方政府的政策及旅游经营因素、签证手续的繁简、出入境验关程序、服务效率、旅游线路的编排与组织等。

(4)旅游服务调查。旅游服务是旅游产品的核心,其调查内容包括售前服务、售中服务、售后服务。

(5)旅游企业形象调查。旅游企业形象是旅游企业经营的无形资产。旅游者对旅游产品或旅游目的地的评价和态度直接导致他们的购买决策。

(6)旅游容量调查。旅游环境容量又称旅游生态容量,是指一个旅游点或旅游区环境在不产生永久性破坏的前提下,其环境空间所能接纳旅游者的数量。它保护环境免受退化或破坏,维持旅游景点的质量,客观上保证了旅游者在旅游地的体验。其调查内容包括旅游基本空间标准、旅游资源客容量、旅游感知容量、生态容量,经济发展容量和旅游地容量等。

(四)旅游市场营销调查

现代旅游营销活动是包括商品、价格、分销渠道和促销在内的营销组合活动。因此,旅游市场营销调查也应围绕着这些营销组合要素开展。

(1)旅游竞争状况调查。旅游竞争状况调查主要是两个方面:一是竞争企业分析,即现实和潜在的竞争对手的数量、规模、竞争实力、所处地理位置与活动范围、市场占有率、经营业绩、价格推销政策、分销渠道及其他竞争策略等;二是竞争产品分析,即竞争者产品的质量、数量、品种、价格、特色及不足之处等。

(2)旅游产品调查。旅游产品调查内容包括旅游资源与旅游设施相结合的旅游服务,旅游资源的品位、级别以及旅游产品的特色、优势、风格、声誉、组合方式,旅游企业及旅游地能提供给旅游者的优惠条件和付款方式,旅游产品的市场生命周期,旅游产品的市场占有率和销售潜力,旅游者对旅游产品的评价和接受程度,旅游者购买或接受服务的频率,旅游者对旅游产品还有哪些未体现出来的要求和意见等。

(3)旅游价格调查。价格高低与旅游需求息息相关,应随时摸清价格变动趋势及其对旅游者的影响情况。调查内容包括旅游产品的定价是否合理,旅游者的价格心理状态如何,旅游产品价格的供给弹性和需求弹性,各种旅游产品差价及优惠价是否合理,开发新的旅游产品如何定价等。

(4)旅游分销渠道调查。分销渠道的选择对旅游企业能否打开销路、尽快占领市场及降低营销费用有着十分重要的作用。调查内容包括旅游产品销售渠道的数量、分布和营销业绩,现有销售渠道是否畅通,市场上是否存在经销此类旅游产品的权威性机构,市场主要的中间商销售渠道策略实施、评估、控制和调整情况及其对本旅游产品的要求和条件等。

(5)旅游促销调查。旅游促销调查着重于促销对象、促销方法、促销投入、促销效果四个方面。调查内容包括促销对象的类型,促销信息源选择,信息发送方式与发送渠道,广告推广、人员推销、公共推销等促销方式是否为促销对象所接受并取得信赖,促销投入预算,促销宣传的内容是否符合促销范围内的需求水平、知识水平和风俗习惯,促销能引起多少人的注意及兴趣,促销给目标客户什么样的旅游产品形象,是否产生购买欲望,促销后的旅游企业销售实绩如何,等等。

四、旅游市场调研步骤

旅游市场调研的主要步骤包括确定调研目标、收集和评估调研资料、设计调研方案、实施调研方案、分析调研资料、分析调研结论。旅游市场调研步骤如图 2-3 所示。

图 2-3 旅游市场调研步骤图

(一)确定调研目标

旅游市场调研的第一步,就是要求旅游市场调研人员必须认真地确定本次调研应弄清楚的问题,并根据其确定调研的目标。同时,管理者和市场调研人员从一开始就要对调研目标有一致的认识,这样才能保证调研的效果。如果旅游市场调研人员没有对调研目标有清楚的认识,那么在收集信息时就极有可能盲目行事,最终耗费了大量的时间和费用,却收集了大量毫无价值的信息。

(二)制定调研计划

旅游市场调研的第二个步骤,就是制定调研计划。市场调研计划是旅游企业进行市场调研的行动纲领,主要内容包括确定调研方法、划分调研步骤、安排调研人员和进行调研费用预算等。旅游企业市场调研计划内容如表2-2所示。

表2-2 旅游企业市场调研计划内容

市场调研计划的内容	详细解释
确定调研机构	旅游企业独立进行调研还是利用外部专门调研机构
选择资料来源	利用第一手资料还是第二手资料
选择资料收集方法	文案调研法、询问调研法、观察调研法、实验调研法
选择资料收集工具	问卷、电话、信函、网络
核对调研预算和进度	调研的整体预算、各个阶段的预算及所需要的具体时间

(三)收集信息

旅游市场调研的第三个步骤就是收集信息。对于大多数旅游市场调研人员来说,收集信息通常是耗时最长、花费最大,而且是最容易出错的过程。其主要工作包括两个方面。

(1)进行实地调查,获得第一手资料。大多数市场调研项目都要收集第一手资料。第一手资料指本次调研中观察到和记录下来的资料,或是直接询问对象收集到的资料。在旅游企业的营销实践活动中,为了明确本企业营销活动中存在的问题和完善决策过程所需要的重要资料,都必须通过实地调研以获得原始资料,这些原始资料是进行市场调研的基础。

(2)收集现有的第二手资料。第二手资料指并非本次调研专门汇编的,包括旅游企业内部储存的各种资料和旅游企业外部公开发表的各种资料,例如:统计机构提供的各种统计数据,前人的研究成果,以及任何可以利用的数据和资料。第二手资料是调查的起点,其优点是成本低,可立即使用。运用第二手资料可以在清楚了解历史背景的同时节省收集资料的时间和成本,并且还能进行与第一手调查资料的对比性分析。

在收集第一手资料之前,应先收集第二手资料。若第二手资料非常充分,就不必再设计原始资料(第一手资料)收集的方案。若市场调研人员需要的资料不存在,或现有的资料可能已过时、不准确、不完整、不可靠,这时市场调研人员就必须去收集更切题和准确的第一手资料。进行原始调查比收集第二手资料需要更多的时间和资金,但往往也能得到更加准确的信息。

(四)分析信息

资料收集完毕后,市场调研进入第四个步骤:分析信息。在这个阶段中,市场调研人员应对所有的信息加以整理、筛选,保证其系统性和真实性,并从中提取适当的调查结果。市场调研人员应运用恰当的统计分析方法,以便提出更多的研究结果,并得出全面的、符合逻辑的结论。

(五)撰写调研报告

旅游市场调研的第五个步骤是撰写调研报告。旅游市场调研报告是旅游市场调研活动对面临的问题进行调查研究后,将调研结果进行及时的跟踪与反馈。旅游企业市场营销人员应当将分析的结果以书面的形式详细写成调研报告。调研报告是调研成果的体现。

撰写调研报告时,应注意以阅读者为导向进行编写。市场调研人员在调研报告中必须明确回答旅游市场调研之初所确定的问题。无论是文字说明还是以数据或数学方式表达,必须直观、清晰、准确。报告引用的数据均应加以复核,力求准确无误。

旅游市场调查报告一般由导言、正文、结论和附件四部分组成。

(1)导言部分:主要介绍市场调研的项目,对调查目的进行简单说明。

(2)正文部分:这是调研报告的主体部分,主要内容包括市场调研的必要性、调研的内容、运用的方法以及对调研过程和分析结果的详细说明。

(3)调研结论:即本次调研中得到的结论,并对旅游企业的营销决策提出参考性的建议。

(4)附件部分:主要包括用来论证和说明正文有关情况的资料,如资料汇总统计表、原始资料来源以及调研结果局限性的说明等。

通过对旅游市场调研全过程的介绍,我们可以看出,一次良好的旅游市场调研应符合以下标准:明确的思路,深入的分析和准确的结果,以及时间、经费的相对最小化。

有效的旅游市场调研必须具有清晰明确的思路,市场调研人员应力求明确问题并确立调研目标,然后依据调研目标设计资料收集的对象和方法。

当收集了可靠的资料后,市场分析的准确性才能得到保证。面对同样的统计结果和资料,不同水平的旅游研究人员对问题的分析可能相差很大,只有对统计资料进行多种方法、多种角度的分析,旅游市场调研人员才能对市场问题的成因进行准确解释。

市场调研人员必须关注市场调研结果的价值与时间和经费的比较,在保证调研结果有效性的同时,要使调研的时间成本和费用成本降到最低。

五、旅游市场调研的方法

调研方法的选择和技巧的运用,直接关系到旅游市场调研结果的可信度,因此,旅游市场调研必须选用科学的方法。我们按照旅游市场信息资料的来源将旅游市场调研方法归纳为文案调研法、访问调研法、观察法和实验法四大类。

(一)文案调研法

文案调研法又称间接调研法、资料分析法或室内研究法,它是通过搜集旅游企业内部和外部各种现有的信息数据和情报资料,从中摘取与市场调研课题有关的内容,并对这些信息进行分析研究的一种调查方法。这种方法常被作为旅游市场调研的首选方法,几乎所有的调研都开始于收集现有资料。文案调研法的信息来源主要有以下六个方面。

(1)各级政府机关公布的有关国民经济发展计划、统计资料、政策、法规和法令等。

(2)旅游行业协会和其他旅游组织提供的资料。

(3)旅游科研院所、旅游专业情报机构、旅游咨询机构提供的资料和研究结果。

(4)旅游企业内部积累的资料。

(5)旅游企业之间交流的有关资料和信息。

(6)国内外公开出版物刊登的新闻、报道和调查资料。

该方法的优点在于花费的时间少、费用不高,能够为旅游营销提供广泛的参考信息;缺点在于信息量太大,需要对信息进行认真的甄别与遴选。

(二)访问调研法

访问调研法是指旅游企业市场营销调研人员采用访谈询问的方式,向被调研者了解旅游市场情况的一种方法,又称访谈法。访问调研成功与否,取决于被调查者的配合以及准备工作和对访问技巧的掌握。根据营销调研人员与被调查者的接触方式,访问调研法包括以下三种类型。

1.面谈访问法

面谈访问是指旅游企业的调研人员与被调研者面对面地交谈或者讨论,以获得有关信息的调查方法。该方法主要有个别交谈和小组交谈等形式。这种方式的优点是:面对面的调查可以直接了解旅游者的态度;调研人员可以观察被调查者的反应,以判断所获资料的可靠性;调研人员可以对调查提纲及时进行修改和补充,具有较大的灵活性;调研人员可以向被调查者阐明问题的含义,使其回答更准确。但是,这种方式的调查成本较高,调查过程难以控制,调查结果的准确性在很大程度上受调研人员访问技巧的影响,在调查地区范围较大的时候难度更大,信息反馈很有可能不及时,影响访问效率。

2.电话访问法

电话访问法是指调研人员通过电话向被调查者征询意见、收集信息的调研方式。这种方式的优点是可以在短期内调查多数样本,迅速获得资料,而且调查的成本较低,不受地区范围的限制。但是,这种方法亦有不足:旅游市场调研人员只能询问有电话的人,而且询问时间较短,也不能过多涉及隐私或较复杂的问题;调研人员很难判断被调查者回答问题的真实程度;缺乏物质手段的刺激,被调查者的积极性有限。

3.邮寄问卷法

在被调查者不愿当面访谈,被调查者易受调研人员在场的影响,或调研人员会曲解其回答,最好采用这种方法。采用这种方法时,旅游调研人员将事先设计好的调查表邮寄给被调查者,由其按照调查表的要求进行填写并按时寄回。这种方法的优点是成本低、调查范围广,被调查者可以完全不受调查者在场的影响,而且回答问题的时间比较充裕。缺点是问卷回收率低,且不及时,将直接影响调查效果;被调查者对调查表不理解,容易对问卷中的问题发生误解,出现答非所问的情况,而且被调查者也有可能请其他人代替回答。

以上三种旅游市场调研方法的对比如表2-3所示。

表2-3 不同调查方法对比

项目	面谈访问法	电话访问法	邮寄问卷法
调查范围	较窄	较广	广
调查对象	可以控制和选择	可以控制和选择	难以控制和估计
影响回答的因素	能了解、控制和判断	无法了解、控制和判断	难以了解、控制和判断
回收率	高	中	低
反馈质量	很好	有限	有限
投入人力	较多	较少	少
成本	高	中	低
时间	长	较短	较长
调研人员的主观影响	大	一般	无
地理伸缩性	差	一般	很好
速度	慢	快	慢

(三)观察法

观察法是旅游市场营销调研中最经常使用的调研方法。深入了解旅游者和旅游产品的最好方法是观察旅游者的旅游消费过程,通过观察,调研人员可以了解哪种产品能够满足旅游者的需要,进而发现并了解旅游者的兴趣、动机和态度。

该方法的主要优点:由于被调查者处于"无意识状态",被调查者没有感受到自己正在被调查,没有相互交流,没有个人主观影响,因此所获得的资料真实性较高。该方法的不足之处:观察所需时间较长,并且只能观察到表面的信息,很难了解其内在原因。

(四)实验法

实验法是旅游企业的市场调研人员通过特定的小规模实验来测试某

一产品或某项营销措施的效果,在获取相关信息之后决定是否进行推广的一种方法。这种方法对于研究变量之间的因果关系非常有效。由于实验法是在小规模的环境中进行实验,所以在管理上比较好控制,并且完全以客观方法得到资料,数据的可信度高、可靠性强,排除了主观的推论和臆想。常用的实验法有以下两种。

1.实验室实验法

实验室实验是指在特定控制的环境下进行的实验,这种方法常用于传播媒体的选择和广告效果的研究。例如,某旅游饭店企业要进行广告促销宣传,在对宣传媒体进行选择时就可以请一批目标客源市场的旅游者,询问、记录并分析他们对宣传媒体的看法。

2.现场实验法

现场实验就是在市场上进行小范围的实验,即把旅游新产品先投放到有代表性的目标市场上进行试销,以此了解目标市场旅游者的反映,收集相关的反馈信息,再对反馈信息进行分析、预测,最后决定是否进行全面推广。

实验法的优点主要是客观性较强,有很好的实际应用价值;主要缺点是耗时较长,费用较高,较难选择合适的实验对象。但实验法从总体上来说是一种科学的方法,经过精心安排的实验所得出的结果具有较高的参考价值。旅游企业在改变其产品的品种、外观造型、价格、广告宣传、分销渠道和陈列方式时,均可以采用实验法来搜集相关信息。

一、简答题

1.简述旅游市场调研的概念和内容。
2.旅游市场调研的目的是什么。
3.旅游市场调研的方法有哪些。
4.旅游市场调研的程序是什么。

二、实训练习

通过旅游市场调研了解市场调研的基本程序。

测试题:
项目二
任务三

要求：

表2-4 旅游市场调研程序表

任务名称	内容
实训场地	学校周边旅游企业及多媒体教室
实训任务	以小组为单位，选取学校周边旅游景区作为调查对象，并根据企业的发展方向，设计一份调查问卷，并利用节假日进行调研，撰写调研分析报告
实训目的	通过本项目教学及业务实战训练，培养学生以下能力： 1.学会设计调查问卷 2.学会利用调研资料进行市场分析
实训步骤	要求以小组为单位，分工协作： 1.上网收集资料，确定调研的目标，并设计调研问卷 2.实地调研、访谈调研 3.整理调研、访谈记录，形成调研报告
实训考核	实训考核以全方位考核和过程考核相结合的方式进行，全方位考核包括：1.小组自评 　　　　　2.同学评价 　　　　　3.老师评价

表2-5 实训考核的过程及标准

评价指标	评价标准	分值	得分
仪态	仪容仪表得体、整洁、大方，精神、体态佳、礼貌	20分	
语言表达	声音响亮，语言、语调准确，吐词清晰，语言流畅，词汇丰富，表达准确，有较强的感染力	30分	
内容逻辑	报告内容翔实，有趣味性；逻辑严谨，分析有理有据，条理清晰	30分	
多媒体课件制作	图文并茂，条理清晰，生动有趣，有吸引力	20分	
总计			

任务四 旅游产品的促销

旅游业的高速发展离不开旅游促销。旅游线路产品促销就是旅游企业通过各种方式,把旅游线路产品的有关信息传递给旅游消费者,从而影响、唤起、促使消费者购买旅游线路产品的过程。随着各国旅游业竞争的不断加剧,旅游线路产品的促销正逐渐成为左右一国旅游业兴衰成败的关键。

一、旅游线路产品促销的作用

(一)传递旅游信息,提高知名度

旅游企业通过旅游促销活动,可以及时地将旅游产品的信息传递给旅游者,引起旅游者的广泛注意。通过传递旅游相关信息,把众多的旅游者与旅游企业联系起来、扩大旅游企业和旅游产品的知名度。

(二)刺激旅游需求,引导旅游消费

旅游企业通过生动、形象、多样的旅游促销活动,加深旅游者对相关旅游产品的认识,从而唤起和强化旅游者的需求,有时还可以创造和引导旅游者对特定旅游产品的需求,如回归大自然旅游热、漂流热的兴起,都与相应的旅游促销活动有关。又如大连等城市的广告宣传片,极大地提高了城市的知名度,旅游者数量因此迅速增多。

(三)突出产品特点,强化市场地位

旅游企业通过生动而有说服力的旅游促销活动,可以塑造旅游企业和旅游产品在公众心目中友好、热情、服务周到的良好形象,从而为旅游企业的长远发展创造有利条件。当出现不利于旅游企业发展的因素时,也可利用有效的促销手段,改变旅游者的消极印象,树立旅游企业诚实、有信誉的积极形象,以恢复、稳定甚至扩大市场份额。

二、旅游线路产品促销的影响因素

不同的促销手段各有特点,不同旅游企业和旅游产品在不同的时间、空间的情况下,应选择适合自己的促销策略和手段,有些因素会直接对旅游产品的促销产生影响。

(一)目标市场特点

促销工具在依据目标市场特点的前提下,会发挥不同的作用。首先,不同的市场范围决定了必须选择不同的促销工具及组合。如果目标市场地域范围大,最好选择广告方式;反之,如果地域范围小,促销工具发挥的作用不同,城市多用广告,乡村市场则多用人员推销;消费者文化水平较高时,则宜用广告和公关宣传。

(二)旅游产品价格

游客在选择旅游产品之前,往往根据自己的收入情况和消费偏好做出衡量。旅游企业也应随着这种变化调整旅游产品的销售策略。对于价格昂贵、购买风险较大的旅游产品(如洲际旅游),一般广告类促销所提供的信息并不能让游客建立起充分的信心,在这种情况下,游客更倾向于理性购买,希望能得到更为直接可靠的信息来源,对这类产品,人员推销是重要的促销手段。而对于价格不高,短途或季节性较强的旅游产品,旅游购买者则倾向于品牌好、口碑好的旅游企业,因此,广告促销的效果比较显著。

(三)旅游产品的生命周期

当旅游产品处于引入期时,开拓市场是企业的主要任务,广告宣传有较广的覆盖面,能够在短期内形成品牌效应;当旅游产品处于成长期时,旅游企业要提高旅游产品的市场占有量,应以广告和公共推销为主,广告和人员推销是重点促销手段,便于增强企业的市场竞争力;当旅游产品进入衰退期,此时旅游企业的营销战略重点已发生转移,一般采用营业推广的方法,以求回收资金,投入新的旅游产品的经营。

(四)国内外经济形势

国内外经济长短期发展趋势往往也影响消费者的信心,应依据不同的经济形势选择合适的促销手段。例如,在通货膨胀时期,旅游者对旅游产品的价格十分敏感,在这种情况下,旅游企业可以加大对广告的投入量。当然,当下的人民币汇率的升高也会对我国的入境旅游产生影响。届时,对我国入境游前几位的国家,旅游部门应组织旅游促销团(人员促销),加大入境游的宣传力度。

三、旅游线路产品的促销策略

(一)广告策略

旅游广告策略是广告业与旅游业的结合。一则成功的旅游广告,虽然只有几句话或几个画面,但其幕后工作是极为复杂的。

旅游广告作为一种信息,必须依附在一定的载体上才能面向社会传播。凡是能够在旅游广告和广告对象(旅游者和潜在的旅游者)之间起媒介或载体作用的物质,均称为旅游广告媒介。

旅游广告媒介就大类而言,有视觉媒介、听觉媒介、视听两用媒介。视觉媒介有报纸、海报张贴、传单标牌等;听觉媒介有无线电、有线广播、流动宣传车、电话等;视听两用媒介有电影、电视、光盘以及网络等。一般使用的旅游广告媒介是报纸杂志、无线电、电视等。从近期看来,电视旅游广告和网络广告的宣传作用不断上升。

表 2-6 主要旅游广告媒体的特点和功能

旅游广告	特点和功能
电视	易用于接近大众旅游市场,可以使旅游区和旅游企业将它们的产品和商标在潜在旅游者面前展现出来,可以影响大众旅游市场,使他们对某个特定的旅游产品保持长期的忠诚度,通过音乐、色彩、动画的综合运用增强震撼力,可以强化声音、图像、色彩、动感。由卫星传送,全球可以接收
出版物	可以将旅游信息传达给特定的社会经济群体,可以将旅游信息传达到特定的区域,可以传达较复杂的旅游信息,比电视广告便宜
影音制品	主要目标群体是青年人,可以充分利用动画与声音的效果,易影响某个区域市场
海报	易于影响特定的目标市场(如旅游购物者),成本低
国家级日报	成本昂贵,仅适用于级别高、可吸引全国范围旅游者的旅游产品和旅游线路
省级日报	适用于当地旅游市场

续表

地方晚报	具有较高的当地市场覆盖率,读者量较大,容易使广告成为被"偶然发现的机会",传播速度较快,反应及时
地方周报	具有较高的市场覆盖率,读者量较大,适用于城市居民,以及白天待在家里的人,为其提供了大量的被"偶然发现的机会"
经贸杂志	适用于特定的目标市场
月刊、周刊	用于特定的目标市场,会被家庭成员反复阅读
路牌	画面巨大醒目,保存时间长,旅游者在观光、购物途中反复观看,印象深刻。可以依据旅游客流的变化或景区季节特色及时更换路牌,路牌本身设计精美,成为都市一道独特的风景线
地图(图册)	具有导游作用,具有专业的信息服务,制作费用低,保存和阅读的时间长
网络旅游广告	互动式交流,选择面广,选项性强,图像、声音俱全,用户可以通过菜单选择某一产品的相关信息,其信息量比电视更大,也超过期刊等出版物

世界各地有创意的旅游广告词

1. 新加坡:尽情享受,难以忘怀!
2. 马来西亚:亚洲魅力所在!
3. 泰国:缤纷异放,精彩之邦!
4. 中国香港:动感之美!
5. 印度:探索圣雄甘地的生平!
6. 韩国:开心胜地,好客邻邦!
7. 土耳其:不是欧罗巴,胜似欧罗巴!
8. 伦敦:儿童的胜地!
9. 西班牙:阳光普照西班牙!
10. 葡萄牙:古今交汇的异国他乡!
11. 意大利:露天博物馆!

视频
旅游营销
新模式

12.瑞士:上月球之前先来瑞士一游!

13.捷克:金色的布拉格!

14.德国:别在沙滩垒古堡玩,请到德国来看看真的吧!

15.澳大利亚:最真一面,在澳大利亚见!

16.新西兰:这里本来就是一个世界!

17.加拿大:越往北,越使你感到温暖!

18.美国夏威夷:太平洋中的十字路口!

19.美国阿拉斯加:阿拉斯加,一见倾心!

20.南非:到南非来,你可以得到意料之外的享受!

21.突尼斯:空气、阳光、海水浴!

22.埃及:历史的金库!

(二)人员推销策略

旅游人员推销是指旅行社为达到推销其产品的目的,派出推销人员直接上门拜访潜在旅游者或客户的一种促销方式。推销人员通过与潜在旅游者或客户的直接接触,向他们推销旅行社的产品,解答他们提出的各种问题,引导消费并设法取得购买旅行社产品的合同。旅游人员推销有如下四个特点。

(1)旅游人员推销是一种信息双向沟通的促销形式,一方面,推销人员向旅游者宣传、介绍旅游产品的质量、功能、用途,为旅游者提供旅游产品的信息,引起旅游者的注意和兴趣,促进旅游产品的销售;另一方面,推销人员通过与旅游者的交谈,搜集旅游者对旅游企业、旅游产品及推销人员的态度、意见和要求等信息,不断反馈给旅游企业,为旅游企业的经营决策提供依据。

(2)推销过程的灵活性。推销人员通过与旅游者交谈,掌握旅游者的购买心理,从旅游者感兴趣的角度介绍旅游产品,唤起旅游者的需求。同时还要解答旅游者的疑问,消除旅游者的不满,抓住有利时机,促成交易。

(3)推销目的的双重性。旅游人员推销的目的不仅是推销旅游产品,满足旅游者的需求,也是旅游企业进行公共关系活动的一个组成部分。通过推销人员热情、周到的服务,可以赢得旅游者对旅游企业的好感,从而树立良好的企业形象,更好地实现推销旅游产品的目的。

(4)满足需求的多样性。通过推销人员有针对性的宣传、介绍,满足旅游者对旅游产品信息的需求;通过人员推销这种直接销售方式,满足旅游者方便购买的需求;通过推销人员良好的服务,满足旅游者心理上的需求。当然,主要还是满足旅游者对旅游产品使用价值的需求。

旅游人员的推销方式包括人员接触、会议推销和讲座推销三种形式。

(1)人员接触。人员接触是指旅行社派出推销人员或推销小组前往客户所在地,进行面对面的销售,介绍旅行社的有关产品信息,鼓励客户购买旅行社的产品。这种方式适用于推销人员在不太熟悉或完全不熟悉推销对象的情况下,即时开展推销工作。它要求推销人员有百折不挠的毅力、良好的沟通能力与高明的谈话技巧。

(2)会议推销。会议推销是指旅行社推销人员邀请旅游者或客户代表在某一约定地点开会,由推销人员在会上介绍有关产品信息,鼓励客户购买旅行社的产品。会议推销的类型有旅游订货会、旅游交易会、旅游博览会等。会议推销是较为常见的推销方式。会议推销的特点是集中、接触面广、成交量大。

(3)讲座推销。是指由旅行社派遣推销人员前往客户所在地做关于旅行社最新产品的教学讲座式的促销方式。

(三)旅游公共关系

旅游公共关系是指旅游企业以社会公众利益为出发点,通过传播媒介,在社会公众中树立良好的形象和信誉,以赢得旅游企业内部和外部社会公众的理解、信任、支持与合作,为旅游企业创造最佳的发展环境,实现旅游企业的目标。旅游公共关系对于塑造旅游企业的公众形象、提高知名度与美誉度、增强市场竞争力具有重要作用。旅游公共关系的特点如下。

1.真实性和持久性。旅游公共关系传播的信息,或借助于事实本身,让人耳闻目睹;或通过他人之口,如新闻媒介,告知天下。这样可以避免"自卖自夸"之嫌,突破社会公众的防范、戒备心理,能够深入人心,因此,可信度高,效果持久。

(2)新颖性和独特性。在现代社会中,促销的形式层出不穷,广告战更是激烈。但大多数促销形式难以引起社会公众的注意,并且经常惹人反感。旅游公共关系却独辟蹊径,它不直接刺激旅游者的购买行为,而以新闻或其他活动传播信息,新颖独特,容易引起社会公众的关注。

(3)间接性和主动性。旅游公共关系促销具有间接性,即旅游企业对旅游者不是直接推销产品,而是通过塑造旅游企业良好的形象来推动旅游产品的销售。此外,旅游企业要积极主动地向社会公众开展公共关系活动,加强与社会公众的联系,使社会公众能够充分了解和认识企业,从而树立良好的企业形象。

旅游公关的方式包括:

(1)创造和利用新闻。旅游企业利用或策划有吸引力的新闻事件,或创造机会以吸引新闻界和社会公众的注意,扩大影响,提高知名度。由于新闻界是站在旅游企业与旅游者之外的第三者的立场上,能够客观公正地提供信息,因而可信度高。

(2)举办和参加各种会议。旅游企业通过举办和参加旅游产品的展览会、研讨会以及各种纪念活动,向公众推荐旅游企业及产品,加深公众的印象,从而提高旅游企业及产品的知名度。

(3)赞助和支持各项公益活动。旅游企业应赞助社会公益事业,支持各项公益活动,以赢得社会公众的信任,如参与捐资助学、扶贫救灾,支持社会组织的各类文化、娱乐、体育等公益性质的活动等,在社会上树立一心为公众服务的形象。

(4)印制宣传品。编辑介绍旅游企业发展历史、宣传旅游企业宗旨、介绍旅游产品以及员工教育、企业经营现状及动态等内容的宣传品,也是旅游企业传播信息、树立良好形象的重要途径。这些宣传品大多印制精美,以免费赠送为主,增加公众兴趣,同时注明企业的地址、电话号码、电子信箱、企业微信、微信公众号等,以方便联系。

(四)旅游营业推广

营业推广是旅行社近年来发展极为迅速的一种促销方式。它是指旅游企业在特定时间与空间范围内,为配合旅游广告和人员推销,通过刺激和鼓励旅游中间商和旅游者,促使他们尽快购买或大量购买旅游产品而采取的一系列促销措施和手段。

旅游营业推广的特点有以下四点:

(1)非常规性。旅游广告、旅游公共关系、人员推销是作为旅游企业的常规性旅游促销活动出现的,而旅游营业推广适合用于短期和额外的旅游促销工作,其着眼点在于解决具体的促销问题,承担短期内具有特定目的和任务的促销工作。因此,旅游营业推广是对旅游广告、旅游公共关系、人员推销的一种补充措施,以非常规性和非周期性的方式出现。

(2)灵活多样性。旅游营业推广可以通过多种多样的方式,刺激、鼓励旅游中间商和旅游者购买旅游产品。如以批量折扣、推广津贴等方式对旅游中间商进行营业推广,以赠送纪念品、旅游地特产、风情画册等方式对旅游者进行营业推广。

(3)强刺激性。旅游营业推广是为了使旅游中间商和旅游者尽快或大量购买旅游产品而采取的旅游促销手段,这就决定了旅游营业推广具有强烈的刺激性,只有这样才能促使旅游中间商和旅游者购买旅游产品,较快地增加旅游企业的销售额,巩固和提高旅游企业的市场占有率。

(4)短期高效性。旅游营业推广是在特定的时间和空间范围内,通过赠送、折扣等形式,刺激旅游中间商和旅游者产生购买行为,因而短期效益明显。

旅游营业推广的形式包括面向行业(旅游中间商)的营业推广和面向消费者(旅游者)的营业推广两类。

1.组织旅游中间商考察旅行

组织旅游中间商考察旅行是目前国际上常用的推销手段,即组织中间商来旅游目的地进行考察,向他们介绍旅游路线和活动,特别是介绍旅行社的新产品,使他们通过实地考察,了解旅行社的产品和旅游目的地的情况,产生来本地旅游的愿望。尽管邀请中间商来访成本较高,但往往可以取得较好的推销效果。

旅行社在组织中间商考察旅行时,应特别注意以下四点:

(1)正确选择中间商。一般来说,选择中间商应首先考虑市场针对性,也即邀请旅行社主要客源地或机会市场的中间商参加旅行;其次,最好能邀请实力较强的中间商,因为一旦考察成功,中间商愿意组团,便可带来为数可观的客源。当然,这并不意味着全然忽视小的中间商,因为他们在不断发展,旅行社应视具体情况而定。

(2)考察团规模适中。考察团的规模一般以20—30人为宜,以便于旅行社组织接待,便于达到主客双方都满意的效果。

(3)准备合理可行的旅行计划。旅行社应拟定周密的旅行计划,并逐项落实,确保考察旅行的顺利进行。需要特别指出的是,考察团在考察过程中参与和经历的活动,尤其是交通、住宿、膳食、参股游览和文娱活动等,应与将来中间商组团成行的旅游者的活动相一致,否则便可能带来严重的后果。

(4)旅行社推销人员要善于创造融洽的气氛,利用各种机会与中间商建立良好的私人关系,这将有利于双方合作关系的建立和发展。

2.面向旅游者的营业推广策略

(1)竞赛。竞赛是旅行社营业推广的一种形式,如针对某项旅行产品知识的有奖竞赛和关于某个旅游目的地情况的有奖竞赛等。在举办这种竞赛时,旅行社通常提供具有一定价值的奖品或前往某个旅游目的地的奖励性旅游作为公众参与竞赛的奖励。通过参加竞赛,公众对于举办竞赛的旅行社及其产品产生一定的印象甚至好感,有利于旅行社产品日后的销售。

(2)价格促销。价格促销是指旅行社通过短期降低产品价格来吸引旅游者和客户购买的一种促销方式。营业推广的价格促销不同于旅行社因市场需求变化所采取的降价行为。价格促销是旅行社以临时性的价格下调来吸引旅游者的注意,使其在旅行社所希望的时期大量购买旅行社的产品。当旅游者对产品产生良好的印象后,旅行社还会将价格恢复。旅行社的价格促销多集中在节假日期间和新产品试销期间等特殊时期。

(3)特殊礼品促销。旅行社利用特殊礼品进行促销也是一种营业推广策略。旅行社以赠送印有旅行社名称或产品名称的礼品,如T恤衫、钥匙链等,向旅游者或客户提供有关旅行社产品的信息。这种营业推广策略,可以产生对旅行社自身及产品"口头宣传"的效果。

基础检测

一、简答题

1.简述旅游促销活动对旅游企业的作用。如何进行有效的旅游促销组合。

2.旅行社如何组织好中间商的考察旅行?

二、实训练习

登门拜访、巧用名片——创出天地

客源来自社会不同层次、不同方面。实践发现,企事业单位的"人资部""外联部""老干办""退管办""工会""团委""办公室"等常常是组织旅游的主管部门,只要"撬开"这些大门,预先建立真诚的友谊,彼此信赖,日久天长就可以挖到资源。大连某旅行社的一位业务员用了3个月的时间,结识了大连某日资企业的中方工会主席,多次登门拜访,并且巧妙地设计了个人名片,其名片的固定电话号码后三位数为"000",他在上面注明"从零做起";手机号后三位数为"315",在上面注明"天天315,质量有保证",让结识他的人一下子就记住了他,而且经久不忘,最终赢得合作。在这位业务员的不懈努力下,该旅行社于2004年4月终于组成了127人赴丹东青山沟的旅游团。所谓"精诚所至,金石为开",正是这个道理。

测试题:
项目二
任务四

要求:
1.请指出案例中该业务员主要使用哪种方式开展销售工作。
2.这种销售方式面临的最大难点是什么?
3.以该业务员为标准,请指出你个人需要提升的能力。

项目小结

本项目主要介绍旅游市场的概念、构成要素及其特点;旅游市场调研的基本技巧及旅游促销策略的选择。这些都是旅游线路设计前期的基本数据及后期的营销法宝,它们都是旅游企业在面对复杂而激烈的市场竞争中,求得生存和发展的关键所在。

项目三 旅游线路设计六要素组合

课件：
项目三

导读

本项目从对食、住、行、游、购、娱等相关产业的概念、特点的介绍开始，系统讲解如何在旅游线路设计中针对游客需求，对餐饮、住宿、交通、景区、购物、娱乐六要素进行组合设计。

学习目标

1. 描述旅游餐饮、旅游交通和旅游娱乐的含义
2. 完成旅游线路设计中的旅游餐饮、旅游交通和旅游娱乐活动相关要素的收集
3. 列举旅游景区、旅游住宿的分类
4. 归纳旅游者对旅游购物的要求

任务一 旅游餐饮与旅游线路设计

东坡肉是杭州传统风味菜肴中的一朵奇葩，以色泽红艳、汁浓味醇、香而不腻为特点。说起"东坡肉"，还流传着一段有趣的故事。大诗人苏东坡被调到杭州做官时，西湖已被葑草淹没了大半。他发动数万民工除葑草、疏湖港，把挖起来的泥堆筑了长堤，这条堤后来被称为"苏公堤"。老百姓为了感念苏东坡的恩德，到了春节时就给苏东坡送肉，以表示自己的心意。苏东坡收到了肉，就叫家人把肉切成方块，用自家的烹调方法烧制，并连酒一起按照百姓花名册送给每家每户。但家人烧制时，把"连酒一起送"

领会成"连酒一起烧",没想到烧制出来的红烧肉,更加香酥味美,食者盛赞,用此种方法烧制的肉后来就被人们命名为"东坡肉"。现如今,东坡肉已成为游客到了杭州必尝的一道美食,是杭州旅游餐饮中的一颗明珠。那么,到底什么是旅游餐饮?它又跟旅游线路设计有着什么样的关系呢?

一、旅游餐饮概述

旅游餐饮是一种依托固定场所,向游客提供饮食、供给休闲的服务业。它的含义由以下要素组成:

首先,旅游餐饮是一个以营利为目的行业,其中的生产资料和劳动力的耗费都需要得到补偿。

其次,设施、设备和服务是构成旅游餐饮的基本条件。餐食的种类、餐厅的环境和服务人员的态度,都在服务的范畴之内。

最后,必须要有固定的场所。每个旅游餐饮企业都要有自己的场所,一般包括餐厅、吧台、厨房等。

在这其中最重要的是餐食的品质、餐厅的环境以及服务人员的态度。对于游客来说,良好的餐饮品质、环境和服务会大幅度提升他们对旅游线路的满意程度,从而可以进一步提高游客的重游率,使该旅游线路取得好的口碑和传播效果,并不断扩大购买人数。

二、旅游餐饮与旅游线路的关系

进行旅游线路设计时,安排餐饮当然是首要考虑的问题,只有把餐饮解决好,旅游活动才能顺利进行。因此,我们说旅游餐饮是旅游线路的重要组成部分,它为旅游线路活动顺利进行提供了物质保障。而其重要作用则表现在以下三方面:

(一)旅游餐饮是旅游线路设计中的基础环节

旅游活动是人们一项高层次的需求,主要为了满足人们发展、享受的需要,属于一种以精神消费为主的需求。但旅游活动又离不开物质消费,特别是以旅游餐饮为代表的物质基础。一方面,餐饮是游客保持体力以进行正常旅游活动必不可少的一个环节;另一方面,游客在品尝到可口的饮食、获得满意的服务后,才能带着愉悦的心情去进行余下的旅游活动。而现阶段,特别是在团队包价旅游中,很多旅游线路的餐饮服务存在着很大的问题:一是饭菜量少,无特色,有时甚至会有吃不饱的情况;二是餐食的质量较差,有异味、不新鲜、不卫生等。究其原因,其实就是旅行社克扣团队餐费,给餐馆的报价过低造成的。近年来,随着国内物价的大幅度上涨,使得餐馆经营成本增加,餐饮价格普遍大幅度上涨。而很多旅行社为了在激烈的竞争中保持一定的接团利润,就变相克扣团队的餐费,订餐标准基本没有什么变化,这种情况最终导致游客对旅游线路的不满意,从而减少游客对旅游经营者的信赖和对旅游活动的兴趣。因此,在旅游线路设计上一定要保证最基本的用餐标准。

(二)旅游餐饮对旅游线路的选择有很大的影响

在一般的旅游线路中,只要把旅游餐饮和其他活动协调好,使旅游餐饮可以在旅游活动中起到过渡作用,把各个旅游活动很好地串联起来就可以。而对于那些热爱各地特色美食的游客,在旅游线路的设计中,旅游餐饮的作用则显得更加重要,只有把餐饮服务做好,才能令游客对线路满意,特别是那些热爱美食的国内外游客,他们更愿意选择一条能一饱口福的旅游线路。

知识拓展

佛山美食旅游

中国是世界三大烹饪王国之一,具有丰富的美食旅游资源。粤菜是中国八大菜系之一,佛山是粤菜的主要发源地,双皮奶、炒牛奶、水蛇粥、顺德鱼生等美食久负盛名;加之其地理位置优越,与广州相连,毗邻港澳,是著名的侨乡,拥有发展美食旅游得天独厚的条件。

"食在广州,厨出凤城",佛山美食是活生生的广府文化载体,也是底蕴深厚的旅游资源。无论从资源还是从经济、文化来看,佛山都具备开发美食旅游的优势。《佛山市文化产业发展规划(2008—2020)》中指出:着力于文化资源的开发利用,发展广府文化旅游之城,打响"粤菜源头,美食宗师"的品牌;《佛山市旅游业发展十二五规划》中提出,发展"粤菜美食旅游产品"。

佛山致力于挖掘美食资源,积极推进非物质文化遗产项目的申报与保护工作,已有众多美食项目被评为广东省非物质文化遗产项目,如禅城区的佛山海天酱料制作技艺、盲公饼制作技艺,南海区的九江双蒸酒酿制技艺、官窑生菜会,高明区的濑粉节等。佛山各级政府大力促进将文化遗产转化为产业优势。

一些旅行社将景区游、休闲游等与美食旅游融合,以满足市场需求,均取得良好的经济效益、社会效益。比如,近年来,许多香港、澳门的游客喜欢周末的时候来顺德逛景点,享受地道的顺德美食,顺德游和美食游已经有机结合。据佛山春秋国际旅行社介绍,佛山禅之旅在佛山美食旅游推介方面做得不错,曾经推出顺德一鱼三品游和针对东南亚华侨量身定做的佛山传统美食游,以及在佛山一环通车期间推出佛山一环三水美食游,这些线路的反响都非常热烈。但同时,佛山美食旅游也存在着一些问题,如前期开发需投入较长的时间和较大的精力,成本较高等问题。

在佛山各级政府领导下,佛山将会整合旅行社、旅游景区、酒店等多种资源,采取更为有效的措施,在未来把佛山的美食旅游进一步做大、做强。

(三)旅游餐饮对提高旅游线路体验感具有重要的作用

从体验经济角度来看,游客的餐饮消费已经不再只是单纯满足他们生理需求的消费,而是整个旅游过程中一种具有个性化设计的、满足特殊心理需求的旅游体验环节。我国餐饮文化历史悠久,形成了鲁、川、粤、苏(淮扬)、闽、浙、湘、徽等"八大菜系"。现如今,游客更希望品尝到使用当地独特食材、烹饪方式,具有当地文化底蕴、民俗风情的特色美食,并关注其历史文化内涵,旅游餐饮已成为游客体验不同文化和风俗的载体和要素。完善的旅游线路往往包含了旅游活动的各个方面,而对游客来说,餐饮也是他们旅游活动中得到体验和经历的重要部分,一次满意的旅游活动离不开丰盛、有特色、美味可口的饮食。

视频:
八大菜系
你都吃过
哪些?

三、旅游线路设计中餐饮的选择

在旅游线路的设计中,如何选择旅游餐饮,对旅游活动有很大的影响。

因此,在进行旅游餐饮选择的时候要以游客需求为出发点,做到以下四点:

(一)餐饮的安排要能体现旅游线路的特色

在旅游线路设计中的餐饮选择要以反映该旅游线路的特色为基础,以期能够更好地为旅游线路服务。再有就是猎奇心理也是旅游产生的原动力之一,旅游线路的魅力之一就是在旅途的前方永远有你未曾品尝过的美食。因此,能体现旅游线路特色的餐饮今后将成为旅游中的主要餐饮方式。比如:有首《西安人的歌》,里边有句歌词写得非常好,"西安的小吃足够让你变成吃货",西安众多的特色小吃是每个来到西安的游客都希望品尝的,从"回民街"到永兴坊,从泡馍到饺子宴,从BiangBiang面到肉夹馍、秦镇米皮和西安特色汽水冰峰组成的"三秦套餐",等等。

再举个例子,我们在设计珠三角旅游线路时,广东的特色美食就是线路中最具特色和吸引力的内容。"食在广东"是游客对广东的最深印象,精致得让人口水直流的粤菜风靡全国,广府、潮汕、客家这三大流派则各具味道。粤菜是中国传统菜系之一,因其选料严格、做工精细、中西结合、质鲜味美、养生保健等特点而名扬天下。它不但精致,而且非常讲究仪式感,广式的早茶点心便是代表。无论是"老广"还是外地人,都爱"叹早茶",没喝过广东的早茶,等于没有来过广东。

(二)旅游线路设计中的餐饮安排要符合目标市场游客的需求

在进行餐饮安排时,必须要以游客的需求为首要依据,要对游客有一定的了解,了解他们的旅游目的、消费水平、职业特点、年龄结构、风俗习惯、饮食偏好等,及他们对餐饮环境、菜肴品种、产品价格的具体要求。只有针对目标市场的游客进行深入细致的调查,才能正确选择旅游餐饮。一般来说,目标市场游客的需求主要表现在以下五个方面:一是客源档次,档次越高对餐饮的要求越高。二是游客组织形式,散客和团队游对餐饮的要求是不一样的。一般来说,团队游要求的是量,而散客要求的是质。三是旅游的目的,是以品味美食为主还是以其他方面为主。以体验美食为目的的线路,一定要与游客进行磋商,这样才能满足游客的体验需求。比如:很多游客去到成都就是为了打卡成都众多的美食。因此,在进行旅游线路设计时,被誉为"成都版清明上河图"的锦里,最具成都风情的街道,宽、窄巷子等景点,以及火锅、串串香、夫妻肺片、龙抄手、担担面、毛血旺、豆花等美食就必须成为设计时的重中之重。四是年龄,一般年轻人喜欢高热量食品,而老年游客则更喜欢清淡的食物,在餐饮安排上可为他们适当增加蔬菜类、汤羹类的食品。五是宗教信仰,不同宗教对不同的食物和加工制作方法有不同的要求、禁忌。大家都知道,穆斯林禁食的东西很多,比如猪肉、自死物、血液和酒等。佛教规定出家人在饮食方面的禁忌也很多,其中素食是最基本、最重要的一条。还有印度教奉牛为神,其教徒严禁吃牛肉等。随着经济的发展,游客群体的构成越来越多元化,这就要求我们在安排餐饮时,必须要符合目标市场游客的需求,而不能千篇一律。

(三)旅游线路设计的餐饮安排要能体现餐饮的文化性

中国的饮食文化源远流长,历史悠久,独具特色。自古以来,我们的先人就把饮食列入文化艺术的范畴。人们不再满足于单纯的生理之欲,更要求色、香、味、形、器,甚至环境、礼仪、风俗等全方位的审美、协调,同时还与诗词歌赋、琴棋书画、音乐舞蹈、戏剧曲艺紧密结合,构成了一个深具东方特色的饮食文化氛围,成为古老华夏文明中的一朵奇葩,在中华文化中占有重要的地位。

饮食文化是中国博大精深的传统文化之一。在旅游业逐渐成为世界第一大朝阳产业的今天,研究和探讨如何开发利用饮食文化这一独特的旅游资源,对加快我国旅游业发展具有现实意义。比如:具有代表性的"孔府菜",它的历史可追溯到公元前272年,历代传承不绝,创新不断。到19世纪末和20世纪初,孔府菜已形成了色、香、味、形、意独具一格的菜系,可用于接待贵宾、荣升宴请、生辰家日、婚丧喜寿等。孔府的历代成员,秉承孔子"食不厌精,脍不厌细"的遗训,对菜肴的制作极为考究,要求不仅料精、细作、火候严格,而且要巧于变换调剂。2011年5月,孔府菜烹饪技艺被列入第三批国家级非物质文化遗产名录,也成为山东旅游线路中富有吸引力的内容。

(四)旅游线路设计中的餐饮安排要符合旅游经营商的利益

在旅游线路设计中,不管如何选择餐饮,旅游经营商都必须要能从中获得一定的利益,这样才能补偿旅游经营商的劳动耗费,并使其取得回报。各种餐饮选择的盈利能力是不一样的,这就要求旅游线路设计在满足游客需求的基础上,应选择一种最能盈利的餐饮组合。

四、餐饮活动设计细节

在具体的旅游餐饮活动设计中应注意以下细节：

(一)接待标准

在旅游餐饮活动设计中，首先应厘清接待餐厅的菜单、风格、接待时间和最大接待量，便于针对不同团队接待的要求进行设计。

(二)特色餐(菜)

设计人员应进一步明确接待餐厅特色餐(菜)的种类、标准、简介等，便于针对要求品尝特色餐(菜)的团队或个人进行设计。

(三)餐厅服务质量及卫生条件

为了保障游客旅游活动的顺利进行和游客的身体健康，旅游线路设计时选择的餐厅应符合国标《旅游餐馆设施与服务等级划分(GB/T 26361-2010)》，确保旅游餐饮服务质量和食品卫生与安全。

(四)餐厅的选择及安排

在具体设计中，一般早餐都是含在酒店的房费里，需要重点注意午餐、晚餐餐厅的选择。午餐可以安排在景区附近或景区内，最好安排在去下一个景区的途中。晚餐可以在景区内，也可以在返回住宿地的路途中，还可以选择住宿的酒店内特色餐的餐厅。特别要提醒旅游线路设计人员的是，每餐的用餐时间要计算得尽量准确，用餐的时间要符合旅游者的习惯，比如，内宾和外宾的用餐时间就存在一定的差异，还要预留出机动时间便于导游人员在一线的操作。

知识拓展

《旅游餐馆设施与服务等级划分(GB/T 26361-2010)》节选

旅游餐馆的划分和依据

4.1 划分

旅游餐馆从低到高依次划分为铜盘级、银盘级和金盘级三个等级。

4.2 依据

等级的划分以旅游餐馆的服务项目、菜品质量、服务质量、安全卫生、环境、建筑、设施设备等为依据。

5. 等级划分条件

5.1 铜盘级旅游餐馆

5.1.1 建筑应符合以下要求：

a）建筑结构良好，装修装饰美观大方，在建筑物的明显部位应有店名；

b）布局和功能划分基本合理，应方便宾客在餐馆内正常活动；

c）应有符合仓储条件的原材料库房。

5.1.2 餐厅应符合以下要求：

a）一般不少于50个餐位；

b）就餐环境室温适宜，各区域通风良好，照明适宜；

c）应有真实介绍餐馆特点、风味的广告宣传牌或宣传品；

d）应有适当的艺术装饰布置，点缀效果良好；

e）餐桌、椅及餐具配套，无破损；

f）菜单制作美观大方，每一菜肴应标明主、配料的数量、规格，明码标价；

g）应提供消毒毛巾或纸巾，餐具消毒符合国家卫生标准；

h）配有儿童就餐专用椅及为残疾人、老年人服务的相关设施。

5.1.3 厨房应符合以下要求：

a）厨房布局基本合理；

b）厨房各种炊具、设备应整洁卫生；

c）厨房地面应有防滑措施，并保持干燥；

d）应有合理、良好的通风、排烟设施；

e）应有餐具清洗、消毒和储存设备；

f）应有必要的冷藏、冷冻设备；

g）应有独立的冷菜加工场所；

h）应有单独的粗加工间，并设有相应的水池和加工台面；

i）应有专门放置临时垃圾的设施并保持其封闭，采取安全有效的消杀蚊蝇、蟑螂和老鼠等虫害措施；

j）厨房的温度应以正常的室温为宜。

5.1.4 公共区域应符合以下要求：

a)环境整洁卫生;

b)应有与接待能力相适应的停车场所;

c)应按 GB/T10001.1 和 GB/T10001.2 设置公共信息图形符号和标志;

d)应有男、女分设的公共卫生间,并保持洁净,通风良好,无异味,符合卫生标准;

e)应有应急照明设备;

f)消防器材配备合理,所有安全疏散通道和出入口应设有安全指示标志,并保持畅通。

5.1.5 服务项目应包含以下内容:

a)应为宾客提供与经营项目有关的咨询服务;

b)应有订餐服务;

c)应用普通话提供服务。

5.1.6 宾客意见调查满意率为 85%(含)以上。

(五)具体地址

在设计旅游餐饮时,还应特别关注餐厅的具体地址及周边交通状况,便于在不同情况下选择适合某个线路的餐厅。此外,还需要确保选择的餐厅有与接待能力相适应的停车场所,便于游客上下车及旅游车辆停放。

(六)联系人及联系电话

旅游设计人员还要熟悉餐厅的相关人员,便于其获得旅游资源的信息变化,提高旅游餐饮设计质量。同时,设计人员应掌握涉及餐厅的订餐电话、接待经理的个人联系电话以及总负责人的联系电话,便于编写在《团队旅游计划单》中,方便导游人员在一线带团过程中使用。

测试题:
项目三
任务一

基础检测

一、简答题

请谈谈旅游餐饮在旅游线路设计中的重要作用。

二、实训练习

请为西安市内一日游线路设计相关的特色餐饮活动。

要求：

1.线路串联景点：大雁塔、陕西历史博物馆、西安碑林、西安城墙；

2.早餐酒店用餐，只设计午餐、晚餐及相关美食体验活动。

任务二　旅游住宿与旅游线路设计

一、现代酒店的分类

住宿是旅游活动中不可缺少的六大元素(吃、住、行、游、购、娱)之一，也是旅游业的三大支柱(旅游交通业、旅游住宿业、旅游景区)之一。一个城市，可用于接待旅游者的床铺总量，是衡量这个城市旅游接待能力的重要指标。过夜旅游者的数量，是旅游业主要的研究对象。在本书中，住宿的地点我们统称为"酒店"。

视频：
酒店的分类

"酒店"一词的出现，可以追溯到公元1800年出版的《国际词典》，其中就有酒店的定义："酒店是为旅游者提供住宿、饮食与服务的一种建筑或场所，是以建筑物为凭借，向客人提供服务而获得经济利益的组织。"

酒店发展到了今天，类型繁多，由于历史的演变、传统的承袭、地理位置与气候条件的差异等原因，造成了酒店的用途、功能、设施等的不同，现代的酒店可以按照市场需求、管理性质、所处位置、设计风格、星级等标准进行分类。

(一)按照市场需求分类

酒店的市场需求分类也叫作酒店的传统模式分类。大致可以分为商务型酒店、长住型酒店、度假型酒店、会议型酒店等。

1.商务型酒店

商务型酒店是为商务旅游者提供住宿、膳食和商务活动及相关设施的酒店。一般来说，商务型酒店的特点包括：

(1)商务酒店一般位于城市中心或交通便利的枢纽地段，这样便于商务旅游者进行商业会晤和商业活动。

(2)商务旅游者在商务酒店入住的时间通常都是在周一至周五。因为,周一至周五是工作日,周六、周日属于私人休息的时间。

(3)一般情况下,商务旅游者会选择自己较为熟悉的酒店旅居,以免因环境不熟悉造成的失礼,影响到商业会晤和商业活动。因此,商务型酒店的"回头客"较多。

2.长住型酒店

(1)部分公司因业务需求,需要长期接待来自各地的客户,就会在距离单位不远的酒店长期租赁一部分客房,公司与这类酒店会签订协议或合同,以便享受较为低廉的价格。

视频:
盘点世界上那些奇葩的酒店

(2)某些公司因长住型酒店地理位置的优势,长期租赁部分客房作为办公地点、商务活动地点等。这种情况,在方便公司的同时,也解决了酒店自身的客源问题。

(3)因业务需要,一些商务旅游者,间歇或长期性地在一家酒店住宿,因此,会与酒店签订协议,拿到较为低廉的价格,来降低差旅费用。

3.度假型酒店

为舒缓现今工作与生活的压力,度假型酒店应运而生。一般情况下,度假型酒店会选择在自然环境优雅、交通便利、远离闹市区的海滨、温泉、山景等附近建设。为了满足旅游者娱乐、度假的主要目的,度假型酒店除了提供正常的酒店服务以外,最具特色的是提供轻松而又有品味的氛围、个性化的优质服务以及齐全的康乐设施。

4.会议型酒店

随着经济的发展,会议、讲座、会展等活动的增多,出现了专营性的会议型酒店。此类酒店可以为客户提供各种规格不等的会议室、谈判间、演讲厅、展览厅等。

(二)按照酒店管理属性分类

按照酒店的管理属性分类,可以分为私人酒店、企业下属酒店、酒店管理公司管理的酒店、国有酒店、国际连锁酒店等。

(三)按照酒店所处位置分类

按照酒店所处位置分类,可以把酒店分为城市型酒店、乡村型酒店、山谷型酒店、滨海型酒店等。其中,乡村型酒店满足一些旅游者"开门大自然,闭门现代化"的旅游需求,近几年发展趋势迅猛,值得旅游线路设计人员关注。

(四)按照设计风格分类

按照酒店设计风格可以分为现代时尚型酒店、复古型酒店、主题型酒店、民宿等。

1.现代时尚型酒店

现代时尚型酒店是在传统高端酒店的设施上,加入了现代时尚元素。如吉安的安且吉兮酒店,将自然山水与现代材料、设施相融合,还把客房设计成个性化十足的汽车房、太空房、公主房等,酒店整体设计别具匠心、充满时代感,处处彰显出富贵、时尚的气质。

2.复古型酒店

复古型酒店是为了满足旅游者体验穿越到古代的需求而产生的。那些具有怀旧情结、对历史文化有浓厚兴趣的旅游者大多选择此类酒店。这一类型的酒店有:巴黎的香格里拉酒店、苏格兰的苏格兰人酒店、日本的东京帝国大酒店等。

3.主题型酒店

主题型酒店一般会以历史、文化、自然、神话等为特定的主题,通过一些艺术手法、个性化服务,来营造文化氛围。旅游者在感受刺激、获得欢乐的同时又能学到一些知识。这一类型的酒店有:杭州的"梦幻城堡"、肯尼亚的树顶旅馆、西安的兵马俑酒店等。

4.民宿

民宿最早产生于日本,利用闲置的房屋资源,屋主人参与接待,为旅游者提供当地自然、文化与生活方式体验的家庭式住宿。在我国一经面世,就大受欢迎,现今已经发展形成了相应的网络平台、管理公司等。

(五)按照星级分类

按星级衡量酒店的档次,是大多数旅游者的习惯。国内外都有酒店评定星级的标准。按照标准一般把旅游酒店分为一星、二星、三星、四星、五星、白金五星等级别。至于"六星级""七星级""超五星级"酒店,都是酒店的"宣传星级",目的是为了突出酒店的豪华程度,在我国与国际标准中,并无这样的星级酒店。

二、酒店的客房类型

现代酒店的客房也有不同的分类方法。

(一)按照规格分类

酒店客房按照规格分类,可以分为单人间、双人间、三人间、多人间、大床间、标准间、套间、公寓、别墅等。

(二)按照档次分类

酒店客房按照档次分为经济间、普通间、高级间、豪华间、商务标房、行政标房、总统套房等。

(三)按照朝向分类

酒店客房按照朝向分为街景房、河景房、海景房、湖景房、阳光房等。

(四)按照功能分类

酒店客房按照功能分为商务房、钟点房、无烟房、残疾人客房等。

参考酒店与客房的分类,其目的是为了在设计旅游线路时,有针对性地满足旅游者的不同需求。

三、旅游者对住宿的基本要求

(一)完善的设施、设备

完善的设施、设备是指:一是设施设备齐全,二是设施设备可以随时使用,三是设施设备干净整洁。

酒店行业提倡"宾至如归"的经营理念,和旅游者把酒店作为自己的"家外之家"的思想观念一致,都是希望进入酒店有一种回家的感觉,"回家的感觉"就是要求酒店能够给旅游者提供便捷、舒适、齐全的设施与服务。例如:刚刚经过长途跋涉,旅游者进入房间时,最希望能洗个热水澡,然后躺在整洁、柔软的大床上缓解一下疲劳的身心。又如:室外炎炎烈日,旅游者一进入房间,就能感受到一阵阵湿润清凉的微风;冰天雪地的寒冬,酒店里可以泡温泉、做 SPA;有健身习惯的旅游者在酒店内,可以使用性能良好的健身器材进行锻炼等。因为酒店不同,设施、设备也不尽相同,所以,设计人员要掌握常用酒店的设施、设备,在旅游线路设计时,针对旅游者的需要进行筛选。

(二)突出地域特色、文化风格

酒店的装饰要突出地域特色与文化风格。旅游者进行旅游活动是为了体验"不一样"。所以,酒店在主题、设施、服务上,要以地域特色为卖点,吸引旅游者。

我国历史文化悠久、地域广袤,为酒店的装饰提供了取之不尽的题材。例如:窑洞酒店、四合院酒店、吊脚楼酒店、树上酒店、土楼酒店、蒙古包酒店、禅居酒店等,以及大红灯笼的装饰、文物的装饰、瓷片的装饰、汉服、唐装和禅服的装饰等。这些都是以浓厚的地域特色、鲜明的文化风格为特征,成为整个旅游活动中经典的"瞬间",并使旅游者获得相关的文化认知。

在旅游线路设计的实际操作中,一般是根据旅游线路的主题筛选酒店,但如果把有特色的酒店作为卖点,也可以围绕酒店的特色设计相应的旅游路线主题,再围绕主题进行其他方面的设计。

(三)安静的环境

旅游是一项运动量较大的活动。旅游者在旅游活动中耗费大量的体力,如果在酒店内不能得到较好的休息,迅速恢复体力,容易造成伤病,甚至其他危险情况的发生。所以,酒店的住宿环境必须保持安静,便于旅游者很好的休息。即使酒店在喧哗的闹市或交通枢纽地区,也要有较好的隔音措施,保证酒店内有安静的住宿环境。

(四)"软件"

这里的"软件"是指酒店服务人员的服务态度。酒店的服务质量体现在服务人员的仪容、仪表、仪态、礼节、礼仪、技能等方面,而优质服务是在这一基础上,再做到周到、热情、细微、应变强、效率高、效果好。换个说法,就是要做到标准化服务与个性化服务相结合。在服务行业中,知识是基础,能力是关键,态度最重要,酒店的服务更是如此。

在进行旅游线路设计时,设计人员必须对常用酒店非常熟悉,才可高效地筛选出所需要的酒店;遇到不常使用或没有使用过的酒店时,还需要提前了解酒店的信息,甚至需要到酒店进行实地考察,再做出使用与否的决定。在酒店"软件"方面的筛选,设计人员可以通过与一线工作人员的沟通,来了解酒店的真实情况。

四、旅游住宿设计细节

设计人员在安排住宿时需要注意的细节相对较多,要掌握相同类型、相同等级、相同价位、大致相同地理位置等多家酒店的住宿资源,以备房源紧张时,有备用的住宿资源。旅游住宿要注意的细节有:

(一)酒店的星级

设计人员要筛选出不同星级的多家酒店,提供给计调人员,便于计调人员在编制"团队旅游计划单"时,根据具体的情况进行选择。

(二)酒店的风格

随着旅游者的个性化需求不断增加,这就要求设计人员应尽量多地筛选出不同风格的酒店,以满足旅游者的个性化需求。

(三)酒店的不同房型数量

旅游团队在住宿时,有可能需要三人间、标准间、单间、套间等不同房型,设计人员要掌握酒店不同房型的数量,以应对不同的住宿需求。

(四)可使用房间数的动态变化

旺季时,酒店剩余房间数量不可预估,所以,设计人员需要随时掌握酒店剩余不同房型的动态变化,提供给计调人员,便于计调人员的预订工作与"团队旅游计划单"的编制工作。

(五)价格

住宿价格在不同的时间段会产生波动,设计人员要提前通知计调人员住宿价格的变化,以免造成经济损失。

(六)具体地址

选择住宿酒店的地址一般有两种方式:一种是选择在景区附近;一种是选择在景区所依托的城镇内。设计人员要掌握酒店的具体地址及周边交通状况,便于在设计时筛选。此外,设计人员还应掌握酒店的停车地点,便于导游人员在一线的操作,提高同事之间的默契程度与办事效率。

(七)联系人及联系电话

设计人员应熟悉酒店的相关人员,便于业务沟通和掌握酒店设施与信息的变化情况。同时,还应掌握酒店的订房电话、销售人员电话以及总负责人的电话,并提供给计调人员,便于计调人员与导游人员在一线的操作。

一、简答题

简述酒店的分类。

二、实训练习

收集、整理你所在城市以及周边的酒店信息。

要求:

1. 酒店类型不少于3种,每种酒店类型不少于3家酒店;
2. 每家酒店的信息不少于4项。

表 3-1 酒店信息统计表

类型	酒店名称	信息						
		地理位置	房型/数量	房型/价格	特色设施	联系人电话	业务座机电话	其他信息
五星级								
民宿								

测试题:
项目三
任务二

任务三 旅游交通与旅游线路设计

在2020年5月19日举办的国新办新闻发布会上,交通运输部部长表示,预计到2020年年底,我国的铁路将覆盖大约90%的具有20万人口以上的城市,总里程将达到14.6万公里。其中,我国的高铁更是独占鳌头,据了解,我国高铁以3.9万公里的成绩,继续领跑世界,要知道赤道的周长也才不过4万公里,也就是说,到2020年年底,我国高铁会绕地球赤道一

视频:
最美的风景在路上
——合福高铁旅游线路

圈。中国高铁,串联起名山、名水、名城,拉近了异地间的距离,给我们的出行带来了极大的便利,说走就走的旅行即时就能实现。闲暇时,坐上"开往春天的高铁"去感受沿途秀美的风光,真的是非常好的方式!那么,到底什么是旅游交通?它都有哪些不同的形式?在旅游线路设计中旅游交通又将如何设计呢?

一、旅游交通概述

旅游交通是旅游业支柱产业之一,是一个国家或地区旅游业发展的重要标志。旅游交通是指为游客在旅行游览过程中提供所需要的交通运输,及因此产生的一系列社会经济活动和现象的总称。实质上,旅游交通是游客利用某种交通工具实现从一个地点到另一个地点的空间转移的过程,这个过程既包括游客从常住地到旅游目的地的空间转移过程,又包括游客在不同的旅游目的地之间的空间转移过程。

旅游交通除了能满足游客空间转移的需要外,与一般交通还有以下区别:

首先,旅游交通客运一般在旅游客源地与目的地之间进行环状运输,使游客能尽量在最短的时间内到达目的地,并且在一次旅行过程中经过较多的旅游目的地,尽量避免走回头路,实现"旅速游缓""旅短游长"的目的。其次,旅游交通线也是游览线,比如:自2018年12月25日正式运营的杭黄高铁,被称为"5A级生态美景的高铁"。这条线串起了西湖、千岛湖、黄山、西递宏村等7个5A级风景区,桐庐瑶琳仙境、临安大明山、齐云山等50多个4A级风景区,以及十几座国家级森林公园和地质公园,形成了一条黄金旅游通道。最后,部分旅游交通工具富有特色,能满足游客求新求异的心理需求。比如:游客去宁夏的沙坡头景区可以尝试黄河溜索,惊险刺激,令人难忘;游客去土耳其的卡帕多奇亚,可以乘上热气球换个角度看世界,欣赏安纳托利亚高原上山峦叠嶂、沟壑纵横的壮丽景色等。

二、旅游交通类型

根据旅游交通工具的不同,旅游交通可分为航空、铁路、公路和水运四种基本交通类型。这四种类型的交通方式也各有其优点和局限性,可以互相搭配、相互补充。

(一)航空旅游交通

航空旅游交通的优点是快捷、舒适、安全、灵活,可跨越天然障碍;缺点是成本高、能耗大、受天气状况限制大。4000—5000公里以上的长距离旅游在国际旅游中占有重要地位,而一个国家有无航空条件是其能否大规模发展国际旅游业的前提。航空运输业的发达程度,也是衡量各国旅游业发展水平的重要标志。北京、上海、广州为我国三大复合型枢纽机场,同时也是我国游客吞吐量最大的三座城市。

(二)铁路旅游交通

1825年9月27日,斯蒂芬森亲自驾驶他同别人合作设计制造的"旅行者号"蒸汽机车在新铺设的铁路上试车,并获得成功,标志着人类迈入了"火车时代"。铁路运输的高速发展使其成为旅游活动中最主要的交通方式。它具有客运量大、票价低、受气候变化影响小、安全正点、环境污染小等优点,符合旅游交通经济、舒适、安全正点和环境对交通的要求;它的缺点是修建铁路工程造价高,受经济和地理条件限制不能短期修建延伸线。近几年来,国内铁路部门专门开辟的旅游专列,促进了旅游业的发展。高速铁路的发展,旅游直达车的舒适、省时也进一步提高了铁路在旅游交通中的地位。

(三)公路旅游交通

这是最普遍和最普通的短途运输方式,其突出特点是灵活性大,能深入到旅游点内部,实现"门到门"的运输;对自然条件适应性强,一般道路都能行驶汽车;能随时停留,把旅游活动从点扩展到面;公路建设投资少、占地少、施工期短、见效快。但是,它的速度不如火车快,运费较高,受天气影响较大。

(四)水运旅游交通

水运交通的特点是运载量大、能耗少、成本低。船上旅游悠闲、舒适,是其他旅游交通无法比拟的。从旅游角度讲,沿河、沿海地区往往是旅游资源丰富而集中的地区,人们可以乘坐水运交通工具游览沿途美景。

现代水运交通朝着两个方向发展,一是提高速度,克服自身的不利条件,与其他交通方式进行竞争;二是充分利用轮船体积大,具有扩大服务设施的可能性的特点,利用这一优势完善旅游设施,可以满足游客的高要求,现已开设专为旅游服务的邮轮。同时,邮轮旅游有利于生态保护,通过邮轮可以带回岛上的生活垃圾,缓解环保压力。

三、旅游线路设计中交通的选择

在旅游线路设计中,应充分考虑主观因素和客观因素,既要考虑到旅游活动的主体——旅游者的因素,也应考虑实际的客观情况。归纳一下,在旅游交通选择时,我们应从以下六个方面予以考虑。

(一)安全

安全需要是游客首位的、最关心的交通需要。而游客对旅游交通安全的需求,可以归结为手续便利和旅途平安两个方面。首先,外出旅游是人生的乐事,每个人都希望能平平安安、快快乐乐地度过这段有意义的时光,旅途平安对于旅游者来说最为重要;其次,安全与便利也是分不开的,便利的手续在省心、省力、省时的同时也意味着游客的人身和财产安全更有保障。

(二)时间

这里包含了交通准时和速度适宜两个方面。游客希望交通工具能准时起程、准时到达、准时返程。对于商务游客来说,他们大部分已放弃乘坐飞机而选择高铁,原因就在于飞机易受天气状况和航空管制等因素影响,以致晚点的概率很大,乘坐飞机本来是为了求快,但往往最后会出现"起了个大早,赶了个晚集"的情况。再有就是在时间方面,游客希望"行"速而"游"缓,不希望出现把大量时间耽误在路上,而对于景区和景点的游览一带而过的情况。

(三)舒适

舒适的交通服务可以缓解身心疲劳,改善游客情绪,提高游客兴致。游客所要求的首先是乘坐舒适,这是对旅游交通物质方面的要求。再有就是游客希望在旅途中得到文明礼貌、热情周到、人性化的服务,这是对旅游交通精神方面的需求。在国内旅游中,很多游客越来越喜欢乘坐高铁旅行,这主要是由于我国的高铁在速度、舒适度和服务的人性化等方面上已经可以达到甚至超越乘坐飞机的体验了。高铁上的座位间隔比飞机大,而且在高铁上乘客的行动也比较方便;高铁上的充电和无线网络服务也比飞机好;目前高铁上还增加了点外卖的服务,让我们能在高铁上完全拥有跟在自己家里或办公室里一样舒适的体验度。

(四)经济

游客总是希望用最有限的资金获取最大的心理满足,对于交通工具的选择也是一样。对于游客来说,他们有一定的旅游预算,并希望在自己的旅游预算之内使旅游活动更为充分和有效,所以,往往会考虑各种可供选择的旅行方式的价格。比如:为了节省旅行的交通费用,航空公司的早鸟票就很受游客的欢迎。俗话说"早起的鸟儿有虫吃",早鸟票这一名称是从英语"early bird tickets"翻译过来的,是航空公司的一种促销方式。一般航空公司会经常推出一些航班机票,提前2—4个星期左右预订就能享受很低的折扣,而且越早预订价格越低。

(五)多样

多样化的交通工具会丰富游客的行程,也会成为游客旅途中重要的体验之一,因此,在旅游线路设计时,我们在可能的条件下应追求交通工具的多样化,以满足游客的心理需求。

(六)不同心理的游客对交通工具的选择不同

1.享受旅途者

这一类多为老年游客,由于受生理条件的限制,加上时间充裕,阅历丰富,他们希望放慢脚步,悠闲地度过旅途时光,将旅途本身和旅游目的地看得同样重要。因此,宽敞舒适的旅游专列、游船当为首选。老年人旅游多为消除苦闷,打破寂寞,驱散烦恼;同时,能开阔眼界,丰富知识,增强体质,陶冶情操。为使老年游客健康平安地感受到生活的乐趣,体会生命的价值,在旅途中应配备医护人员,同时合理安排活动,既不能让人感到疲劳,又能让人感受到生活的多姿多彩、生命的希望与活力。

2.看重目的地者

如果游客是以度假为目的的,那么他将希望尽快赶往旅游目的地,把更多的时间用于悠闲、安逸的度假。这类游客对旅途不感兴趣,会选择飞机、高铁或直达车,尽可能缩短旅途,不让旅途多占用度假时间。

3.走马观花者

中青年游客要应对激烈的生存竞争,要学习、要充电,闲暇的时间很少,出游大都选择节假日出游或者利用出差机会结束工作后出游。因为时间关系,他们大多属于走马观花者。为了能在有限的时间内尽量多走多看,他们往往会平分在旅途中和在目的地游览的时间,交通工具的选择也会比较多样。

4.猎奇求异者

这类游客喜欢新奇事物,喜欢不同寻常的经历。他们的旅游常常伴随着探险,因而在旅途中,一般会摒弃四平八稳的交通工具,选择骑马、骑骆驼、坐竹筏、坐驴车等。在体验新颖的交通方式中,获得全新的刺激和与众不同的感受。

在进行旅游线路设计时,对于旅游交通的选择,设计人员应当综合考虑这些因素,在满足个人需求和切实可行的前提下,努力实现旅游效益的最大化。

四、旅游交通设计细节

(一)外部交通

外部交通是指从客源地到目的地,或目的地内各旅游中心城市间的交通。主要是航空和铁路等交通方式。在设计外部交通时,应注意:

1.时刻表

设计人员应掌握相关交通工具的时刻表,有利于旅游线路设计的合理性与实施的可能性。

2.乘坐地点

熟悉每一个交通工具的乘坐地点非常重要,因为同一个城市有可能有两个机场、多个码头、多个火车站等,一旦设计错误或不清楚,会造成不必要的经济损失,降低旅游产品的品质。

3.价格

外部交通的价格占旅游产品成本的比重较大,选择不同交通工具、同一交通工具档次不同时,价格差异也很大,设计人员应掌握各种外部交通方式的价格,有利于设计出针对不同档次目标市场的旅游线路,有利于计调人员与会计人员的核算,更有利于增强旅游线路产品的市场竞争力。

4.联系方式

设计人员应掌握所涉及外部交通的相关联系方式,便于计调人员编写"团队旅游计划单",并给导游人员在一线带团带来便利,提高旅行社同事之间的合作默契与工作效率。

5.预定方式

不同的交通工具有不同的预订方式,设计人员应将外部交通的预订方式提供给计调人员,便于计调人员和导游人员的具体操作。

设计人员在选择外部交通时,需要综合考虑成本、时间、档次等因素。要特别注意的是:对于时间因素,不仅要考虑旅程所需时间的长短,还要考虑出发与到达时间是否合适、合理。客源市场的旅游线路设计人员,甚至要考虑针对不同的客源地订制不同的交通工具,形成不同的旅游产品。

(二)中间交通

中间交通是指从旅游中心城市到各景区的交通,主要包括铁路、公路、水路交通,以公路交通为主。在设计中间交通时,应注意:

1.车辆类型及数量

各个旅游车队都有自己主要的车型,设计人员应掌握涉及车队的车型及数量,根据不同情况,选择不同的车型使用,以满足不同档次、不同人数旅游团队的需求。

2.车型价格

设计人员掌握各种车型的价格以及变化情况,有利于设计出针对不同档次目标市场的旅游线路,有利于计调人员与会计人员的核算。

3.预订方式

每个车队有自己不同的预订方式,设计人员应将涉及车队的预订方式提供给计调人员,便于计调人员的提前预订。

4.联系人及电话

设计人员应掌握旅游车队对接人与联系电话等信息,便于掌握车辆情况的变化,便于计调人员将对接人与联系电话编入"团队旅游计划单"中,便于导游人员在一线的带团工作。

中间交通则基本以大巴车或商务车为主,筛选确定较为简单,只需要确定服务、车况、信誉较好的车队即可。一般设计人员只需要标明中间交通是否使用包车,并不进行车队(或车辆)信息的筛选确定,这项工作由计调人员来完成。

(三)内部交通

内部交通是指景区内的交通,属于短距离空间位移,主要采用环保汽

车、电瓶车、特种交通和徒步等方式。在设计内部交通时应注意:

1.乘坐地点

设计人员应熟悉景区交通的乘坐地点,使其能更合理地进行旅游线路设计。

2.价格

设计人员应掌握景区交通的价格以及变化情况,有利于针对不同档次的旅游团队进行设计,有利于计调人员的成本核算。

3.预定方式

设计人员应将预订方式提供给计调人员,以便于计调人员和导游人员的具体操作。

4.联系电话

设计人员应将预订电话和对接人与联系电话提供给计调人员,便于计调人员将对接人与联系电话编入"团队旅游计划单"中,同时也便于导游人员在一线的带团工作。

一般情况下,景区内部交通无需提前预订,为了降低旅游产品的报价,景区内部交通可以不进行筛选与确定,只是在旅游产品中说明景区内部交通的种类、起止站、营运规则等信息,以自费推荐的形式出现在旅游产品中,旅游者可以临时决定,由一线导游人员具体操作即可。

旅游包车

旅游包车是指汽车公司或旅游公司出租给个人、单位或群体,在旅游过程中以小时、天等形式租用汽车的服务项目,收费额度视车型、车座、旅途长短等形式不等。旅游包车拥有旅游牌照方能运营。旅游包车费用以小时或天为计费单位,按实际里程确定租车单价。

旅游包车费用中,共包含如下四项:

1.租车费用。租车费用是旅游包车的基本费用,一般以行程距离作为计费基础,乘以车辆的单位公里费用。

2.油费。旅游包车一般采用全包的形式,不单独给出油费,油费的多少按实际车辆排量和行车距离计算。

3. 路桥费。旅游包车一般经过高速路段才产生此类费用。

4. 司机费。旅游包车中司机所需要的人工费。

想租一辆合法的旅游包车,应该怎么做呢?

首先,要看租用的车辆是否拥有两证,即机动车行驾证和道路运输许可证(简称"营运证")。一般车辆都有机动车行驶证,但却不一定有营运证。没有营运证的车辆从事租车服务属于非法营运。这类车一旦被运政部门查到,将被现场扣压。同时,如果出现重大交通事故,有可能因为司机没有赔偿能力,使游客蒙受损失。所以,如果没有仔细检查车辆证书,极有可能耽误您的旅游行程,安全也无法得到保证。基本信息包括:

其次,旅游包车的基本信息必须齐全。基本信息包括:

1. 每辆车每四个月必须做一次二级维护。

2. 每辆车每个座位保险额度不低于20万元人民币。

3. 驾驶员应在运政部门有备案,并经过专业的培训,持有营运车驾驶资格证,且驾龄不低于三年。

4. 每辆车必须挂靠在该租车公司名下,如发生交通事故,公司和驾驶员都是责任主体,都有赔偿责任。

最后,还必须注意:

1. 外观比较旧的车大部分性能也不太好,容易在路途中抛锚。

2. 包车费用不正常的车不能使用,原因一是此类车可能"两证"不齐全,二是一旦发生事故,无法明确责任主体。

基础检测

一、简答题

1. 请谈谈铁路旅游交通的优点和缺点。一般在什么情况下旅游线路设计会选用铁路旅游交通?

2. 请谈谈在旅游线路设计中旅游交通的选择应遵循哪些原则。

二、实训练习

请为暑期研学旅游团设计一种西安至拉萨的旅游交通方式,并说明选择这种旅游交通方式的原因。

测试题:
项目三
任务三

任务四　旅游景区与旅游线路设计

一、旅游景区

旅游景区是指具有参观游览、休闲度假、康乐健身等功能,具备相应旅游服务设施并提供相应旅游服务的独立管理区。该管理区应有统一的经营管理机构和明确的地域范围(参考《旅游景区质量等级的划分与评定》修订 GB/T 17775-2003)。旅游景区即是能够满足旅游者的参观、游览、求知、消遣、休闲、度假、康乐、健身等目的,具备相应旅游服务设施并提供相应旅游服务的独立管理的地域空间,包括风景区、文博院馆、寺庙观堂、旅游度假区、自然保护区、主题公园、森林公园、地质公园、游乐园、动物园、植物园及工业、农业、经贸、科教、军事、体育、文化艺术等各类旅游景区。

旅游景区的筛选是旅游线路设计人员进行设计的重点内容。旅游景区应在旅游线路设计时最早确定下来,其他要素都是根据景区的确立而进行筛选、确定的。

(一)旅游景区的特征

1.具有经营管理的范围

旅游景区虽然有规模大小的差异,但无论大小,都会有相对明确的规划范围。旅游景区范围是依据景区的主体吸引物、相关机构与设施的范围来确定的。

2.具有旅游资源

旅游资源是旅游者进行旅游活动的主要吸引物,是旅游景区的核心,也是构成旅游景区文化内涵和旅游活动的基本要素。

3.具有满足旅游者需求的设施和条件

旅游活动是一项综合性较强的活动,其进行主要旅游活动的区域——旅游景区,必须包含能够满足旅游者进行旅游活动的相应配套设施与服务。

4.是商业经营场所

旅游景区是旅游线路的核心要素,是旅游产品的主体内容,是旅游产业链的中心环节。旅游景区属于经济实体,是通过经营管理手段来获取经济利益的。因此,旅游景区是以营利为最终目的的商业经营场所。

二、景区的分类

(一)根据属性分

1.自然景区

自然景区是指受到人类间接或轻微影响,自然面貌未发生明显变化的,由山川、水域、动植物等构成景观的旅游风景区。自然景观包括地文景观、水域风光、生物景观、天象与气候景观等。

(1)地文景观包括:综合自然旅游地、地质地貌形成的遗迹、自然变动遗迹、岛礁等。

(2)水域风光包括:河段、天然湖泊与池沼、瀑布、泉、河口与海面、冰雪地等。

(3)生物景观包括:树木、草原与草地、花卉地、野生动物栖息地等。

(4)天象与气候景观包括:光现象、天气与气候现象等。

视频:
旅游景区的分类

2.人文景区

人文景区是指历史形成的、与人的社会性活动有关的以景、物构成的旅游景区。人文景观包括:遗址遗迹、建筑与设施等。

(1)遗址遗迹包括:史前人类活动场所、社会经济文化活动遗址遗迹等。

(2)建筑与设施包括:综合人文旅游地、单体活动场馆、景观建筑与附属型建筑设施、居住地与社区、古代陵墓建筑与设施、水利工程建筑等。

(二)根据旅游业习惯分

1.文化古迹景区

文化古迹旅游景区是指以古代保留至今的典型遗迹为主要旅游吸引物的旅游景区。这类旅游景区具有一定的文化价值和历史价值。例如:蓝田猿人遗迹、曲阜"三孔"、秦始皇帝陵、莫高窟、北京故宫、西安明城墙等旅游景区。

视频:
古诗文中的旅游景观

2.风景名胜景区

风景名胜旅游景区是指以独特的景观风光、人文遗迹为主要旅游吸引物的旅游景区。例如:泰山、华山、乐山、青城山、峨眉山、崂山、武夷山等旅游景区。

3.自然风光景区

自然风光类景区是指以优美独特的自然环境为主要旅游吸引物,经开发利用而成的旅游景区。自然风光景区适合旅游者进行放松、休闲、养生等旅游活动。例如:神农架、九寨沟、漓江、张家界等旅游景区。

4.红色旅游景区

红色旅游景区是指以红色人文景观为主(有时会和自然景观相结合)的,以革命传统教育为主要旅游形式的旅游景区。红色旅游景区可以让旅游者了解革命历史,学习革命精神,不忘初心、牢记使命,为中华民族伟大复兴提供凝心聚气的强大正能量。例如:延安革命景区、照金革命景区、西柏坡革命景区等。

5.生态旅游景区

生态旅游景区是指以自然景物为主要旅游活动吸引物,以保护自然景物、自然环境、当地人民生活不受影响为基本条件,可持续性发展为主要目的的旅游景区。例如:国家公园、原始森林、冰川遗迹等。我国著名的生态旅游景区可分为九大类:

(1)山岳生态景区,以"五岳"、佛教名山、道教名山等为代表。

(2)湖泊生态景区,以长白山天池、肇庆星湖、青海湖等为代表。

(3)森林生态景区,以吉林长白山、湖北神农架、云南西双版纳热带雨林等为代表。

(4)草原生态景区,以内蒙古呼伦贝尔草原等为代表。

(5)海洋生态景区,以广西北海及海南文昌的红树林海岸等为代表。

(6)观鸟生态景区,以江西鄱阳湖越冬候鸟自然保护区、青海湖鸟岛等为代表。

(7)冰雪生态旅游区,以云南丽江玉龙雪山、吉林延边长白山等为代表。

(8)漂流生态景区,以湖北神农架等为代表。

(9)徒步探险生态景区,以西藏珠穆朗玛峰、罗布泊沙漠、雅鲁藏布江大峡谷等为代表。

6.园林艺术景区

园林艺术景区包括皇家园林和私家园林,例如:拙政园、退思园、颐和园、沧浪亭、留园、个园等。

(三)根据质量等级分

依照《旅游景区质量等级管理办法》国家标准进行评审,我国的旅游景区的质量等级从高到低依次为 AAAAA、AAAA、AAA、AA、A 级五级旅游景区。《旅游景区质量等级管理办法》是一套规范性、标准化的景区质量等级评定体系,围绕服务质量与环境质量,测评内容共分为 12 大项,包括旅游交通、游览安全、旅游购物、景区卫生、邮电服务、经营管理、旅游者满意率、资源和环境保护等,总分 1000 分。国家 A 级旅游景区,由国家旅游景区质量等级评定委员会授权省旅游局,颁发"国家 A 级旅游景区"标志牌,是一项衡量景区质量的重要标志。

国家评定 5A 级景区的部分评定条件:

(1)旅游交通。①通往旅游景区的交通基本通畅,有较好的可进入性;②具有停车(船)场所,容量能基本满足需求,场地较平整坚实或水域较畅通,有相应标志;③区内游览(参观)路线或航道布局基本合理、顺畅;④区内使用低排放的交通工具,或鼓励使用清洁能源的交通工具。

(2)游览。①有为旅游者提供咨询服务的场所,服务人员业务熟悉,服务热情;②各种公众信息资料(包括导游全景图、标志牌、景物介绍牌等)与景观环境基本协调。标志牌和景物介绍牌设置基本合理;③宣传教育材料(如研究论著、科普读物、综合画册、音像制品、导游图和导游材料等)品种多,内容丰富,制作较好;④导游员(讲解员)持证上岗,人数及语种能基本满足旅游者需要。普通话达标率 100%。导游员(讲解员)均应具有高中以上文化程度;⑤导游(讲解)词科学、准确、生动。导游服务质量达到 GB/T15971-1995 中 4.5.3 和第 5 章要求;⑥公共信息图形符号的设置基本合理,基本符合 GB/T 10001.1 的规定;⑦旅游者公共休息设施布局基本合理,数量基本满足需要。

(3)旅游安全。①认真执行公安、交通、质量监督、旅游等有关部门制定和颁布的安全法规,安全保卫制度健全,工作落实;②消防、防盗、救护等设备齐全、完好、有效,交通、机电、游览、娱乐等设备完好,运行正常,无安全隐患。游乐园达到 GB/T16767 规定的安全和服务标准。危险地段标志明显,防护设施齐备、有效;③事故处理及时、妥当,档案记录完整,配备旅游者常用药品。

(4)卫生。①环境比较整洁,无污水、污物,无乱建、乱堆、乱放现象,建筑物及各种设施设备无剥落、无污垢,空气清新、无异味;②各类场所全部达到GB9664规定的要求,餐饮场所达到GB16153规定的要求,游泳场所达到GB9667规定的要求;③公共厕所布局较合理,数量基本满足需要,建筑造型与景观环境比较协调。50%以上的厕所具备水冲设备,并保持完好或使用免水冲生态厕所。厕所较整洁,洁具洁净、无污垢、无堵塞;④垃圾箱布局较合理,标志明显,数量基本满足需要,造型与环境比较协调。垃圾清扫及时,日产日清;⑤食品卫生符合国家规定,餐饮服务配备消毒设施,不使用对环境造成污染的一次性餐具。

(5)邮电服务。①提供邮政或邮政纪念服务;②通信设施布局较合理。游人集中场所设有公用电话,具备国内直拨功能;③通信方便,线路畅通,收费合理;④能接收手提电话信号。

(6)旅游购物。①购物场所布局基本合理,建筑造型、色彩、材质与环境较协调;②对购物场所进行集中管理,环境整洁,秩序良好,无围追兜售、强买强卖现象;③对商品从业人员有统一管理措施;④旅游商品有本地区特色。

(7)经营管理。①管理体制健全,经营机制有效;②旅游质量、旅游安全、旅游统计等各项经营管理制度健全有效,贯彻措施得力,定期监督检查,有比较完整的书面记录和总结;③管理人员配备合理,60%以上中高级管理人员具有大专以上文化程度;④具有一定的产品形象、质量形象和文明的员工形象;⑤有正式批准的总体规划,开发建设项目符合规划要求;⑥培训机构、制度明确,业务培训全面,效果良好,上岗人员培训合格率达100%;⑦投诉制度健全,投诉处理及时,档案记录基本完整;⑧能为特定人群(老年人、儿童、残疾人等)提供特殊服务。

(8)资源和环境的保护。①空气质量达到GB3095-1996的一级标准;②噪声质量达到GB3096-1993的一类标准;③地面水环境质量达到GB3838的规定;④污水排放达到GB8978的规定;⑤自然景观和文物古迹保护手段科学,措施得力,能有效预防自然和人为破坏,基本保持自然景观和文物古迹的真实性和完整性;⑥科学管理旅游者容量;⑦建筑布局较合理,建筑物造型与景观基本协调。出口主体建筑与景观环境基本协调。周边建筑物与景观格调较协调,或具有一定的缓冲区或隔离带;⑧环境氛围较好。绿化覆盖率较高,景观与环境美化效果较好;⑨区内各项设施设备符合国家关于环境保护的要求,不造成环境污染和其他公害,不破坏旅游资源和游览气氛。

(9)旅游资源吸引力。①观赏游憩价值较大;②同时具有一定历史价值、文化价值、科学价值,或其中一类价值具有地区意义;③有个别珍贵物种,或景观比较突出,或有地区级资源实体;④资源实体体量中等,或有一定资源类型,或资源实体疏密度一般;⑤资源实体较完整。

(10)市场吸引力。①本地区知名;②有一定美誉度;③有一定市场辐射力;④有一定特色。

(11)年接待海内外旅游者3万人次以上。

(12)旅游者抽样调查基本满意。

三、旅游景区的服务功能要素

旅游景区一般由游览、娱乐、餐饮、住宿、购物等服务功能要素构成。

(一)游览要素

游览又称观光游览,是最基本、最广泛的旅游活动。"游山玩水"一词,很早就在我国古典诗词中出现,表明游览活动在我国具有非常悠久的历史。游览的对象,包括美丽幽雅的自然风景、历史悠久的文物古迹、独一无二的民族风情、高新科技的农业、工业等。游览是吸引旅游者前往旅游景区的最主要的要素。

(二)娱乐要素

旅游景区的娱乐要素,是借助景区工作人员和活动设施,向旅游者提供的表演、欣赏和参与性的活动。

娱乐性是延长旅游者在景区滞留时间的重要条件。旅游者在景区单位面积逗留的时间(逗留时间/景区面积)平均值,是旅游者对旅游景区满意度的重要指标。

旅游景区的娱乐因素可分为设施型、歌舞演艺型、竞赛型、制作型、采摘型、寻宝型、角色转换型等。

旅游景区的游览与娱乐内容，是旅游需求的主要对象，也是旅游线路设计人员在设计时，筛选旅游景区的主要参考指标。

(三)其他要素

除了游览要素与娱乐要素外，景区还会有餐饮、住宿、购物等要素。

美国旅游基金会进行过一次调查，结果表明，旅游者对景区餐饮服务的要求，最注重的是六个方面，包括清洁卫生、味道要好、价格公道、交通便利、环境舒适、服务良好。在关于景区住宿的方面，调查发现，一般的旅游者的基本要求包括整洁卫生、环境安静、安全感强、服务亲切等。调查还发现，旅游者购买旅游商品时，注重旅游商品的实用性、艺术性、纪念性、地域性和时代性。

景区的各个要素之间，相互作用、相辅相成。因此，旅游线路设计人员在设计时，必须对旅游景区有整体性的考量，掌握全部相关信息，才能筛选出适宜的旅游景区。

四、旅游景区设计细节

一般情况下，大多数旅游者是因某个旅游目的地或某些景区而购买旅游产品的。因此，通常旅游线路的设计是以景区作为主要依据来进行的。

(一)旅游者需求

景区的选取一定要考虑旅游者的需求。根据市场调研的结果，选取目标细分市场中旅游者偏好的景区。旅游线路设计人员要以市场为中心考虑自己的设计思路，这样设计出来的旅游产品才容易被市场接纳，达到扩大旅游产品销售的目的。

(二)安全性

在旅游活动的整个过程中，无论什么时候都要把安全问题放在最重要的位置。对于景区安全问题的筛选包括：

(1)景区内的设施是否安全。

(2)通往景区的交通线路是否安全。

(3)景区内的旅游活动是否安全等。

(三)符合整体设计思路

旅游线路设计人员在筛选景区时,还要考虑景区的参观游览内容是否符合旅游线路的主题和整体设计思路。如果景区的参观游览内容与旅游线路的主题和整体设计思路不符,就像写文章"跑题"一样,在后期包装上市方面会产生很大的隐患。

(四)旅游活动的内容丰富程度

对于景区而言,丰富多彩的旅游活动内容可以增加旅游者的停留时间,提高景区以及旅游产品的美誉度与知名度,增加旅游者的消费额度,对于一个地区整体的旅游产业来说亦是如此,甚至对于旅游业的其他相关产业的发展也是有利的。

(五)数量与位置

旅游活动是一项非常耗费精力与体力的活动。一般情况下,一天安排1—2个景区为宜,最多安排3个景区,否则旅游者在景区玩不好,完全在游程中疲于奔波。此外,景点的安排不可以"东一榔头,西一棒槌",尽量安排在同一方向上,这样既节约交通时间,又可以让旅游线路的空间布局显得合理、美观。

(六)时间安排

1.参观时间包括在各景区参观游览逗留时间的总和。

2.路程时间包括全程行驶时间的总和。

3.一天旅游活动总时间=在各景区参观游览逗留时间的总和+购物时间+娱乐时间+用餐时间+全程行驶时间的总和。

旅游活动时间不宜过长,时间过长会造成旅游者过度疲劳,一天旅游活动总时间不宜超过14个小时。在各景区参观游览逗留时间的总和应以不少于一天旅游活动总时间的2/5为宜,而单个景区参观游览的逗留时间不宜超过4小时;购物时间和娱乐时间不宜超过2小时;全程行驶时间的总和不宜超过一天旅游活动总时间的2/5;某两个旅游资源之间路程的行驶时间不宜超过2小时。

(七)动静结合

旅游活动从艺术角度而言,就像一幅画,画中描绘的内容需要有动有静、有实有虚、有远有近、有粗有细。在筛选景区时,参观旅游的内容应动静结合、有粗有细、远近相宜,这样既不会让旅游者由于精神高度紧张而

视频:那些被影视作品带火的旅游地

导致疲劳,也不会让旅游者因太过松弛产生困倦感。

(八)"冷热兼顾"

选择的景区要做到"冷热兼顾",就一个地区旅游业的长远发展而言,都希望能达到可持续发展。用"热点"带动"冷点",节约了当地旅游广告的宣传费用,也会增加这个地区旅游的卖点,在整个旅游市场上也会多分得"一杯羹"。如果原来的"热点"衰退,还有新的"热点"支撑,这就可以使得整个地区旅游业长期稳定发展。从旅游企业角度而言,由于"冷门"景区的费相对较低,既可以降低旅游产品的成本,又可以丰富参观游览的内容,有利于旅游产品的推广。如果"冷点"经设计人员所在的旅游企业的推广成为"热点",那么该旅游企业作为"功臣",可以与这个景区洽谈折扣价格。

要注意的是,这里讲的"冷点"绝不是那些安全性差、旅游设施不健全、可进入性差、没有值得参观游览内容的"烂"景区,而是指知名度不高、有发展潜质的景区。

(九)地理位置

景区的地理位置是旅游线路设计时需重点考虑的问题之一。设计人员将初步选定的景区的地理位置标注在地图上,然后将它们之间的所有交通连接在一起,选择一条合理的线路(符合旅游线路的空间布局),作为旅游线路的行进路线,如果线路不够合理,应及时进行景区或路线的调整,直到筛选确定出一条合理的旅游线路来。而景区可进入性的强弱,也是设计时需要考虑的一项重要指标。对于常规旅游线路设计来说,可进入性较弱的景区基本不予考虑。

(十)依托城镇

任何一个景区,都要以附近的城镇作为依托。城镇可以作为一条线路的起点、补给站、休息区和终点站。因此,在筛选景区时,需要考察依托城镇的旅游设施是否齐全,相关服务是否到位。

(十一)新奇、热点

新奇、热点景区是大多数旅游者追逐的对象,也是需旅游线路设计人员重点筛选的,将这些景区安排在旅游线路中,无疑可以提高旅游产品的销售量和旅游产品的知名度、美誉度。

视频:世界上就快消失的美景

(十二)属性差异

由于旅游产品的主题不同,需要安排景区的属性有可能相同,也可能不同。一般情况下,非专题性的旅游线路产品,要筛选一些属性差异较大的景区,因为属性差异较大的景区不会让旅游者感到枯燥;而对于专题性、专业性较强的旅游产品而言,则要安排属性相近或相同的景区,以显示专业性。例如台湾赴大陆道教考察团,一定要筛选大陆知名的道观或道教圣地。

(十三)淡旺季变化

有些景区在旅游淡旺季的情况差异非常大,甚至到了淡季没有可进入性。所以,旅游线路设计人员必须掌握淡旺季景区的变化,以免造成设计失误,产生不必要的经济损失。

(十四)价格

景区的价格因素,是旅游线路设计人员核算成本时,筛选景区的主要因素。一般情况下,价格高的景区参观游览的内容丰富、设施齐全、服务好、知名度高、美誉度高,价格低的景区则相反。要么追求低价位,扩大销售量,做低端市场,要么追求高品质,做高端市场,两者各有利弊,如何解决景区价格与品质的矛盾,找到两者的平衡点,或者绕过平衡点另寻他路,是值得旅游线路设计人员认真思考的问题。相同情况下(相同的品质、近似的地理位置、服务质量等),选择价格较低的景区,设计出来的旅游产品成本较低,也具有较好的市场竞争力。

(十五)设施与服务

旅游产品的主题不同,在景区内的参观游览内容不同,所需旅游设施与服务也不相同。例如:研学旅游活动安排景区时,需要景区内有与研学活动相关的设施、设备。景区内的旅游设施与服务直接关乎旅游者的安全、感受度与体验度,这是旅游者决定再次购买的重要因素。设计人员应筛选出相关配套设施齐全,安全性、感受度与体验度较好,服务到位的景区,提高旅游者对旅游产品的满意度,便于旅游产品的再次销售。

测试题：
项目三
任务四

基础检测

一、简答题

简述旅游景区是如进行何分类的。

二、实训练习

收集、整理你所在城市以及周边的景区信息。

要求：

1.景区类型不少于2种,每个景区类型不少于3个；

2.每个景区的相关信息不少于5项；

3.填写景区信息统计表。

表 3-2 景区信息统计表

类型	酒店名称	信息						
		地理位置	房型/数量	房型/价格	特色设施	联系人电话	业务座机电话	其他信息
五星								
民宿								

任务五 旅游娱乐与旅游线路设计

2016年6月16日,正式开园的上海迪士尼乐园是中国第二个、内地第一个、亚洲第三个、世界第六个迪士尼主题公园,拥有六大主题园区:米奇大街、奇想花园、探险岛、宝藏湾、明日世界、梦幻世界,以及2018年新增的第七主题园区——玩具总动员,并有多个全球首发游乐项目。在这座"原汁原味迪士尼,别具一格中国风"的神奇度假目的地,处处洋溢着热情好客的气氛,无论是年轻人还是拥有年轻心态的游客都会沉浸于这个永恒的园区中,在这里见证童话的诞生和长存。比如:游客可以乘着"七个小矮人矿山车",在闪耀着宝石光芒的矿洞隧道中穿梭,和小熊维尼探索"百亩森林",和爱丽丝一起漫游华丽的"仙境迷宫",和杰克船长一起在欢乐冒险中偷走戴维·琼斯船长最珍贵的宝藏……此外,每晚的灯光焰火秀则将当日的游玩推向了最高潮。神奇的迪士尼乐园已成为众多大朋友、小朋友去上海旅游必玩的旅游景区,而以迪士尼主题乐园为代表的旅游娱乐活动也成为我们在旅游线路设计中必不可少的重要组成部分。那么什么是旅游娱乐活动?它都包含哪些内容?在旅游线路设计中如何去安排娱乐活动呢?

一、旅游娱乐概述

旅游娱乐是指旅游者在旅游活动中所观赏和参与的文娱活动,是构成旅游活动的六大基本要素之一。一般来说,游、娱是旅游者的目的性需求,而食、宿、行、购则是为达到目的所必备的日常生活性质的需求。旅游娱乐活动属于精神产品,横跨文学、艺术、娱乐、音乐、体育诸领域。随着旅游者需求的不断变化,"求乐"正在变成旅游动机的主流,由此进一步凸显了旅游娱乐的重要作用。

由于旅游娱乐活动的对象是旅游者,因此,与群众性文化娱乐活动相比,具有以下七个特征:

(1)更强调具有民族特色和地方特色,使旅游者耳目一新。比如在西安看仿唐乐舞,在成都欣赏川剧变脸,在桂林感受真山实景的"印象刘三姐"等。

(2)强调欢快、热闹、幽默,为大多数人喜闻乐见。比如在北京、天津等城市,游客专门选择去听一场相声,获得一种愉悦的身心体验。

(3)强调参与性,时间不宜过长。时间太长会影响旅游者的休息,或者会让游客感到沉闷,因而要求组织安排旅游娱乐节目时,必须使节目呈现最精华的部分。

(4)强调对不同旅游者安排不同娱乐节目。旅游者来自不同地区和民族,有着不同的旅游偏好,因此,必须深入进行研究,要求旅游娱乐活动的安排更有针对性。比如老年游客就比较喜欢传统、怀旧的旅游娱乐活动,而年轻人就比较偏好动感、刺激的旅游娱乐活动。

(5)强调旅游娱乐活动项目常变常新。

(6)强调高雅文化与民俗文化的结合,在满足大多数人要求的同时,反映出时代特征。

(7)强调寓教于乐,使游人在观赏、休憩、娱乐的同时,了解旅游目的地的历史文化、风土人情和科技知识,受到社会文明的熏陶。

二、旅游娱乐内容

根据内容划分,娱乐活动包括:

(1)文化娱乐:音乐表演、戏剧表演、动感电影、水幕电影、音乐喷泉、灯会、激光表演等。如河南郑州的禅宗音乐大典,西安大唐芙蓉园的水幕电影等。

(2)游艺体育运动:各种游乐设施、庙会、滑雪、高尔夫等。如主题游乐场,北京、天津的春节庙会,吉林北大壶滑雪等。

(3)表演型娱乐:民俗风情表演、历史文化表演、体育竞技表演、动物表演等。如西安临潼华清池景区的真山实景演出——《长恨歌》,香港海洋公园的海豚表演等。

(4)参与型娱乐:民俗生活参与、农家(渔家、牧家)参与、复古生活参与、探险参与等。如海南黎村苗寨跳竹竿舞、西双版纳的傣族泼水节等。

三、旅游线路设计中对娱乐项目的选择

(一)能够充分体现当地文化特色和民族风俗

"旅游是文化的载体,文化是旅游的灵魂,相互搭乘才更有生命力。"如何让旅游与文化互动融合,相得益彰,一直是旅游线路设计在孜孜以求的目标,而具有深厚文化内涵的旅游娱乐产品也会始终受到广大游客的追捧。比如:在西安广受游客欢迎的旅游演出《长恨歌》,就是以骊山为背景,以华清池九龙湖为舞台,以亭、榭、廊、殿、垂柳、湖水为舞美元素,运用领先世界水平的高科技手段,营造了富丽堂皇的宫廷殿宇、万星闪烁的天空、滚滚而下的雾瀑、熊熊燃烧的火海等壮丽场景。巨幅LED屏,全隐蔽式可升降水下舞台,近300名专业演员,以势造情,以舞诉情,在真山真水中再现

视频:旅游演艺:让"诗"和"远方"在一起

了一段真历史,一段人间至情。演出阵容强大,演出气势恢宏。它将历史与文化、自然与艺术、人间与仙界、传统与时尚有机交融,演绎了一部神奇的历史乐章,成就了一个杰出的旅游文化典范。过去,在坊间曾经流传着"不到西安等于没来中国,不看'兵马俑'等于没来西安"之说。如今,由于《长恨歌》受到旅游市场和社会公众的广泛认可,很多旅游认为,到西安旅游,最不能错过的当属大型实景历史舞台剧《长恨歌》。再如广西的"印象刘三姐",在创作初期,广泛邀请宗教、社会、演艺等多学科专家对当地的民族文化、旅游资源、旅游市场情况、文化与演艺结合可行性进行研究论证,最后把桂林的山水文化,侗、壮、苗族等少数民族文化融入到演出中,突出了桂林的地方文化特色。使该旅游演出项目成为桂林的王牌文旅产品,广受游客好评。现如今的旅游业业界有这么一种说法:当游客来到一个城市,其实已经到达了一个大的景区,而旅游景点只是一个小景区,旅游演出则是对这座城市一方山水、民俗风情的充分表达,是观光游到体验游的一个跳板,游客了解城市文化最便捷的方式就是通过演艺这种综合性的形式,这也是现如今这种旅游娱乐活动能遍地开花的原因。

(二)把握消费潮流,在旅游娱乐项目中融入流行文化元素

旅游消费与时尚关系密切,流行文化往往是时尚的集中体现,旅游娱乐要想不断创新,始终吸引消费者的目光,就必须与流行文化紧密结合。换言之,就是要让旅游娱乐项目具有时代色彩,反映当代社会文化、人们生活的价值取向和旅游的主流趋势。比如:西安大唐不夜城汇集的创意表演、歌手驻演和网红打卡深受年轻游客喜爱,这些表演不是传统的歌舞,它们更年轻、更具传播性。在自媒体时代,拍个"不倒翁小姐姐"的视频就可以获赞十几万,这对喜爱社交媒体的年轻人来讲几乎是无法拒绝的吸引力。

(三)提高旅游从业人员的文化素养

领略不同地区的民俗风情,是旅游者的旅游目的之一,可以说,人本身就是一道亮丽的风景线,因而旅游娱乐从业人员的专业技能和文化素养的高低,对旅游者能否获得满意的旅游娱乐效果具有举足轻重的作用。即使再有意思的旅游娱乐项目,如果从业人员的素质不高,也会使游客乘兴而来,败兴而归。因此,旅游娱乐活动的从业人员不仅要掌握一般的业务能力,还要具有一定的文化素养。比如:有着"全国青年文明号"称号的旅游演出团队——《长恨歌》艺术团,为了达到更好的演出效果,除了苦练基本功外,演员们还深入了解大唐历史、品读唐韵,并把学习的感受运用到表演当中,让观众体验到了"感天动地"的爱情绝唱,也不断提高了《长恨歌》的艺术品质,最终使真山、真水、真历史的《长恨歌》演出成为西安旅游的金字招牌。

(四)把握文化娱乐活动方向,杜绝不健康的内容

针对旅游娱乐业的特点,突出其文化因素,弘扬优秀民族文化,吸收国外文化精华,杜绝不健康的内容,使旅游业走上一条健康的可持续发展之路。

四、旅游娱乐设计细节

(一)项目选择

旅游线路设计时所涉及的娱乐项目丰富多彩,但娱乐项目本身个性化较强,任何一个娱乐项目都不可能让所有旅游者都喜欢,所以在设计时应尽量考虑大多数旅游者的兴趣点,做到尽量与旅游线路的主题相关。在娱乐项目选择上,参与度是提高旅游者的体验感与满意度的关键,是增加旅游产品美誉度的重要指标。

(二)价格

通常旅游娱乐项目的价格都比景区的价格高,特别是制作精良的项目。在激烈的市场竞争中,如果设计人员在设计安排旅游娱乐项目时,一味降低成本,采购的娱乐项目质量较低,会大大影响旅游者的旅游体验,并直接影响到该旅游线路的二次销售。因此,设计人员需要在价格与旅游娱乐项目的质量上寻找平衡点。

(三)地理位置

旅游娱乐场所的地理位置,一般位于旅游团住宿所依托的城市或景区范围内,所以大多不用过分考虑设计的路线是否合理,只需将名称与地理位置标明,便于计调人员和导游人员的具体操作即可。

(四)联系人及联系电话

一般情况下,设计人员需掌握旅游娱乐场所的联系人及联系电话,以便计调人员与导游人员的具体操作。

旅游娱乐在旅游需求中的弹性较大,其经济收入具有无限性。随着人

们生活水平和生活质量的提高,人们对精神消费的需求增加,旅游娱乐的发展前景会非常广阔。此外,旅游娱乐融艺术性、娱乐性和参与性为一体,是一个国家或地区民族文化、艺术传统的生动反映,它特有的文化内涵与参与性强烈地吸引着旅游者,对旅游活动起着增彩的作用,在旅游线路中设计好旅游娱乐活动,对提高整个线路的质量起着十分重要的作用。

一、简答题

1. 请谈谈你所接触过的旅游娱乐活动,并举例说明。
2. 请谈谈在旅游线路设计中旅游娱乐活动的选择应遵循哪些原则。

二、实训练习

请为老年团设计两项旅游娱乐活动,可以结合旅游目的地的自然和文化特色。

测试题:
项目三
任务五

任务六　旅游购物与旅游线路设计

一、旅游购物

旅游商品是旅游购物资源的核心,是指游客在游览过程中所购买的商品。旅游商品包括生活用品、旅行用品、土特产、奢侈品以及旅游纪念品等。在旅游活动中,旅游商品与旅游购物活动本身也是一种旅游资源。现如今,提供丰富的旅游商品和轻松愉悦的旅游购物活动,可以满足旅游者的购物体验需求,甚至购物已经成为某些旅游目的地独具特色的旅游活动内容。据相关调查结果显示,在我国的旅游活动总收入中,旅游购物收入仅占旅游活动总收入的15%左右, 这与发达国家40%—60%的旅游购物收入比重相距甚远。旅游购物收入的巨大差距应该引起业界重视,更应引起旅游企业与旅游线路设计人员的思考。

旅游购物活动从本质上来说,是商业与旅游业的互相渗透、互相推动、相互依存、共同发展的产物。旅游活动带动人口的流动,人口的流动带动商品的流动,商品的流动带动货币的流动,货币的流动使得经济繁荣,经济的繁荣使得人民富裕,人民富裕又是开展旅游活动的主要动力。因此,在旅游线路设计时应重视旅游购物活动的设计。

二、旅游购物活动的特性

(一)异地性

所谓旅游商品,是指在旅游活动期间购买的商品,而旅游活动是在旅游者的非常住环境中进行的。因此,旅游商品也具有异地性的特点。

(二)仓促性

旅游购物活动受行程安排与时间等各方面的限制,造成了选购时间短、决策仓促的特征。旅游者在走马观花、匆匆游览的购物过程中,往往因为某件旅游商品的价格低廉、摆设位置醒目、造型独特、包装精美、服务上乘,而在较短的时间内完成购买行为。

旅游购物活动的仓促性,会带来一些负面影响。例如:旅游者由于仓促选购,未能对旅游商品的质量仔细鉴别,离开后才发现该商品的某些方面不太令人满意;旅游者被服务员的热情与耐心所打动,一时冲动地购买了自己并不需要的商品;旅游者受到其他旅游者购买行为的影响,跟风购买了自己并不需要的商品等。这些问题出现后,旅游者可能会因此否定整个旅游线路产品,甚至否定旅游企业、旅游行业等,造成"蝴蝶效应"。

(三)弹性大

在旅游活动的六大要素中,购物属于非基本旅游消费,所以旅游者的消费随意性较强、弹性较大。有意向的旅游者,不一定会遇到自己称心如意的旅游商品,而没有购买意向的旅游者也有可能进行购物活动。再者,由于旅游者的经济条件、购物心理、心情等不同,都会影响到旅游购物的消费额度,造成旅游购物的波动性。

(四)重复性差

除了土特产和消耗品以外,旅游者重复进行旅游购物的可能性较低。其主要原因是旅游商品大多都是纪念性较强、实用性较弱的商品,不属于旅游者的必需品,所以旅游者一般不会多次购买相同的旅游商品。

三、旅游商品的类型

旅游商品从不同的角度有不同的分类方法,这里只讲述一些常见的分类方法。

(一)按功能分类

按照旅游商品的功能进行分类,可以分为旅游纪念品、旅游工艺品、旅游实用品、旅游礼品、旅游特色食品和奢侈品等。

(二)按生产工艺分类

按照生产工艺进行分类,可以分为工业制品和手工艺制品。

工业制品,如打火机、钥匙扣、茶具等可以批量生产的现代工业产品;

手工业制品,如刺绣、拓片、竹编制品等,即通过手工加工生产出来的商品。

(三)按美学价值和商业价值分类

按照旅游商品的美学价值和商业价值进行分类,可以分为高、中、低三类,高档次的旅游商品无论从包装还是工艺上都把地域特色发挥到了极致,制作精细,美学价值高。低档次的旅游商品的制作工艺简陋,不能完全体现地域特色,包装粗制滥造,甚至没有包装。中档次的旅游商品介于两者之间。

(四)按旅游者购买目的分类

按照游客购买的目的进行分类,可以分为纪念目的、收藏目的、礼品目的和生活实用目的等。作为纪念目的的旅游商品,应充分体现当地特色和旅游地的文化内涵,对旅游活动具有纪念意义;作为收藏目的的旅游商品,应具有较高的商业价值、工艺美学价值和收藏价值;作为礼品目的的旅游商品,要能体现出购买者的心意;作为生活实用的旅游商品,其实用价值要高于纪念意义。

当然,一件旅游商品按同一种分类方法,可能同时具有多重属性,这些分类方法不能完全对旅游商品进行定性,只可以用于简单的区分。

四、旅游购物场所的构成

旅游购物场所的形式很多,这里只讨论有资质的旅游购物场所。旅游者在旅游活动中消费的金额与旅游商品、旅游购物场所本身两大因素有关。

(一)旅游商品

一般情况下,旅游者会购买旅游纪念品、文物古玩、土特产品、奢侈品等旅游商品,其中,旅游纪念品、土特产品和奢侈品是旅游购物的主要内容。这些旅游商品具有地域性、民族性、特色性、工艺性、礼品性、纪念性、审美性、实用性和收藏性等特点中的一项或数项。旅游商品不仅能给旅游企业带来经济效益,还可以起到对旅游目的地的广告宣传作用,提升旅游目的地的知名度。

(二)旅游购物场所

旅游购物场所按照销售模式可以分为厂家直销店、旅游商品专营店、旅游商品综合店等几种类型。它们都有各自的消费群体,也都有自己的短板。旅游线路设计人员在设计时,有针对性地筛选购物场所,有利于旅游者购买到自己心仪的旅游商品,也可以让旅游企业高效地获得经济收益。

旅游购物场所的地理位置、购物环境、商品摆放、服务态度等都会对旅游者的消费与否和消费额度产生影响。

此外,旅游购物还与目的地的商品供给状况、经济发展水平、人文环境、客源地的经济状况等客观因素有着密切的关系。

如何提高人均旅游购物消费的额度,是旅游线路设计人员要考虑的重要问题。当然,这也需要相关政府部门与旅游企业、旅游行业之间相互配合。

五、旅游购物的作用与要求

(一)旅游购物的作用

1.丰富旅游产品种类,调节旅游活动节奏

购物游是指旅游的主要目的是购物,属于旅游产品中的一个重要类别。例如:很多旅游者到缅甸旅游的主要目的,就是为了购买翡翠和宝石;到澳大利亚旅游的主要目的,就是为了购买澳宝;到香港的主要目的,就是为了购买免税商品等。

此外,安排旅游购物活动可以使游客放松疲惫的身心,对旅游活动的节奏也有调节作用。

2.有利于提高旅游目的地和旅游产品的知名度与美誉度

鲜明的旅游商品特色、丰富的旅游商品种类、良好的购物环境、完善的服务,丰富了旅游产品的内涵,会给旅游者留下深刻的印象。与此同时,旅游商品本身就是旅游目的地的一款标志、一种广告,通过旅游商品的售卖,让旅游商品在旅游客源地达到广告宣传的效果,起到了提高旅游目的地和旅游产品的知名度与美誉度的作用。

3.提高经济效益,促进相关行业的发展

通过旅游购物活动,可以向市场推出一批适销对路的旅游商品,既丰富了旅游商品的种类,又增加了旅游企业的收入,带动当地的旅游业的全面发展,提高该地区旅游相关产业的总体经济收益。例如:一些农副产品作为土特产进入旅游商品行列,节省了中间环节和宣传成本,提高了生产者的经济收益,带动了相关产业的发展。

(二)对旅游商品的要求

旅游商品想要满足旅游者的需求,应该具有以下特征:

(1)实用性。实用性是商品最基本的属性。无论商品用于装饰、摆设、赠送,还是具有某方面的功能,作为商品本身是无法摆脱实用性这一基本属性的。需要注意的是,商品的实用性虽然是商品最基本的属性,但作为旅游商品,这一属性却很弱。

(2)经济性。经济性是商品的重要属性。旅游商品属于商品,因此,旅游商品也具有经济性。

(3)艺术性。爱美之心人皆有之,旅游活动本身就是一种追求美、寻找美、发现美、享受美的行为,旅游购物作为旅游活动的一个组成部分,当然也要求旅游商品具有较强的美感和艺术性。旅游者购买旅游商品时,考虑旅游商品的艺术性是超过实用性的。

(4)纪念性。纪念性是旅游商品的基本特征。旅游商品可以引起旅游者对某地或某段时间的美好回忆。通过选择购买某种旅游商品把某地、某

视频:
旅游纪念品与旅游城市

时、某种心情或某种环境下一些美好的回忆具象化。旅游商品的纪念属性大于经济属性和实用属性。

(5)地方性。一般旅游者会购买具有特定地方特色的旅游商品。

(6)民族性。旅游者在购买旅游商品时,因民族文化的差异,或文化、思想的共鸣,才会购买旅游商品。因此,旅游商品具有一定的民族性。

旅游者对旅游商品的要求,除了要具备上述特征外,还要求旅游商品应该多样化、精致化、微型化等。多样化,可以满足旅游者不同的需求;精致化,可以增加旅游者的购买欲望;微型化,便于旅游者携带。

(三)对旅游购物场所的要求

旅游者在购买旅游商品时,购物环境是决定购买与否的一个重要因素。随着人民生活水平日益提高,旅游者越来越重视购物的环境。

旅游者来自于世界各地,所以,购买习惯也有所不同,有人喜欢优雅,有人喜欢安静,还有人喜欢现代化,更有人喜欢吵闹、人流如织的购物环境。因此,旅游购物场所的内部环境是影响旅游者购买行为的因素之一。旅游购物场所的环境应考虑:场所的整体构思、货架和柜台的布置、客流线路的设计、商品陈列的方式以及店内照明、音响、色彩、温度、清洁度、人员服务等方面。

在旅游线路设计时,一般将旅游商品最丰盛、购物环境最理想的购物场所尽量安排在整个旅游活动的最后一个阶段,这是因为在旅游活动即将结束,准备返回家乡之前,很多旅游者会购买一些旅游商品赠送给自己的亲朋好友;还有一些旅游者因为种种原因,在前面的旅游活动过程中,没有购买到自己心仪的旅游商品,为了没有遗憾,这时也会有强烈的购物愿望。所以,最后阶段安排一个"总结式"的购物场所,满足一部分旅游者的需求,效果是非常好的。

值得一提的是,有些旅游购物场所让旅游者亲自参与制作旅游商品,将销售、娱乐、参观融为一体。这样的旅游购物活动会给旅游者带来更多的快乐体验,也让销售变得更轻松。

六、旅游购物设计细节

设计旅游购物场所时,首先要确定其是否符合旅游线路的主题。再根据下面的细节进行设计。

(一)地理位置

一般情况下,旅游购物场所都会选择在景区内部、景区附近,或者去往热门景区的必经之路上。设计筛选旅游购物场所时,只需将名称与地理位置注明即可,为计调人员和导游人员的工作提供方便。

(二)购物环境

设计人员要熟悉常用旅游购物场所的购物环境,便于在旅游线路设计时筛选出能够满足不同旅游者需求的购物场所。

(三)商品与价格

设计人员应熟悉每个旅游购物场所销售的商品。旅游购物场所的筛选,在某种程度上说就是对销售的商品的筛选。设计人员只需筛选旅游者对哪些旅游商品感兴趣,同样的旅游商品哪家店物美价廉即可。

(四)数量安排

在旅游活动中,购物场所安排不宜过多,每天一般不要超过3个,整个旅游过程中不要超过5个,购物场所过多会引起旅游者的反感,过少则不能满足旅游者购物的需求和旅游企业的经济利益。

(五)购物时间

一般来说,旅游者消费欲望最强烈的时间在8—9时、11时左右、15—17时以及19—21时;对于整个旅游线路而言,旅游者在准备离开某一地时,消费欲望最为强烈。

(六)联系人与联系电话

掌握旅游购物场所的联系人与联系电话,有利于设计人员了解购物场所销售的商品与购物环境的变化,便于计调人员与导游人员的工作。

基础检测

一、思考题

谈谈你都见过哪些旅游商品;并根据所学内容,谈谈它们都有哪些特征。

二、实训练习

收集、整理你认为可以作为旅游商品的物品,并说明原因。

要求：
1.罗列旅游商品名称、产地、分类、特征；
2.从旅游者需求角度说明旅游商品的优势。

项目小结

　　如果说旅游线路是一道菜，那么设计人员就是厨师，旅游六要素就是原材料，旅游线路的设计就是厨师烹饪的过程。这个过程要求设计人员根据"原材料"的特性，发挥自己的专业优势和特长，最终设计出"一道好菜"。

项目四 旅游者购买行为分析

导读

旅游需求是产生旅游消费行为的前提,旅游者为满足自己的需求而发生旅游行为。在旅游活动中,旅游者重视把自己那些稳定的、独特的本质和心理特点表现出来,这些特点构成了旅游消费行为的基础。旅游消费行为的发生,有其独特的心理规律,不同旅游消费决策模式的特点均影响旅游市场的发展。本项目将围绕旅游者的消费心理和行为展开,探讨不同旅游者的消费心理现象和行为差异,目的是探索和发现在旅游消费过程中旅游者的一般心理规律,以便旅游企业和旅游线路的设计者在旅游活动中准确预测并引导旅游者的行为,为旅游者提供优质的旅游线路和完善的功能服务与心理服务。

课件:
项目四

学习目标

1. 概括旅游消费的特征
2. 阐明影响旅游者购买行为的因素
3. 解释旅游动机的概念
4. 列举旅游动机的类型
5. 归纳旅游消费者购买决策的过程

任务一 旅游者的购买动机

一、旅游动机的概念

旅游者是旅游活动的主体,从旅游消费的角度来看,旅游者是指现实的和潜在的旅游产品的购买者。他们花费一定的时间、精力和费用,从旅游市场上购买旅游产品,获得旅游活动的经历,这种经历包括从离开常住地开始到旅游结束归来的全过程中所接触的事物、事件和享受到的服务的总和。因此,旅游者就是那些不为了求职或定居而离开常住地,前往异地或异国他乡旅游,以求得物质和精神享受的人。

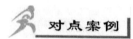

"照葫芦画瓢"不灵

七月,小李带团上黄山。刚上山,天就起了大雾,接着下起了中雨。游客们看着屋外的雨下个不停,坐在酒店的大厅里闷闷不乐。

小李想起春节期间与赵先生一起带东南亚华人团的情景,也是在黄山,也是在这家酒店。当时,山上下起了雨夹雪,也有很大的雾。赵先生便向游客们讲了这样一段话:"今天天气不好,又是雨又是雪,我们出去也只能看到白蒙蒙一片的雾。我提议现在暂时休息一会儿,我给大家借些扑克和麻将来,大家先玩着,天气一有转变,我立刻通知大家出发。大家看怎么样?"当时,全团游客欣然接受了赵先生的提议,有的回房间休息,有的去看电视,有的就在大厅里打起了扑克牌。那个团在山上的两天全是大雾弥漫,游客们就这样在酒店里过了两天,没有任何怨言,并对赵先生和小李的安排表示感谢。

于是,小李决定"照葫芦画瓢",去劝说客人。可小李的话还没说完,许多游客脸上就表现出不悦,七嘴八舌地说开了。有的说:"我们又不是到黄山来打麻将的!"有的说:"下雨天,你们导游就不想出去了,是吧!"有的说:"你们不去,我们自己去!"

小李一下愣住了,自己和赵先生说的是一个意思呀,为什么赵先生的话就那么灵,我的话反而引起这么大的意见呢?

小李回到社里向赵先生请教,赵先生说:"你忽视了一个重要的区别:这个团的客人真是要游黄山的,而那个团的客人主要是出来躲债的。"

上述案例讨论旅游者的旅游需求在上升为旅游动机时的认知作用。

旅游者在认知其旅游需求时是有倾向性的。在认知倾向的作用下,旅游需求才会上升为实实在在的、有具体目标的旅游动机。

所谓动机,是一种心理活动,它引发和维持人们旅游行为的发展方向,是驱使人们采取旅游行为的内在动力。动机是在需求的基础上产生的,引发动机的内部因素包括需求、兴趣、信念、世界观;外部因素包括目标、压力、责任、义务。动机在人类行为中起着十分重要的作用,在刺激和反应之间提供了清楚而重要的内部环节。动机是个体活动的动力和方向,它既给人的活动以动力,又对人的活动方向进行控制。动机同时具有活动性与选择性。

视频:旅游动机产生的条件是什么?

旅游动机指的是促发一个人有意去旅游以及确定到何处去、做何种旅游的内在驱动力。旅游动机是一个人外出旅游的主观条件,包括旅游者身体、文化、社会交往、地位和声望等方面的动机。促发旅游动机产生的心理有两种,即探新求异的积极心理和逃避紧张现实的消极心理。影响旅游动机的因素除有主观的个性心理因素外,还有某些外部客观因素,例如,要具有一定的支付能力和闲暇时间,而且身体状况允许,等等。如果一个人主观上没有旅游的动机,即使具备客观条件,也不可能成为旅游者。

旅游企业在研究消费者的旅游动机时,应全面了解消费者的需求,准确细分市场,及时推出符合目标市场需求的旅游线路,提高市场占有率。旅游行为的产生,其直接的心理动因是人的动机,隐藏的动机则是人的需求。需求产生动机,动机产生行为。因此,有必要对实现旅游活动所必须具备的主观条件——旅游动机进行讨论。

二、旅游动机的基本类型

不同的需求产生不同的动机,即使相同的需求也可能因为民族、性别、年龄、职业和文化程度等因素的影响而以不同的动机表现出来,因此,促使人们外出旅游的直接动机也是多种多样的。美国著名的旅游学教授罗伯特·W·麦金托什指出,因具体需求而产生的旅游动机可以划分为下列四种基本类型。

(一)身体方面的动机

身体方面的动机包括为了调节生活规律,促进健康而进行的度假休息、体育活动、海滩消遣、娱乐活动,以及其他直接与保健有关的活动。此外,还包括遵医嘱或建议做医疗检查、异地治疗、洗温泉浴,以及类似的疗养活动。属于这方面的动机都有一个共同点,即通过与身体有关的活动来消除紧张。

(二)文化方面的动机

人们为了认识、了解自己生活环境和知识范围以外的事物而产生的动机,其最大的特点是希望了解异国他乡的情况,包括了解其音乐、艺术、民俗、舞蹈、绘画及宗教等。对不同文化的向往形成旅游活动文化方面的动机。

(三)人际方面的动机

人们通过各种形式的社会交往,保持与社会的接触,包括希望接触他乡人民、探亲访友、逃避日常的琐事和惯常的社会环境、结交新友等。

(四)地位和声望方面的动机

地位和声望方面的动机主要与个人的成就和个人发展的需求有关。属于这类动机的旅游包括事务、会议、考察研究、提高业务能力以及求学等类型。旅游者通过旅游后实现自己受人尊重、引人注意、被人赏识、获得好名声的愿望。

事实上,由于人的旅游是一种综合性的活动,能够满足人们多方面的需求,而人们在外出旅游时,很少是单纯出于一个方面的动机。因此,人们的旅游往往是多种动机共同作用的结果。只是某一动机为主导动机,其他为辅助动机,有时则是有的动机被意识到了,有的动机未被意识到而已。但是,不管如何,旅游动机是人们对意识到的旅游需求的表现形式,不同动机的形成从根本上说是个人因素影响的结果。

视频:
有一种旅游叫黑色旅游

基础检测

一、简答题

1.何谓旅游动机?旅游动机的基本类型都有哪些?

2.结合自己或他人度假旅游的经历,分析旅游动机的多样性。

测试题:
项目四
任务一

任务二 旅游消费构成及特点

进行旅游线路设计时,必须对线路上的消费行为主体进行深入的研究,这样可以深入了解他们的经济行为,掌握他们的行为规律,才能使旅游线路设计深入消费者的心理层面,使设计入木三分,更具思想性和可操作性。

一、旅游消费的构成

旅游消费的构成即旅游者消费支出总额中各部分的消费结构状况。旅游消费构成可以从不同角度进行划分。

(一)按满足人们旅游需求的不同层次分类

一般来讲,人们的旅游消费可分为生存消费、享受消费和发展消费,而旅游者在旅游过程中的消费具体又可分为餐饮、娱乐、游览、住宿、交通等方面的消费,其中食、住、行是满足旅游者在游览中生理需求的消费,观赏、娱乐、学习等消费则是满足旅游者精神享受和智力发展的需要。这两种消费相互交错,在旅游活动中很难划分它们的界线。在满足旅游者生存需要的同时必须满足其享受和发展的消费,而且满足旅游者享受与发展需要的同时又掺杂着其生存需要的满足。

(二)按旅游消费资料的形态分类

按照旅游者在旅游活动中的消费形态,可把旅游消费划分为物质消费和精神消费两种。物质消费是指旅游者在旅游过程中所消耗的物质产品,如客房用品、食物、饮料和购买的纪念品、日用品等实物资料。精神消费是指供旅游者观赏、娱乐的山水名胜、文物古迹、古今文化、民俗风情等精神产品,还包括在旅游活动中的各环节所享受到的一切服务性的精神产品。这一分类也具有相对性,物质消费如果满足了旅游者的需要,旅游者在精神上会感到愉快;精神消费虽主要满足旅游者的精神需要,但其中不少是以物质形态存在的。

(三) 按旅游消费对旅游活动的重要程度分类

根据旅游消费的重要程度，一般可分为基本旅游消费和非基本旅游消费。基本旅游消费是指进行一次旅游活动所必需的、基本稳定的消费，如旅游住宿、饮食、交通游览等方面的消费；非基本旅游消费是指并非每次旅游活动都需要、具有较大弹性的消费，如旅游购物、医疗、通信消费等。

(四) 按旅游目的地和客源国等进行综合分类

对旅游消费结构进行分析时，通常把上述分类有机结合，并根据不同的旅游目的地、不同国家或地区的旅游者、不同的旅游类别以及不同的旅游季节的旅游开支分配进行综合分类，从而为旅游市场研究提供科学的依据。

二、旅游消费的特点

(一) 综合性

首先，消费主体具有综合性。旅游消费能够吸引和满足不同年龄、不同性别、不同信仰、不同民族、不同地域、不同收入、不同偏好的旅游者的消费需求。不但能吸引成年游客，也能吸引青少年游客；不但能吸引高端旅游消费群体，也能吸引大众旅游消费群体；不但能广泛吸引国内旅游者，也能大量吸引海外的旅游者。

其次，消费客体具有综合性。普通实物商品消费和一般服务消费往往是单一消费，而旅游者必须进行交通、游览、住宿、餐饮等综合消费才能完成一次旅游消费过程。旅游消费不仅能带动民航、铁路、公路消费，而且能带动住宿、餐饮、娱乐、商品零售等消费。

最后，消费功能具有综合性。旅游消费是最终消费、大众消费、健康消费、多层次消费、可持续消费，不但能满足人们多样化的享受需求，而且能满足人们多方面的发展需求。正是因为具有综合性特征，才使旅游消费具有高增长性，在社会总需求特别是在居民消费中占有重要地位。

(二) 服务性

旅游消费是一种以服务消费为主的消费。旅游服务是各种不同的服

视频：六大新趋势引领旅游消费

务组合成的总体,一般来说包括如下六种:

(1)饭店服务:包括前厅服务、客房服务、餐厅服务、美容保健服务等。

(2)交通服务:包括飞机、轮船、火车、旅游车上的服务等。

(3)导游服务:包括迎送客人、为旅游者讲解、为旅游者安排住宿、饮食等。

(4)代办服务:指根据旅游者的特殊需要提供服务,如租车服务等。

(5)文化娱乐服务:指为旅游者安排文娱活动,如杂技表演、音乐会等。

(6)商业服务:指在旅游者购物时提供服务。

(三)不可重复性

旅游服务不体现在一定的物质产品中,也不凝结在无形的精神产品中,而是没有实物形态,只以活动存在的纯粹服务。这种服务只有被旅游者享用时它的价值才被实现。一旦旅游活动结束,旅游服务的使用价值就不复存在。因此,游客在一生中不可能消费完全一致的旅游产品,即旅游消费具有不可重复性。

(四)文化性

与其他产品不同,旅游产品大多是人类在其发展过程中创造的,不是天然固有的。即便是纯粹的自然旅游资源,在漫长的历史过程中也会不可避免地打上人类的标记。文化旅游资源既有物化形态的实在物,也有非物化形态的模式或意境。物化形态是显性的、具体的和可被明确感知的,如古迹、古物、建筑等;非物化形态主要是隐性的,但仍可以不同程度地被旅游者感知,如民俗、表演、歌曲、制度等,并通过象征、渲染等手段,将其从精心营造的旅游文化场景中揭示和显现出来。因此,旅游消费更多是一种具有文化特性的消费活动。

(五)季节性

从旅游目的地因素来看,该地的气候条件对旅游季节性的形成具有更大的影响。因此,游客活动时间的分布具有不均衡性,导致市场出现明显的淡旺季差异。

(六)需求弹性较大

旅游需求弹性是指旅游需求对影响因素变化的敏感性,即旅游需求量随着其影响因素的变化而相应变化的状况。由于旅游产品的价格和人们可支配收入是影响旅游需求的最基本因素,因此,旅游需求弹性可具体划分为旅游需求价格弹性和旅游需求收入弹性。一般来说，在消费之前，消费者对旅游产品的需求因个人收入和产品价格的影响而具有较大的弹性，即旅游产品的价格降低或者旅游者本人收入的增加会带来更多旅游消费行为的发生。

(七)消费和生产的同一性

旅游产品的生产过程，即旅游服务的提供过程，是以旅游者到旅游目的地消费为前提的。旅游企业借助一定的旅游资源和旅游设施提供旅游服务，旅游者在消费的同时也参与了生产过程，因此，旅游产品具有生产与消费的时空同一性。旅游产品只有进入消费过程才能实现其价值。由于旅游产品生产与消费的时空同一性，必须有现场消费的旅游者，旅游产品才开始生产，旅游者一旦离开，生产立即终止。因此，旅游产品生产不像物质产品生产那样可以暂时贮存起来，旅游产品消费和生产的同一性决定了旅游产品不仅不能贮存，而且一旦旅游消费结束，则旅游产品就自然解体，因而是一种最终消费品。

(八)异地性

旅游消费的异地性是基于旅游者将自己的经济收入用于旅游目的地的消费。对于旅游目的地而言，旅游者具有在空间上离开其"个体经济利益中心"的"非居民"身份。旅游消费异地性的经济意义在于，旅游者对旅游目的地的影响将远远超过其对日常生活所处环境的影响。同时，旅游消费的异地性又决定了其存在高风险性，导致旅游消费必须要谨慎。而且，正是因为旅游消费的异地性，也使旅游消费表现为一种流动性消费，是沿着旅游线路的延伸在不同地点进行的散点式消费。这种流动性不仅使旅游消费能够拉动多种产业增长，而且能使不同地区经济受益，有利于财富在不同区域间均衡分配。

 基础检测

简答题

1.请谈谈旅游消费的特点都有哪些？

2.旅游消费的分类方式有哪些？试着说说具体内容。

任务三　旅游者的旅游决策

旅游决策是指旅游者对旅游行为的决策，即人们作出外出旅游的决定。它同旅游动机有着密切的联系，在其他众多影响因素不变的情况下，旅游需求和旅游动机将直接导致人们做出旅游决策，其间有主观内在的因果联系。从旅游需求与旅游动机变成旅游行为，还存在着许多客观影响因素，也是旅游决策行为中要考虑的诸方面，如空间距离、闲暇时间、交通水平、知名度、特色水平、服务质量、文化环境、安全问题、个人偏好等，对不同的旅游者将构成不同的制约。

一、旅游购买决策的过程

愉快的暑期之行

近年来，随着人们收入水平的提高，旅游消费人群不断扩大，大学生假期旅游已成为时尚。李晓、王明、周梁是某高校大三学生，他们平时关系甚好。在李晓的提议下，三人经过与其家长反复沟通、商议，并在家长那里获取足够的旅游资金后，决定于2019年暑期在国内选择一家旅行社进行他们人生中第一次旅游消费活动。三人分头了解、搜集相关旅行社的信息。经过看广告、网上查询，与有经历、经验的同学交流，去学校附近的旅行社咨询等调研后，他们决定选择A旅行社推出的国内某大城市经典游项目进行旅游消费。暑期时三人随团如期进行了旅游活动，旅行社按合同约定完整地提供了相应的服务。回校后李晓逢人便兴致勃勃地讲述旅行中发生的趣事，将该次旅游总结为一个字——"爽"，俨然像该旅行社的一个推销员。

根据决策理论,旅游决策是指旅游者或旅游组织者为了实现某种目标而对未来一定时期内旅游活动的方向、内容以及方式的选择或调整过程。这里只讨论旅游者的决策,即旅游者是否出去旅游、去哪里旅游、以什么样的方式旅游、参加哪家旅行社组织的旅游团队等问题的决策过程。

旅游者的决策过程包括五个阶段,即产生旅游动机、收集旅游信息、评估方案、决定购买,购买后的评价。

(一)产生旅游动机

当需求迫切到一定程度时,旅游消费者就会产生动机,并寻求解决问题的办法。这个阶段往往比较隐蔽,旅游消费者不会站出来大声地喊"我有一个问题",他们甚至不把旅游动机或者购买需求当成问题来看待。例如:当旅游者在途中需要进餐的时候,他可能说"我饿了"或"我们吃饭吧",但是他的心里想的是"我要找一个安静的地方,吃一顿丰盛的晚餐,我们应该去哪里呢?"这些隐蔽的需求和动机决定着消费者选择旅游产品和服务的倾向。

(二)收集旅游信息

旅游消费者在进行旅游决策之前,会收集大量的信息。信息时代的到来,为人们收集相关信息带来极大的便利。他们有时候凭借自己的经验来解决问题,有时候也会通过旅行社、亲朋好友、互联网、新闻报道、广告等渠道来收集有关信息。

视频:
旅游产品对比功能让旅游决策更简单

例如:旅游目的地的气候、景观、当地风俗、治安状况、宾馆情况、交通、消费价格以及旅行社的服务情况等。在这些信息的收集和处理过程中,旅游消费者总是有目的、有选择地注意、了解和接收他们接触到的信息。他们只关注他们感兴趣的东西,在尽量了解这些信息后,做出接收或拒绝这些信息的判断,把接收的信息保存在记忆里。这些选择的信息为消费者的决策提供依据,使消费者可以拟定一些备选方案。

(三)评估方案

如果有解决问题的多种方案,消费者必须进行评估和选择。一般来说,消费者会根据自己的需求,罗列他所重视的属性,确定各个属性的重要程度,然后以这些属性为评价标准,衡量各个备选方案在评价标准上的绩效值。

(四)决定购买

旅游消费者对某一品牌或者某一旅游产品形成购买意向后,将采取实际的购买行为。但是购买意向和购买行为之间往往会有一段时间,在此期间会有一些因素影响旅游消费者的最终购买。这些因素包括:

1. 他人的态度

旅游消费者可能会与家人、朋友或其他社会人士讨论他的购买意向,如果参与讨论者的态度是否定的,而且这个参与者与旅游消费者的关系又很密切,或者这个人有很丰富的旅游经验和知识,那么旅游消费者推迟购买、改变购买意向或者终止购买意向的可能性就会相应增加。例如,某一个旅游消费者准备去北戴河旅游,但是他最好的朋友告诉他,北戴河的污染很严重,住宿条件也很差,那么这个旅游消费者很有可能就会终止执行去北戴河旅游的计划。

2. 感觉中的风险

感觉中的风险包括财务风险、心理风险、社交风险等。如果消费者认为风险太大,他们会推迟购买行为,继续寻找更多的信息或者选择声誉良好的大规模旅游企业,抑或者选择熟悉的旅游企业或目的地。

3. 意外状况

意外状况包括两个方面:一是旅游消费者自身的意外状况,例如:旅游消费者工作上的变化、身体上的不适、可支配收入的变化等;二是旅游市场环境的意外状况,例如,旅游企业新推出的促销措施、替代性新产品的出现、旅游产品的提价或者降价等。

有时,旅游消费者只花几分钟,就形成购买意向并付诸实施,但是,有时他们可能要用一年甚至更长的时间来决定。在最终购买行为发生之前,不能断定旅游消费者的购买意向必然会转变为购买行为。旅游消费者对于价值高的购买意向,甚至在支付定金之后,还要设法进一步了解自己的选择是否正确,对已做出的决策进行调整;对于价值低的购买意向,则把决定权交给其他人,如下属、秘书、配偶或者旅游代理商等。

(五)购买后的评价

如果消费者做出了某种选择,并按照这种选择去购买相应的商品,那么他们就进入了一个新的感知阶段,即实际购买之后的感知阶段。消费者会不断地评估该商品是否实现自己的期望,如果期望值与现实感知不相符,消费者可能会产生不满,甚至会投诉,并通过他人进行负面的口头宣传。

二、旅游决策的模式

一般情况下,旅游消费者的决策类型是多种多样的,从不同的角度可以分为不同的类型,同一个旅游者在决定是否旅游这件事情上也会随着自身和环境的变化而发生变化。消费者的决策可分为三种模式:惯常决策模式、有限决策模式和广泛决策模式。

(一)惯常决策

惯常决策模式又称名义型决策,是指旅游消费者根据其头脑中已形成的观念、知识和经验,几乎不假思索地选择某个旅游目的地或购买某一种旅游产品和服务。

在惯常决策中,旅游消费者一般投入较低,也就是说,这种决策主要针对低价位的旅游产品而言。旅游消费者在决策过程中往往跳过某个阶段想当然地做出决策,较少考虑风险因素。主要的原因是,他们认为所购买的旅游产品不昂贵,同时他们自己懂得如何评价备选方案,对这个产品了如指掌。

(二)有限决策

有限决策是指旅游消费者对某一产品的品牌有一定的了解,或者对产品和品牌的选择已经形成基本的评价标准,但是尚未形成对特定品牌的偏好,需要进一步搜集信息,以便做出更为满意的选择。

在有限决策过程中,消费者以内部收集信息为主,外部收集信息为辅,进入备选范围的产品不是很多,通常只对产品的某一个或少数几个特征进行评价。一般来说,除非消费者在消费该产品的过程中出现了问题或购买服务不尽如人意,否则,消费者很少在事后对购买行为和产品的使用情况进行评价。

采用有限决策的旅游消费者认为,备选产品之间的差别不是很大,同时又没有时间和资源广泛搜集信息,因此简化决策过程,减少信息来源、评估准则或备选方案。一般情况下,追求低价位的购买决策、追求多样化的购买决策和习惯性的购买决策都属于有限购买决策。

(三)广泛决策

广泛决策是一种较为复杂的购买决策。旅游消费者花费几天、几个星期甚至几个月的时间,广泛搜集内部和外部信息,寻找可供选择的备选方案,形成明确的评估标准。在全面、深入地评价各个备选方案的优劣后,旅游消费者形成自己的态度和购买意向,进而实施购买行为,并完成对相关衣食住行等方便的辅助决策。

旅游消费者对于欧洲度假游、首次航海游等花费高、距离远、意义大的旅游,进行的都是广泛决策。广泛决策适用于那些旅游消费者对相关的旅游产品和服务不熟悉,还没有建立起相应的评价标准,也未将选择范围限定在少数几个备选方案之内,而又有较多时间斟酌的情况。

在广泛决策中,旅游消费者已经审慎地解决了决策过程中各阶段的问题,但是他仍可能对最终购买决策有疑虑,甚至会延迟或重新评估其购买决策。旅游消费者还会求助于旅游代理商、旅游专家、旅游管理部门,或者采取共同决策的方式来确保决策的正确性。

三、旅游决策的特点

旅游商品和其他商品有很多相似之处,也有很多的不同。因此,旅游消费者的购买决策过程与一般消费决策相似,也包括产品的需要、搜集信息、评估备选方案、实际购买、够买后的评价等阶段,但旅游购买决策还有不同于一般商品决策的特点。

(一)一次旅游消费活动包含一系列的决策过程

旅游消费活动的时空范围比较大,因此,一次旅游消费活动都会包含一系列的决策过程。旅游消费者不仅要选择目的地和旅行路线,还要决定何时去、如何去、在何处下榻和就餐、到目的地参加哪些活动以及如何分配资金和时间等一系列的决策。

每一项子决策都可能会影响到其他的子决策。例如,如果消费者决定乘飞机旅游,意味着他可以在目的地安排更多的旅游活动,但可能也就意味着他要压缩住宿开支。包价旅游产品在旅游市场上大行其道的重要原因,正是因为它把许多产品和服务组合起来,节省了消费者依次做出若干项决策所耗费的时间和精力。

(二)旅游消费者的购买行为更容易受情感的驱动

消费者购买产品时,一般会依据逻辑或事实来判断该产品对他是否有特定的功效。然而,在旅游消费中,消费者可能更多地运用情感来判断。消费者钟情于特定产品和品牌的情况在旅游业中是正常的现象。其主要原因是,旅游业是情感密集型产业。

旅游消费者决策的过程通常就是与旅游企业员工交往的过程。在人与人的交往中产生的情感会影响消费者未来的购买行为,在旅游企业中,有时一个员工就能决定一名消费者是否再次购买该企业的服务。

(三)旅游产品的无形性

旅游产品不可触摸,不可事先体验,旅游消费者在购买前难以准确地评价和选择旅游产品。旅游消费者一般不能确定他们的决策是否正确,在购买决策的各个阶段徘徊,并经常出现购买后的认知失调。

购买的行为越重要,投入的金钱和精力越多,旅游消费者在消费过程中的心理活动水平的期望越高,就越可能发现最终购买的旅游产品与他们的期望相差太大,因而产生失落感。

(四)不同旅游消费者评估旅游产品的标准差别很大

同一旅游产品对不同旅游者的效用差别往往大于一般商品对不同消费者的效用差别。例如,商务旅游者一般都希望入住的酒店能在客房提供复印机和上网服务,并在大堂公示航班抵离信息,而休闲旅游者就不重视这些服务,也不愿意为之付费。另外,即使同样是商务旅游者,女性比男性旅游者更关注客房门锁的安全性,以及是否配备化妆镜、吹风机等生活用具。

基础检测

简答题

1.请叙述旅游者的购买决策过程。

2.旅游购买决策的模式有几种,分别是哪些?

任务四　影响旅游消费者决策的因素

消费者进行旅游决策的过程，也就是实施旅游行为的过程。影响旅游消费决策的因素，受消费个体所处的环境及消费个体心理差异等因素的影响。这些影响因素主要包括文化因素、社会因素和个人因素等。

一、文化因素

文化因素是指人类在社会历史发展过程中所创造的物质财富和精神财富的总和，包括民族传统、宗教信仰、风俗习惯、教育层次和价值观念等。任何一个旅游者都处于特定的社会之中，而社会是由一定的地理范围、人群及特定的文化因素组成，所以，文化因素深刻地影响着旅游者的购买行为。

(一) 文化

文化是影响和调节人们社会行为的有利因素，对人们行为的影响是潜移默化的。文化又具有传承性，许多社会行为大多是出于文化的影响，如东亚区域许多国家用烟花爆竹庆祝春节，而欧美大陆则用圣诞树、圣诞花环庆祝圣诞。每一种文化都包含着某些行为规范，这些行为规范为社会所认可并制约着每个成员的行为。最为普遍的日常行为规范被称为习俗，而对人们影响十分明显的行为规范则是道德规范。旅游营销是跨文化的营销，旅游营销人员进行营销活动时首先应遵循道德规范，在此基础上还应了解旅游者的习俗，以及介于习俗与道德规范之间的行为规范。

文化是一个复合体，它包括价值观念、生活方式、表现人类行为的创造物和符号和具有历史传承性的人类行为模式。建筑、艺术品、服装等是文化的有形形式，而宗教、习俗、价值观以及经济政治体制则是文化的无形形式。文化是一个社会所有成员共有的,并且可以通过学习过程得以传承下来。

1.民族传统

各民族都有自己的文化传统。如中华民族有勤劳、节俭的传统,在消费上表现为重积累、重计划等,在选择商品时追求实惠和耐用,相对而言不太注重外观包装,而且大部分开支是用于日用品,消费较为理智。西方有些国家则不同,一向强调享受人生,在消费行为上表现为注重当前消费效果,购买时不太讲实用,冲动性消费较多,选择商品时讲究环境,追求商品外观装饰等。

知识拓展

各国文化的差异及对行为方式的影响

1.法国

服饰保守,仅在南部偶尔还有些人穿得前卫一点。不直呼其名,法国人对陌生人的称呼很正式。

2.德国

非常讲究准时。如果你被德国人邀请至家中做客,通常应该携带鲜花,鲜花是送给女主人最好的礼物,但最好不要包装。在引见时,向女士打招呼,并等到她们主动要握手时才伸出手。

3.意大利

意大利人往往很讲究风度。会面时一定要提前预约。要对意大利的官僚作风有心理准备,还要有耐心。

4.英国

即使在正餐上也常常会提供吐司面包。如果主人对吐司面包很得意,一定要准备好赞赏的话语。商务性的款待常常利用午餐进行,很少在正餐上。

5.沙特阿拉伯

尽管男人之间可以接吻的方式互致问候,但在公共场合他们从来不吻女人。女士在与沙特阿拉伯男士会面时,要等他先伸出手来才可以握手。如果他给你提供食物,一定要接受,因为拒绝会使对方感到着羞辱。

6.日本

日本的鞠躬礼节很复杂,向谁鞠躬,都有一定的讲究。在商务交往时要多带一些名片,用双手递上,让你的名字很容易被读出来,并且按照职位从高到低的次序赠送名片。对收到的每一张名片都要仔细查看,表现出你对对方的关注。

世界各国文化差异明显,旅游企业及其员工在接待外国游客时,必须了解不同文化背景下的旅游者的行为方式。

2.宗教信仰

世界上宗教信仰多种多样,各种宗教对于各种教徒的婚丧嫁娶、饮食起居等有许多规定,这些规定无疑影响到人们的消费行为。如信奉伊斯兰教的人要吃清真食品,禁食猪肉,在教区推销猪肉及猪肉制品显然是一大营销禁忌。一些与宗教信仰有关的传统节日往往是消费者的消费旺季,也是营销人员推销相关商品的黄金时间。

3.风俗习惯

不同国家、民族和地区都有其独特的风俗习惯,这些风俗习惯有的是因历史、宗教而形成的,有的是因自然环境、经济条件所决定的。如东方国家习惯上把红色作为吉祥的象征,在法国和瑞典则视红色为不祥之兆。为此,当中国红色的手工编织物在法国和瑞典促销时,销路自然不畅,后改用灰色才得以打开销路。在中国,还有中秋节吃月饼、端午节吃粽子的传统,每年的中秋、端午都会出现购买月饼和糯米的热潮。

4.教育层次

现实社会中,人们所受教育的程度和层次是存在差异的,这些差异也影响到人们的消费行为。如教育层次较低的群体在选择购买食品时易受盲目倾向性消费和味觉的驱使,而教育层次较高的群体则依据科学、合理的营销组合原则来选购食品;教育层次较高的家庭,购买儿童玩具时比较追求玩具对儿童智力开发的作用,而教育层次较低的家庭对玩具的选购则偏向于满足儿童的直接玩耍要求。

5.价值观念

价值观念是指人们对事物的是非与优劣的评判原则和评判标准。20世纪六七十年代,中国消费者认为富裕并非是光荣之事,标新立异是不合群之举。这种观念反映到服装消费上,便是追求朴素、大众化的格调。而20世纪80年代后,人们的价值观念发生了重大变化,在购买服装时更多地倾向于样式、面料、色彩的新颖,注重服装与个性的协调,追求个性化。

(二)社会阶层

社会阶层是指具有相同或类似社会地位的社会成员组成的相对持久的整体。社会分工形成了不同的行业和职业,并且在同一行业和职业内形成领导和被领导、管理和被管理等错综复杂的关系。当这类关系与个人的所得、声望和权力联系起来时,就会在社会水平分化的基础上形成垂直分化,从而形成社会阶层。

旅游者均处于一定的社会阶层,社会阶层并不是按照单一因素(如收入)加以衡量的。同一社会阶层的旅游者,通常在社会经济地位、利益、价值取向、思维方式、兴趣、消费欲望、消费偏好、购买行为等方面存在着许多相似之处;而处于不同阶层的人,往往在上述方面存在着较大的差异。

知识拓展

一般商务旅游市场中的不同阶层

一般商务旅游市场主要是由从事商业活动的消费者构成的。一般商务旅游活动包括会展(如世博会、服装节、糖酒会等)、商业谈判、营销、管理(如培训、奖励旅游)等。其中会展旅游是商务旅游中最有特点的一部分。一般商务旅游者可以划分为以下三类阶层。

第一类是白领以上阶层。这一阶层包括老板、高级经理人、CEO。他们的行为代表了一种时尚,但不是普遍性的行为,不是主导的方向。从对外服务需求程度(通常有内部人负责,如秘书等)、频次以及绝对数量上来看,他们并不是商务旅游市场的主流客户,只是市场中的高端消费群体。这一类消费者的商务旅游费用是由组织无限制提供的,因此对于价格上的要求处于次要的地位。他们首先关注的是与身份相适应的服务档次,其次是要求有特权,而后是服务的精致和效率。

第二类是白领阶层,他们是商务旅游市场的主体。这类消费者所注重的是体现所在企业的形象,通常他们在商务旅游过程中的住宿、交通都有较高消费。他们要求在既定费用下的服务要有效率、舒适、便利。他们希望得到商务旅游过程中无缝隙的高效服务。

第三类是普通商务消费者,由低层商务消费者和自费商务消费者构成(如个体企业)。这类消费者的数量最为庞大,但是其商务费用的限额较低,是商务旅游的低端市场。这类消费者要求的服务内容比前两种类型的消费者要少,他们通常只追求商务旅游的经济性和高效率。

二、社会因素

旅游者的购买决策也受到社会因素的影响,其中包括相关群体、家庭、社会角色和地位等,这些社会因素在很大程度上影响旅游者的购买决策。

(一)相关群体

一个人的态度和行为要受到许多群体的影响。群体指的是具有共同目标或兴趣的两个或两个以上的人联结而成的人群。相关群体(Reference Groups)则是指对一个人的态度和行为等具有直接或间接影响的一群人。相关群体可分为直接相关群体和间接相关群体两种基本类型。

群体结合得越紧密,交往过程越有效,个人对群体越尊重,这样群体对个人的购买决策影响就越大。相关群体对个人购买决策的影响,可以概括为以下三个方面:

(1)为个人提供可供选择的行为模式或生活方式。

(2)影响个人的价值观、审美观、消费偏好、消费需求,引起个人的仿效欲望。

(3)影响个人对产品品种、品牌、购买方式乃至价格的看法和选择,促使个人的行为趋向于某种一致性。

需要指出的是,相关群体对个人的影响因产品不同而有所区别。

旅游企业应着重于设法影响那些相关群体的意见领导者,即相关群体中有影响力的人。意见领导者的建议或行为影响力较大,他们一旦夸奖或使用某产品,就会对该产品起到有力的宣传和推广作用。旅游企业应注意研究相关群体中意见领导者对旅游者决策的影响,从而达到对本企业及产品进行有效宣传和推广的作用。

(二)家庭

家庭是社会组织的最基本单位,也是最重要的相关群体。一个人在其一生中一般要经历两个家庭:第一个是父母的家庭,在父母的养育下逐渐长大成人;然后组成自己的家庭,即第二个家庭。消费者在做旅游决策时,必然要受到这两个家庭的影响。

视频:最适合年轻人旅游的地方

家庭不仅影响家庭成员的购买行为,而且相当一部分旅游活动是以家庭的形式进行的。与和朋友、同事以及其他群体出游频率相比,家庭的出游频率是最高的。

家庭购买决策大致可分为三种类型:一人独自决定;全家参与讨论并提出意见,由一人决定;全家共同决定。这里的"全家"虽然包括子女,但主要还是夫妻二人。

随着社会的发展,孩子在家庭购买决策中的影响力也不容忽视,随着孩子的成长、知识的增加和经济上的独立,他们在家庭购买决策中的参与度逐渐加大。因此,旅游线路设计者要仔细研究家庭这一特殊的相关群体对旅游者个体购买决策的影响,并且深入了解家庭各成员的旅游决策的过程。

三、个人因素

购买决策也受到个人因素的影响,如性别、年龄、家庭生命周期、教育程度、职业、经济状况、生活方式、个性和自我形象等。

(一)性别、年龄和家庭生命周期

不同性别的旅游者,因生理和心理上的差异而在旅游消费需求方面存在着明显的不同。此外,在接触的媒体、信息来源、购买方式等方面也存在着一定的差别。例如,从纯粹的生理意义上说,首先,男性和女性购买者的感官功能就有某些差异,因此对旅游活动的反应也有差别。其次,男性和女性在体力上也有较大差异,因此在旅游项目决策时也有区别。

从心理意义上说,由于男性和女性在家庭和社会两方面所处地位和作用不同,其旅游动机的产生和发展也有较大区别。例如,男性由于主动性、冒险性、猎奇心理等特点,容易萌发外出旅游的愿望,并容易把其旅游动机付诸实施;女性由于被动性、求实性等心理,其旅游动机的产生容易受其他因素的影响和制约,在旅游动机向旅游行为转化方面,也显得犹疑、迟滞和稳重。另外,在选择旅游地、旅游工具及旅游价格方面,男性和女性也有较大的心理差异。

年龄是划分市场的传统标志。年龄的差异往往意味着生理和心理状况、收入以及购买经验的差别。因此,由于年龄的差异,不同旅游者在选择旅游产品的种类、品牌以及在旅游过程中的购买行为也有很大差别。一般来讲,年轻人喜欢新颖的和刺激性与冒险性较强的、体力消耗较大的旅游活动,老年人则倾向于节奏舒缓、舒适并且体力消耗较小的旅游活动。

年龄是家庭生命周期阶段划分的主要依据。所谓家庭生命周期,是指家庭从建立到最后消亡的全过程。一般而言,这一过程分为七个阶段,即未婚阶段、新婚阶段、子女幼小阶段、子女学习阶段、子女成年阶段、子女分居阶段和独身老人阶段。旅游者的决策在家庭的不同生命周期阶段都有各自的特点。

几乎任何一项旅游活动都需要耗费一定的体力和精力,所以旅游者的身体健康状况就成为旅游决策的直接影响因素。健康状况不同,旅游者对交通工具、住宿设施及饮食要求也有很大差异。生理健康状况有时也影响到旅游者的心理状况,从而间接影响旅游者的决策行为。

(二)职业

一个人的职业在很大程度上决定了其收入水平,同时也决定了一个人闲暇时间的多少,而一个人的收入水平决定了其购买能力。可支配收入的充足是旅游决策产生的必要条件,收入的多少直接限制了旅游者购买旅游产品的种类、品牌、购买方式以及购买数量。闲暇时间是决定旅游购买的另一个客观因素。有的职业者可能在冬季才有度假机会,有的职业者则只能在夏季才得到度假机会。所以,职业在一定程度上影响购买旅游产品的时间。

职业也意味着购买者的工作性质和生活经历。不同职业的人由于工作性质不同,可能会促使其选择不同的旅游产品。工作繁杂程度高、人际交往频繁、工作任务重的就业者倾向于选择放松型的度假旅游,追求闲散舒适,而不再热衷选择刺激性强的旅游项目。不同职业的旅游者对旅游服务质量的期望值也有所不同。

(三)经济状况

个人的经济状况是指其收入状况(收入的水平、稳定性和时间分布)、储蓄和财产状况、借贷能力等方面的综合情况。经济状况决定着个人的购买能力,并在很大程度上制约着购买决策。消费者的经济状况较好,就易于做出购买决定;经济状况较差,在支出方面就较为慎重,偏重于满足生活必需品的需要,减少对非生活必需品的消费,这必然会限制对旅游活动的决策。

此外,对开支和储蓄的态度也影响着个人的实际购买力和购买决策。消费者对开支和储蓄的态度,不仅受收入水平、消费习惯和理财观念的影响,而且受利率高低、物价稳定程度等因素的影响。因此,旅游企业要密切注意消费者个人收入、储蓄、利率以及相关产品价格的波动情况,以便根据实际情况及时调整营销策略,保持旅游产品对目标顾客的吸引力。

(四)生活方式

生活方式指的是人们在自己的价值观念、个性、心理及经济条件等因素的制约下,在一系列外部环境因素的影响下形成的物质生活和精神生活的方式,它通过人们的活动、兴趣和想法表现出来。生活方式也是影响旅游者购买行为的重要因素。具有不同生活方式的旅游者,在个人偏好、需求特征、购买决策等方面具有许多不同的特点。

有些人属于把大量时间与精力投入到工作和学习中,期望在事业上做出成绩的事业型;有些人属于希望生活丰富多彩,增加生活情趣,注重生活方面的满足,并乐于在旅游度假等方面花费时间和精力的享乐型;有些人属于重视家庭生活,依惯例行事的归属型。调查旅游者的生活方式,可以制定出针对性较强的旅游产品和营销方案。

(五)自我形象

自我形象一般是指人的实际自我认识或理想自我认识,即一个人怎样看待自己或希望怎样看待自己;有时也指人的社会自我形象,即一个人希望别人如何看待自己。由于人们总是希望保持、增强和改善自我形象,并把消费和购买行为作为表现和塑造自我形象的一种重要手段,因此,消费者一般总是选择符合或能够改善自我形象的产品。

自我形象在旅游者对休闲项目的选择上具有重要的指导作用,例如,自认为外向和活跃的人,如果把乘船度假这种旅游产品视为一种适合老年人躺在摇椅上消磨时光的旅游方式的话,他们就不会购买乘船度假这种旅游产品,他们更有可能选择潜水或滑雪度假产品。因此,旅游企业研究目标市场中旅游者的自我形象,有助于更好地满足旅游者的特定需要。

测试题:
项目四
任务四

一、简答题

1. 试分析旅游动机产生的原因。
2. 旅游者的购买决策过程是如何展开的?
3. 影响旅游消费决策的因素有哪些?

二、实训练习

组织一次对旅游景点的调研活动,了解当前季节下游客的出游动机和影响游客旅游消费决策的因素。

> **项目小结**
>
> 通过本项目的学习,使学生了解在旅游目标的诱导和旅游动机的双重作用下产生的旅游行为,认识旅游动机的类型,明确旅游行为的发生受旅游动机影响这一结论。通过分析,了解旅游者决策的一般过程中的五个阶段,在旅游者进行决策的同时,文化因素、社会因素、个人因素也影响着旅游者的决策。

项目五 旅游线路设计实际操作流程

课件：
项目五

导读

本项目详细讲述旅游线路设计的实际操作过程，涉及旅游线路设计的踩线活动、客观条件及如何确定旅游线路主题等内容。在旅游线路设计实际操作的细节方面讲到了六要素的搭配、行程的确定、成本核算、行程单编制及旅游线路的包装等。

学习目标

1. 描述旅游线路设计的踩线活动
2. 列举旅游线路设计的客观条件
3. 应用旅游线路设计的流程
4. 设计常规旅游线路

在设计旅游线路的实际操作过程中，第一步是进行市场调研，再根据市场调研的结果进行市场细分，然后选定目标市场；第二步是进行实地调研踩线；第三步是根据踩线收集到的信息，进行初步的线路规划与设计；第四步是根据目标市场特点和各种客观因素，进行旅游线路设计的细化与报价核算；第五步是进行设计包装；第六步是进行宣传推广、市场试销，得到反馈意见，并进行进一步完善；第六步是形成正式的旅游产品推向市场。

任务一 踩线

旅游行业中所说的踩线也叫踩点，是指熟悉旅游线路及其组合因素的过程。

一、踩线活动的分类

由于踩线的主体、客体不同及踩线的性质与目的的不同,踩线活动分类不同。

(一)因主客体不同

旅游目的地的政府邀请客源地的政府人员、旅游企业与旅游达人踩线。这种形式的踩线活动,一般是旅游目的地的政府为了宣传当地的旅游资源,提高当地的知名度与美誉度而举办的。

旅游目的地的政府邀请本地旅游企业踩线。旅游目的地的政府希望通过本地旅游企业的旅游产品,达到对当地的宣传作用。由于这种形式的宣传范围较小,效果不尽如人意,所以这种形式的踩线活动较少。

旅游目的地的旅游企业邀请客源地的旅游企业与旅游达人踩线。这种形式的踩线活动一般是旅游目的地的企业在推出新的旅游产品时,让客源地的旅游企业与旅游达人先行体验,一是为了测试新产品,让客源地的专业人员对其进行检验,提出意见和建议,并进行改进;二是为了向客源地的旅游企业与旅游达人进行实地的产品推介。

旅游企业主动邀请本企业员工进行调研踩线。旅游企业主动进行调研踩线,一种是旅游企业为了进行旅游线路设计,生产新的旅游产品;另一种是旅游企业为了提高员工对旅游新产品的熟悉程度,使其在面对旅游者进行旅游新产品的介绍、推广、销售时,能够欣然应对。

旅游企业邀请旅游者进行踩线活动。这种踩线活动是为了请旅游者测试新产品,顺便向旅游者推广新产品。

(二)因性质与目的不同

因性质与目的不同,踩线活动可以分为:

(1)为了了解并设计旅游线路而进行的踩线活动,分为旅游目的地设计旅游产品踩线活动和旅游客源地设计旅游产品踩线活动两种。

(2)为了熟悉旅游线路而进行的踩线活动。

(3)为了推广、宣传而进行的踩线活动。

二、人员组成

因性质与目的不同,会造成踩线时人员的组成不同,但无论哪种性质与目的的踩线活动,人员构成一般可分为以下三大类。

(一)政府人员

政府人员参与旅游踩线的目的包括:对当地旅游形象的宣传、协调企业与行业之间的配合、洽谈政府层面的合作事宜、控制旅游合理开发、确保旅游业可持续发展。

(二)旅游企业人员

旅游企业的人员参加踩线活动的目的有两种:一是为了设计旅游线路;二是为了熟悉旅游产品。

1. 设计旅游线路

如果是为了设计旅游线路,一般情况下,旅游企业参加踩线活动的人员由设计人员、旅行社经理、业务人员、计调人员、导游人员、财务人员、司机、其他旅游企业的相关人员等组成。

2. 熟悉旅游产品

如果是为了熟悉旅游产品,一般情况下,旅游企业参加踩线活动的人员由业务人员、计调人员、导游人员、司机等组成。

(三)旅游达人与游客

以设计旅游线路和熟悉旅游产品为目的的踩线活动,不会让旅游达人与游客参与其中,只有在新产品进行试销、推广、宣传时,才会邀请旅游达人与游客参与。

三、工作内容及关注点

本项目讨论的是为设计旅游线路而进行的踩线活动。根据设计旅游线路的主体不同,踩线活动可以分为旅游目的地的踩线活动和旅游客源地的踩线活动。在不同类型的踩线活动中,不同人员的工作内容与关注点不同。

(一)政府人员

在踩线活动中,如果是旅游目的地的旅游企业进行线路设计,只会邀请旅游目的地的政府人员；如果是旅游客源地的旅游企业进行线路设计，会邀请旅游目的地和旅游客源地两方的政府人员。

政府人员在踩线活动中，应关注：1.新旅游产品是否符合当地的整体发展规划、政策法规与整体旅游形象；2.新旅游产品相关事务的协调工作；3.新旅游产品利用旅游资源是否合理；4.做好政府层面的接待工作；5.洽谈双方政府层面的合作事宜。

(二)导游人员

与政府人员类似，如果是旅游目的地的旅游企业进行线路设计，只会邀请本企业的导游人员，也就是地接导游人员；如果是旅游客源地的旅游企业进行线路设计，会邀请地接导游人员和全陪导游人员。

无论是地接导游人员，还是全陪导游人员，其在踩线活动中的工作与平时导游工作几乎一致，他们凭借自己在一线工作的实际操作经验，找出线路中存在的问题。

(三)旅行社经理

无论是旅游目的地，还是旅游客源地的旅行社经理，都是新的旅游产品投产的决定人。因此，旅行社经理应该根据自己的经验，仔细观察各个方面的细节，认真思考新产品是否符合要求，广泛听取各方面的意见，科学判断新产品的市场预期效果，最终做出正确的决策。

(四)计调人员

两地旅游企业的计调人员，要根据自己的实际操作经验，提出该旅游线路在实际操作中存在的问题。

(五)设计人员

旅游企业设计人员要关注：

(1)收集所有旅游资源信息。主要收集餐饮、住宿、交通、景区景点、购物、娱乐这六大旅游要素的相关信息。

(2)考虑旅游资源之间的配合。在运用旅游资源信息时，大量的旅游资源信息之间可能会存在着相互制约、相互矛盾，并且很多旅游资源信息存在动态变化，要将这些信息合理地排列、组合在一起，并不是一件容易的事。

(3)考虑旅游线路整体空间布局。在地图上标注出所有旅游资源的地理位置，再用交通线路连接起来，形成整体的空间布局，并标注出距离、时

视频：
旅游资源的信息采集

间等,以备在进行具体线路设计时使用。

(4)收集建议、意见。收集参与踩线活动的所有人的建议、意见,以备在进行具体线路设计时借鉴。

(六)其他相关人员

还有一些人员,如车队司机、会计人员、其他旅游企业的相关人员等,他们的建议、意见也非常重要,但不一定必须参与踩线活动。

测试题:
项目五
任务一

一、简答题

1.踩线活动分为哪几类?

2.踩线活动中,各种人员的关注点有什么不同?

二、实训练习

根据你在踩线活动中收集到的信息完成信息分类归纳。

要求:

1.将收集到的旅游景点资料按自然旅游景区、人文旅游景区分类;

2.将收集到的旅游住宿资料按星级类;

3.将收集到的交通信息按形式分类,并归纳各种交通形式的价格。

任务二 旅游线路设计的客观因素

旅游线路在设计时会受到很多客观因素的影响,设计人员必须细心、认真地进行设计,忽略任何一个客观因素的影响,都会使得相关的部门与旅游者遭受损失。因此,客观因素对于旅游线路的设计非常重要。

一、旅游线路设计的企业内部因素

(一)企业实力

旅游企业的实力,体现在企业所拥有的或者能采购到的旅游资源的多少。采购不到旅游线路所涉及的旅游资源,即使设计人员设计出完美的旅游线路,也无法将旅游线路转化为旅游产品,旅游线路设计就成为空中楼阁。

(二)企业发展方向

设计人员必须明确本旅游企业的主要客户群体、主要客户群体的消费理念、本旅游企业的主要经营范围。只有明确旅游企业的发展方向,才能设计出符合旅游企业经营理念的旅游线路。

(三)与竞争对手的比较

在市场上一定有与本企业发展方向、业务范围相同或相近的其他旅游企业。因此,设计人员必须考虑竞争对手的情况。

1.明确实力差距

将对手企业与本企业所拥有的或者可以采购到的旅游资源进行对比,了解对手的实力,做到知己知彼。当对手企业比本企业实力强时,寻找本企业擅长的领域,扬长避短,进行设计;当对手企业与本企业实力相当时,避免企业之间在某个市场领域进行无谓的价格战;当对手企业不如本企业时,尽量发挥自身优势,占领市场。

2.产品升级换代

罗列出对手企业与本企业已有的旅游产品,对比相似旅游产品的优劣,找到本企业旅游产品的缺点,分析是否可以进行改造,形成升级换代的新产品。同时,再分析对手企业产品的优劣,取其精华、去其糟粕,在对手企业产品的基础上,结合本企业的旅游资源优势,设计出新的旅游线路,形成新产品。

(四)企业接待能力

接待能力与旅游企业拥有或采购的旅游资源有关,也与旅游企业员工的工作能力有关。工作能力不足,扩大接待量,会造成服务不到位、旅游资源不足等现象,会造成经济损失、客户的满意度与企业的美誉度降低,极大影响旅游企业后续产品的销售。

二、旅游线路设计的外部因素

(一)市场因素

市场因素包括旅游者的偏好、可自由支配的时间、可自由支配的收入以及旅游者自身的身体状况等。

(二)成本因素

旅游产品的成本设计过高,会造成旅游产品的销售价格过高,旅游产品的销售价格一旦过高,会降低市场认可度与占有率。旅游产品销售量小,则无法客观检验出旅游产品存在的问题,旅游产品存在问题又会影响旅游产品的销售,造成恶性循环,最终导致旅游产品销售困难,失去了旅游线路设计的意义。

(三)其他外部因素

1.安全因素

安全因素是旅游期间首要考虑的因素,一切旅游活动必须在安全的前提下进行。旅游安全包括自然环境的安全(如地震、火山爆发、泥石流、洪水、海啸、台风、沙尘暴等自然灾害)和社会环境的安全(如战争、恐怖主义、社会动乱、犯罪活动、火灾等)。

2.时效因素

时效因素是指设计人员设计的旅游线路必须在合适的游览时间内,例如,设计人员不应将亚布力滑雪的项目设计在7—8月的旅游线路中。

3.政治因素、热点因素、突发因素等

其他外部因素还包括政治因素、热点因素、突发因素等。

在进行旅游线路设计时,会遇到很多要考虑的因素,甚至在旅游者消费旅游产品时,也会遇到很多设计人员没有考虑到的因素。旅游线路设计人员需要在工作中不断地学习、总结,规避不利因素,利用有益因素,逐步提高自己的设计经验与设计能力。

简答题

简述影响旅游线路设计的客观因素。

任务三 确定旅游线路主题

一、旅游线路主题的确定时间

旅游线路主题的确定，一般在旅游线路初步规划与设计之前，这样各种旅游因素可以围绕主题进行筛选和确定。当然，也可以在旅游线路初步规划与设计之后进行总结归纳，来确定主题。总结归纳主题的弊端是，可能会有个别的旅游要素不符合主题，而旅游线路环环相扣，一旦设计出来，再进行调整，可能会牵一发而动全身，造成时间成本的增加，人力、物力资源的浪费。

二、旅游线路主题的确定原则

（一）地方性原则

旅游线路主题应反映旅游目的地的文脉、地脉和旅游资源特色。其中，文脉主要包括该地的历史文化、社会经济、民俗风情等特征；地脉主要包括地质地貌、气象气候、土壤水文等自然环境特征；旅游资源包括旅游活动所涉及的吃、住、行、游、购、娱等各个方面。设计人员可以通过充分的地方性调研、广泛地收集信息等方式，提炼出反映地方特色与个性形象元素并融的旅游线路主题。

（二）企业实力原则

旅游线路主题还要能反映出旅游企业的企业文化和企业实力。旅游企业的实力包括经济实力、掌握旅游资源的实力等。在认真的市场调研与市场细分、仔细研究客户的心理、统筹旅游资源的基础上，针对细分市场的需求特征，制定出适合自己企业客户群的旅游线路主题。设计出的旅游线路主题要能够反映旅游需求的热点、主流和趋势。

(三)中心原则

旅游线路主题是旅游产品的中心思想,整个旅游活动的内容一定要围绕这个中心思想来展开。当旅游活动的内容与旅游线路主题出现不一致时,可以通过改变旅游因素、旅游活动的内容等方式,使最终的旅游产品符合旅游线路的主题。

(四)感召性原则

绝大多数人的感性大于理性,一个有时代感、寓意深刻、朗朗上口的旅游线路主题,往往能引起人们无尽的遐想,产生意想不到的号召力。旅游线路主题可以采用"感性"的语言、诗化的意境来体现旅游目的地或旅游产品的形象,对旅游者进行感召,使旅游者产生出游的冲动。

(五)时代性原则

"一个时代有一个时代的主题,一代人有一代人的使命。"如果按年龄细分旅游市场,旅游线路的主题要符合相应年龄段旅游者的时代气息,尤其对于大多数具有怀旧情结的中年、老年客户群体,具有他们时代气息的旅游线路主题,更能激发他们的"感性"认知,促使他们产生出游的冲动,使"潜在客户"转化为"实际客户"。

此外,旅游线路主题的时代性原则还体现在旅游线路的主题要符合当代语言文化时尚,展现当代旅游文化特点,能与目标市场旅游消费群体实现有效沟通。

(六)艺术性原则

旅游线路的主题本身带有广告宣传的性质,也是旅游产品包装的一个方面。因此,可以使用一些广告设计的技巧、方法,使旅游线路的主题简洁、生动、凝练、优雅、新颖以及具有感染力和吸引力。在内容上,要有文化内涵;在表现形式上,要符合绝大多数旅游者的审美情趣。在旅游线路主题的设计中,要运用修辞手法,引用、套用诗词典故,用浓缩的语言、精辟的文字、绝妙的词组构造一个有吸引力的旅游目的地和旅游产品形象,打动旅游者的心,成为旅游者深刻的记忆。

三、旅游线路主题的确定方法

旅游线路的主题是旅游线路性质、内容和设计思路的高度概括。因此,线路的主题应具有力求简约、突出主旨、时代感较强、富有吸引力等特点。

线路主题可以根据以下方式来确定。

根据细分市场的特点确定主题的,如"最美夕阳红""禅修问道之旅""抗美援朝红色之旅"等;

根据线路的特点与属性确定主题的,如"徒步穿越×××""×××研学之旅"等;

根据"热度词语+旅游目的地地名"确定主题的,如"彩云之南""遇见×××"等;

根据旅游资源确定主题的,如"长城故乡""五湖之恋""诗画江南""红色摇篮、绿色家园""海岛风情浪漫之旅""世界瓷都""白鹤王国"等;

根据借梯登高的方式确定主题的,如"东方夏威夷""东方日内瓦"等;

根据旅游资源带来的利益确定主题的,如"您给我一天,我给您一百万年""游曲阜,胜读十年书"等;

根据历史典故的方式确定主题的,如"皇帝的避暑胜地""一日看尽长安花""博爱之都""新天仙配寻爱之旅"等;

根据古今对照的方式确定主题的,如"东方商埠、时尚水都"等;

根据产生联想方式确定主题的,如"森林里的故事……""梦江苏"等;

根据组合方式确定主题,可以将目的地与景点、交通方式、时间、定位等以不同方式组合在一起,如"华东双飞五日游""昆大丽七日纯玩团""三亚蜜月游""青藏全景十六日老年专列"等。

 基础检测

一、简答题

旅游线路主题的确定有哪些原则?

二、实训练习

根据所学内容和你所在地的旅游资源优势,设计一些旅游线路的主题。

要求:

1.至少使用三种以上的设计风格(方法);

2.对设计的旅游线路主题进行分析说明。

测试题:
项目五
任务三

任务四　旅游线路设计实际操作流程

一、旅游六要素的搭配

旅游线路作为旅游产品销售的实际形式，它包含了多个方面的组成要素，要将多个要素有机地组合起来以适合不同的目标市场，这一工作的难度是相当大的。且在现实生活中，任何旅游者都不会是绝对的成本最小化行为者，也不会是绝对的单纯满足最大化行为者，而恰恰是处于两者之间，只不过不同的目标市场在两者之间的偏向程度不一。因此，旅游线路的设计在总体上应该保持一定的伸缩性（弹性），要做到科学而合理地筛选、搭配旅游要素。通常情况下，我们把景区景点作为核心旅游要素（主要的旅游吸引物），也是最早确定的旅游要素，其他旅游要素的确定以景区景点为中心展开。

首先，在景区景点的选择上，要做到把不同类型、不同性质、不同特色的旅游资源合理搭配；所选取的各旅游资源分布要比较均匀，数量适中，深度适当；根据游客的旅游心理安排景点的游览顺序，做到渐入佳境，高潮迭起；兼顾冷门和热点旅游资源，做到冷热结合，充分发挥资源优势；选取景点的游览方式应动静结合，不走回头路等。

其次，作为旅游线路落地实施的凭借，餐饮、住宿、交通等要素将直接影响到旅游者的旅游效果。因此，旅游线路设计必须充分考虑旅游者的客观条件与旅游过程中这些要素实施的便利性，从而使旅游者以最佳效果完成旅游活动。

最后，作为旅游线路中弹性最大的购物和娱乐要素，是一个完整的旅游过程不可缺少的重要环节。优质的旅游购物和娱乐体验，不仅能给旅游地带来丰厚的经济收益，还能让旅游者获得心理上全面的满足。因此，在设计旅游线路时，对购物和娱乐活动应予以充分的关注。

二、旅游行程的确定

(一)初步确定

确定好各项旅游要素后,旅游线路设计人员需要绘制一张景区景点相对地理位置分布草图,用带有箭头的线段沿着公路(铁路、水路、航线)将各点连接起来,初步确定出一条路线。这条路线的要求有:

1.尽量做到行程最短

短行程的优点在于:

(1)避免司机疲劳驾驶,保证驾驶安全。

(2)避免旅游者疲劳,保持参观游览的兴趣。

(3)降低旅游产品成本,增强旅游产品竞争力。

2.尽量选择最佳的路况

最佳路况的选择,可以:

(1)降低事故的发生,保证旅游者的生命安全。

(2)避免路况不佳造成车辆的损坏,影响旅游者的旅游活动进程,或因车辆的颠簸造成旅游者的损伤。

(3)降低突发事件的发生概率,避免因路况不佳降低旅游者参观游览的兴趣。

3.尽量选择路途耗时最短的线路设计

路途耗时最短的线路设计,可以:

(1)避免旅游者疲劳,保持参观游览的兴趣。

(2)避免路途耗时较长而造成旅游者参观游览的时间相对短。

(二)确定消耗时间

计算、标注出各景区景点与路途上所消耗的时间。计算出的各项消耗时间要客观,允许有偏差,但偏差不能过大,以免在旅游活动的实际操作过程中造成失误。特别值得注意的是,在一线实际操作时,由于环节多、不确定因素多,旅游活动中每一个过程一定要预留出机动时间,用来应付突发情况。

(三)确定合理性

检验所有旅游要素,以及相互之间组合的合理性。例如:吃饭的时间段是否符合旅游者的习惯;送机、送站的时间预留是否充足;旅游者感兴趣的景区的参观游览时间是否充足;老年团队到达酒店的时间是否太晚;旅游产品成本价格是否过高;等等。

合理性的检验通常是靠经验来确定,这方面最有发言权的是一线的工作人员。设计人员可以与一线带团的导游进行沟通,请教导游线路设计是否合理,也可以征求计调人员和有经验的设计人员的意见。此外,还可以通过设计人员的亲自尝试,实地踩线来验证设计的合理性。

需要强调的是,即使旅游线路设计很合理,但由于没有注意到的客观原因,旅游产品也可能不被旅游市场认可。

(四)进行调整

一旦在验证中出现问题,旅游线路设计人员应及时分析原因,进行旅游要素与旅游资源的调整。通过增减或更换相关因素来解决所产生的问题。调整完毕后,再次进行验证。循环往复,最终形成完善的旅游产品。

三、成本核算

旅游产品的成本核算是非常重要的,关系到旅游产品的销售。核算成本比实际成本高,销售价格就会变高,导致旅游产品的销售量下降;成本核算比实际成本低,销售价格就会变低,虽然销售量增大,但旅游企业无法营利甚至亏损。这些情况都对企业不利,因此,旅游产品成本的核算要尽力做到准确。

(一)门票价格

一般情况下,只核算景区的首道大门门票价格。但要注意,套票与淡旺季的票价变化,如果有不同种类的套票,一定要说明成本的核算是按哪种套票进行计算的;如果旅游线路是长期销售的旅游产品,淡旺季的票价不同,那么旅游企业的销售政策也会不同,一定要标明淡旺季的不同票价与销售政策。要注意的是,景区门票价格对于旅游企业而言,有门市价和折扣价两种形式,核算成本时要以折扣价计入成本,也要标明景区的门市价,便于旅游企业的销售部门给旅游产品定价。

(二)交通费用

交通费用包括大交通费用、小交通费用、景区交通费用。一般情况下,旅游产品成本的核算只计算小交通的费用,大交通费用另计,而景区交通费用则在自费推荐项目里进行核算。

在成本核算中,小交通的费用核算方法较为复杂,有实际公里核算法、小包车核算法、大包车核算法。

1. 实际公里核算方法

用旅游线路行程公里数总和乘以每公里的运营成本,再加上停车费、过路过桥费的总和除以计划旅游团队人数,最终得到旅游团队中每一个团员的小交通费用成本。这里指的车辆运营成本包括车辆损耗、油费、司机工资、车队运营成本、车队利润等项目。即

$$\frac{旅游线路行程公里数总和 \times 每公里的运营成本 + 停车费 + 过路过桥费}{计划旅游团队人数}$$

=一个团员的小交通费用成本

这种计算方法较为复杂,但成本核算准确性高。要注意的是,计划团队人数不等于实际团队人数,如果实际团队人数比计划团队人数多,小交通费用的成本会降低;反之,小交通费用的成本会增高。

2. 小包车的核算方法

(1)用旅游线路行程公里数总和乘以每公里的运营成本,再加上停车费、过路过桥费的总和,得到旅游团队的费用成本。即

旅游线路行程公里数总和×每公里的运营成本+停车费+过路过桥费

=旅游团的小交通费用成本

(2)车辆使用费加上司机的工资和旅游线路行程总体油费,再加上停车费、过路过桥费的总和,得到旅游团队小交通的费用成本。这里的车辆使用费包括车辆损耗、车队运营成本、车队利润等项目。即

车辆使用费+司机工资+油费+停车费+过路过桥费

=旅游团的小交通费用成本

小包车的核算方法不用计算每个团员的小交通费用成本,而是只核算出整个旅游团队小交通费用成本。这种核算方法不会因参团人数的变化而造成成本核算的偏差,但只能用于包车、包团的旅游产品成本核算。

3. 大包车的核算方法

如果是旅游车队为某个旅游产品报出一个使用车辆的总价,作为这个旅游产品小交通费用的成本,不考虑费用中各项波动因素。如果是包车、

包团的旅游产品,直接将使用车辆的总价用于成本核算;如果不是包车、包团的旅游产品,用使用车辆的总价除以计划旅游团队人数,即可得到旅游团队中每一个团员的小交通费用成本。即

$$\frac{使用车辆的总价}{计划旅游团队人数}=每一个团员的小交通费用成本$$

这种计算方法较为简单,成本核算准确性高,被现今的旅游企业广泛使用。要注意的是,虽然采用这种计算方法省时省力,但一般旅游车队报出的使用车辆的总价较高,会提高旅游产品的总成本,不利于旅游产品的销售。除此之外,与实际公里核算方法相同,也存在计划团队人数与实际团队人数不同的问题。

一般情况下,旅游目的地的旅游企业需要核算小交通与景区交通的费用,而客源地的旅游企业需要核算大交通的费用。

视频:
电影与私人定制旅游

(三)餐费

1.早餐费用的核算

首先确定团队的住宿房间是否包含早餐费用,如果住宿房间费用包含早餐费用,则核算餐费时不必再核算早餐费用;如果住宿房间费用没有包含早餐费用,则需要核算出每人所有早餐的总费用。

2.正餐费用的核算

核算时必须首先明确餐厅的结算方式,餐厅的结算方式一般有:

(1)以每桌为结算单位。一般每桌不超过10人,餐厅不计算旅游者人数,菜品较为固定,只按用餐多少桌来计算。这种情况大多是在用餐人数不确定但人数波动不大的情况下,无法在订餐时与餐厅确认用餐人数时采用。

(2)以旅游者人数为结算单位。这种情况较为简单,只需要合计每次正餐的费用。

(3)旅游者自己点餐。这种情况有三种可能性:一是旅游者自己付费,不需要核算到正餐的费用中;二是无论餐费多少,先由旅游接待人员垫付,最终由旅游者统一支付所有的旅游活动中产生的费用;三是旅游者在一定限额内点餐,超出的部分由旅游者自行支付,限额内的费用由旅游接待人员支付。前两种情况,因无法提前知道用餐费用的额度,所以,不会计入餐费的成本中,第三种情况是有计划的,应将费用计入餐费的成本中。

(4)特色餐、特色菜的费用核算。通常是核算在推荐自费项目中,如果不是推荐自费项目,旅游线路设计人员需要将特色餐、特色菜的人均费用核算出来,计入餐费成本中。

(四)住宿费

住宿费的成本核算,需要将行程中涉及的住宿资源因素的成本价格罗列出来,并且要注明不同季节的价位、不同情况下的价格政策(如免房政策)等。住宿费用的波动变化较快,旅游线路设计人员一定要做到及时更新。虽然住宿费用的波动变化较快,但一般同一季节,住宿费用的波动幅度较小,可以忽略,设计人员可以填写住宿费用的中间价或最高价,这种情况一定要加以说明,否则,最终核算出的成本不准确,形成旅游企业在营销和销售过程中使用价格策略产生偏差,最终造成旅游企业的经济损失。

(五)导游人员服务费

导游服务费的核算,是根据市场波动的变化而变化的,导游的服务水平不同,费用也会不同。淡旺季也会产生导游服务费的变化。旅游线路设计人员要提前掌握不同水平导游服务费的市场行情。在具体核算这一部分费用时,一般兼职导游的服务费是按天计算的,如果是包团,用每天的服务费乘以旅游产品的天数,得到导游服务的总费用,计入成本即可。如果不是包团,还要将导游服务的总费用除以计划旅游团队人数,得到旅游团队中每一个团员的人均导游服费用。旅游企业的专职导游的服务费,是根据旅游企业规定的每天出团补助的标准来计算的,计算方法与兼职导游的计算方法相同,只是因专职导游有工资,通常专职导游服务费会比兼职导游服务费低。

(六)其他费用

还有一些其他费用,也应纳入旅游产品的成本核算中,例如:人身意外保险费、签证费、办公费用等。当然,办公费用(器材折旧费用、耗材使用费用、场地租赁费用、广告费、营销费、接待费、人员工资等)的核算,应分摊计算到每一件旅游产品的成本之中,但在具体的旅游线路成本核算的实际操作中,往往无法体现出来。

(七)合计总费用与销售价格

将上述的各项费用加到一起,就是旅游线路的总成本。要注意的是,上述的各项费用,有旅游者个人的旅游成本,也有包团的旅游成本,还要分淡旺季及一些旅游因素的价格波动等不确定因素,所以,一是要分清个人与包团的旅游线路成本的核算;二是要及时更新那些会产生价格波动的旅游因素的价格,使核算出的旅游线路总成本最大限度地接近实际成本,为后期的销售环节的定价打下坚实的基础。

旅游线路总成本加上利润,再进行一些定价策略的包装,就是这个旅游产品的销售价格。要注意的是,同一个旅游产品的价格,应该包含三个数据,分别是旅游产品的采购成本价、针对同行的旅游产品的销售价(或者称为旅游产品的批发价)和针对旅游者的旅游产品销售价(或者称为旅游产品的零售价)。

四、"旅游线路行程单"的编制

旅游线路设计人员的最后一步工作,就是编写"旅游线路行程单"。"旅游线路行程单"是设计人员阶段性的工作成果,是设计人员设计思路的具象,是旅游产品包装前的雏形。

"旅游线路行程单"可以说是旅游产品的说明书,也可以作为旅游合同的文本附件。"旅游线路行程单"存在着粗与细、详与略、繁与简的不同,但一份好的"旅游线路行程单"体现着一个企业的信誉和品牌形象,同时可以反映出旅游企业的实力与旅游线路设计人员的业务水平,因此,无论在格式上还是在文字表达上,力求信息传递的准确,内容的翔实,文字的优美,使"旅游线路行程单"条理清晰、明确易懂。

(一)"旅游线路行程单"的编写

"旅游线路行程单"的编写是以时间轴作为主线,以时间段为段落,填写各种已经确定的旅游因素、旅游活动内容、成本核算和注意事项等。需要按照所在旅游企业的标准、规格填写。

(二)注意的问题

(1)编写"旅游线路行程单"时,涉及的所有旅游资源信息要准确。
(2)编写"旅游线路行程单"时,旅游资源名称要突出。
(3)编写"旅游线路行程单"时,注意事项要详细。
(4)编写"旅游线路行程单"时,成本核算要准确、明晰。
(5)编写"旅游线路行程单"时,备注详细。例如:编写用餐标准时,包括:含几个早餐,早餐的标准,几个正餐,每个正餐的标准,每桌几菜几汤,包含不包含饮料,几人一桌,餐中有哪些特色餐、特色菜,是否需要另外付费,费用是多少,异地饮食注意事项等;编写住宿标准时,包括酒店星级、房间标准、有什么特殊要求、单房差等信息。

(三)旅游线路注意事项

各旅游线路有相同点和不同点,因此,各旅游线路的注意事项不尽相同。旅游线路注意事项的编写可以参照已经成熟的旅游产品的旅游线路注意事项,在此基础上加以调整,或删、或加、或改,形成新的旅游线路注意事项。旅游线路一旦成为旅游产品销售给旅游者,签订旅游合同后,注意事项就具有了一定的法律效力。因此,要求旅游线路设计人员要认真对待旅游线路注意事项的编写。对注意事项的内容要逐字逐句地推敲、琢磨,不可出现一语双关、模棱两可的情况。

在整个旅游活动期间,可能产生很多问题与矛盾,旅游线路的注意事项是一线工作人员处理这些问题的标准与指南,是缓解矛盾的法律依据,因此,在旅游线路设计时应重视旅游线路注意事项的编写工作。旅游线路注意事项一般包括:乘坐交通工具的注意事项,景区的门票标准,旅游活动的注意事项,自费项目的简介与费用;报价中所含的项目与费用;旅游目的地的特色商品与土特产品的简介与价格;当地要注意的风俗习惯;导游的服务标准;特殊人群(如少数民族、特殊信仰者、儿童、老年人、军残等)的餐费、交通费、导服费、房费、门票等如何结算;旅游者所拥有的权利和义务,如旅游过程中不得擅自离团、放弃的景点,团餐费用如何处理等。

五、旅游线路的设计包装

旅游线路的设计包装工作,一般由营销部门的相关人员进行设计,有时也会由旅游线路设计人员参与。旅游线路设计人员参与设计时,大多数情况只是参与旅游产品主题的确定、撰写"旅游产品宣传单"的文稿与图片的搜集等工作。

(一)旅游产品主题

旅游产品的主题可以与旅游线路不同,一个好的主题可以打动旅游者,激发旅游者购买旅游产品的欲望。因此,旅游产品有一个吸引人的主题是非常重要的。确定主题的原则和方式与旅游线路设计方法相同,区别是通过旅游产品的主题可以了解到旅游产品所针对的目标市场。例如"夕阳红""研学游"等。

(二)简介的撰写

简介包括:景区的简介;餐厅、菜品的简介;住宿、酒店的简介;交通工具的简介;旅游商品的简介;各种旅游活动的简介;整条旅游线路的简介;注意事项;价格说明等。一般情况下,旅游产品中各个旅游因素的简介内容较短,通常只有一句或几句话,看似简单,实则很难。短短的几句话要把旅游因素的主要内容、吸引物、特点、风格、属性等方面描述清楚,还要求文字优美、语言流畅、画面感强,看完后要能产生联想和激起购买旅游产品的欲望,实属不易。撰写旅游因素简介,需要设计人员对旅游因素相当熟悉,还要有很强的文学功底、丰富的设计经验。对于初学者而言,可以借鉴已有的旅游因素的简介,稍加修改即可。大多数旅游者就是靠这些文字说明,建立起对旅游目的地或旅游产品的形象的,尤其是对于没有去过某地的旅游者来说,这些文字信息就显得更重要。

(三)图片

图片具有形象具体、代入感强、门槛低等特点,不受文化水平的限制。设计人员与旅游者存在着文化水平差异时,文字信息无法使旅游者与设计人员有效沟通;或者设计人员受到文化水平的限制,用文字无法描述自己所要表达的内容。因此,精美的图片会让旅游者对旅游因素或旅游目的地有直观的认知。此外,图片中搭配一定的文字更能清晰、明确地表现旅游目的地与旅游产品的信息,也可以扩展旅游者的想象空间,从而提升旅游者对旅游目的地的期望值。

基础检测

一、简答题

简述旅游线路设计的流程。

二、实训练习

结合所学知识,设计一条五日游旅游线路。

项目小结

旅游线路设计涉及面广、客观因素多、过程复杂,各种因素不易掌控,需要设计人员全面学习、把握原则、多思考、多实践,依靠实践经验尽量解决或规避不利因素,设计出令游客满意的旅游产品。

项目六 旅游线路设计实例评析

课件：
项目六

导读

　　旅游线路的设计，归根结底就是将目的地的各个旅游资源串联起来，为游客提供相应的旅游内容和服务，形成输送游客至景区的纽带。在时间上，它包括从旅游者接受旅游经营者的服务开始直至圆满完成旅游活动，脱离经营者的服务为止。在内容上，包括旅游过程中所利用和享受到的一切，包含食、住、行、游、购、娱等各个旅游环节。科学的旅游线路设计，有助于旅游景区之间优势互补，旅游六大要素统筹配置。本项目通过对不同类型旅游线路设计实例的评析，让学生更好地掌握旅游线路的设计方法。

学习目标

1. 判断旅游线路设计实例中的优点和存在的问题
2. 应用旅游线路设计的原则和方法
3. 完成相关旅游线路的设计

任务一　天上西藏旅游线路

　　自20世纪80年代西藏对游客开放以来，西藏旅游业取得了长足发展，旅游业逐渐成为西藏发展的重要力量。据西藏自治区旅游发展委员会统计，2019年全区共接待区内外游客超过4000万人次，实现旅游收入560亿元。西藏有其得天独厚的自然旅游资源与风格独特的人文旅游资源,与国内其他旅游目的地相比,西藏常常被认为是一个特殊的地方,是"离天堂最近的地方"。被誉为"天路"的青藏铁路开通后,西藏的可进入性大幅提升,去西藏成为很多旅游者的梦想,很多人认为西藏是"一生中一定要去的地方"。本任务我们就以西藏的一条特色旅游线路为例,来谈谈该线路设计的优点及存在的问题。

一、线路介绍

图 6-1　天上西藏 8 日 7 晚跟团游(5 钻)路线图

第一天:拉萨接机,入住拉萨香格里拉大酒店。

第二天:拉萨一日游,线路为布达拉宫、大昭寺、八廓街,午餐为娜玛瑟德餐厅(印度、尼泊尔餐),住宿为拉萨香格里拉大酒店。

第三天:线路为拉萨—米拉山口—巴松措—色季拉山口—鲁朗,晚餐为特色石锅鸡,住宿为鲁朗林芝恒大酒店。

第四天：线路为鲁朗—鲁朗林海—尼洋河风光—雅鲁藏布江大峡谷—米林,住宿为米林希尔顿酒店。

第五天:线路为米林—拉姆拉措—雅江风光—加查,住宿在加查。

第六天:线路为加查—羊卓雍措—尼木藏香—拉萨,住宿为拉萨香格里拉大酒店。

第七天：线路为拉萨—念青唐古拉山观景台—那根拉—纳木错—拉萨,晚餐为香格里拉大酒店自助餐,住宿为拉萨香格里拉大酒店。

第八天:线路为拉萨送机。

在这条线路中,游客首先从拉萨到林芝地区,再由林芝到山南地区,整条线路基本呈一个环形。

二、线路特色

(一)线路设计很好地凸显了西藏的人文特色和自然特色

游客在这条线路中可以参观游览西藏的标志布达拉宫、藏传佛教六大寺院之首的大昭寺,以及独具西藏民风民俗的千年古街八廓街等人文色彩浓郁的景点。此外,还可以在这条线路中游览西藏四大圣湖中的纳木错、羊卓雍措、拉姆拉措,以及被誉为西藏"绿宝石"的巴松措等自然景观,再有就是沿途可以领略米拉山口、色季拉山口、雅鲁藏布江大峡谷、尼洋河风光带和雅江风光带壮美的景色。

(二)线路设计既做到了不走回头路的环线设计,又兼顾了游客对于高海拔地区的适应性

整条线路设计基本不走回头路,用环线的方式对沿途所有景点进行了很好的串联,从拉萨到林芝,再到山南,最后回到拉萨,唯一不可避免的就是纳木错有一个当天往返的小行程。此线路最大的优点就是给予游客对海拔急速升高的适应余地。来到西藏,高原反应是每个人都不可避免的,如何让游客能有个适应的过程,此线路设计堪称典范:第一天抵达拉萨后不安排活动,让大家充分休息;第二天在拉萨市内做小范围的轻量活动,以此来逐渐适应高海拔;第三天到林芝,由于林芝地区海拔普遍比拉萨低,游客会感觉很舒适。整条线路把海拔高的拉姆拉措、羊湖和纳木错放在最后,这时即使游客出现了比较强烈的高原反应,也无关大局,他们可以选择在酒店里休息,不至于不舒适的感觉伴随全程。而如果反其道行之,先去纳木错,就会由于其高海拔给游客带来很大的高原反应,最终让整个行程泡汤,使游客此行产生很大的遗憾,毕竟来一次西藏也是很不容易的。

三、线路设计六要素组合评析

(一)餐饮

全程2个特色餐和1个高餐标的酒店自助餐,特色餐饮能很好地满足游客需求。由于西藏毗邻印度、尼泊尔,受这两个国家的文化影响比较大,因此在拉萨街头经常可以看到印度、尼泊尔餐厅,此行程为游客安排的娜玛瑟德餐厅既有特色,又物美价廉。备受游客青睐的鲁朗石锅鸡,是林芝地区最具特色的美食。炖鸡用的石锅是用一种叫作"皂石"的云母石砍凿而成,这种石头仅产于墨脱,要靠背夫从墨脱把石材背出来,再由门巴族人用整块石材手工细心凿制,加工工艺复杂,所以这种石锅售价也非常昂贵,而墨绿色的云母石锅,保温性特别好,据说富含镁、铁等17种矿物微量元素。炖的鸡则是从附近老百姓家里收购来的藏香鸡,辅以手掌参、天麻等四五种药材,用慢火炖制,汤中有一股淡淡的药材清香,鸡肉嫩而有弹性。

(二)住宿

全程6晚豪华型酒店和加查1晚经济型酒店。这种住宿安排在条件相对艰苦的西藏可以说是相当舒适了。

(三)交通

全程采用车况良好的豪华大巴车。此外,该行程沿途路况良好,游客舒适度高。

(四)游览

全程会游览西藏15个经典的旅游景点,对于初次进藏的游客来说很具有吸引力。

(五)购物

线路安排了两个购物点,一个是拉萨的八廓街,另一个是从羊湖返回拉萨途中的尼木藏香,这两个点都很有地域性和民族特色。特别是尼木藏香,它的历史可追溯到公元7世纪的松赞干布时期。当时,发明了藏文的吞弥·桑布扎从吐蕃时期的古印度学成归来,把他在古印度学到的制香技术和西藏的地域特点结合起来,发明了藏香,藏香是最具西藏特色的旅游伴手礼。

(六)娱乐

在娱乐这点上,该线路未作任何设计,其实可以在第二天拉萨一日游的晚上加一个以拉萨自然山水为背景,讲述1300多年前文成公主与松赞干布和亲的历史故事的大型实景演出——《文成公主进藏》,白天在布达拉宫里看了法王洞,听了松赞干布修建布达拉宫及迎娶文成公主的故事,晚上在与布达拉宫隔拉萨河而望的西藏文化旅游创意园里看一场以他们的故事为蓝本的旅游演出,这种让沉闷的历史活起来的方式,能大大增加游客的旅游体验感。

综上所述,整条线路设计符合旅游线路设计的原则与方法,但过于保守和大众化,基本能满足初次进藏游客的需求,但其实西藏还有更多的大山大水、悠久的历史文化和多样的民俗风情,值得旅游线路设计人员去根据不同游客的需求进行更深入的挖掘。

任务二　亲子旅游线路

近年来,随着国家"二孩""三孩"政策的实施,国内的家庭结构逐渐由"4-2-1"向"4-2-2"或"4-2-3"发展演变,亲子旅游市场快速发展。亲子旅游是以父母与孩子为主体的一种新的旅游活动形式,以提升父母与孩子之间的情感关系,增强孩子的社会修养、知识教育和能力素质为目的。国内的亲子旅游线路,是根据亲子旅游市场来划分和设计的,但是在目前的旅游线路开发上,大多数旅游企业并不是有针对性地进行开发,而是在原有的产品上稍加改动,难以满足急速发展的市场需求。此外,还存在着线路开发设计过于强调以孩子为中心,家长的出游需求未受到更多关注等问题。本任务就以"食在广州,玩在长隆——爸爸去哪儿"亲子旅游线路为例,谈谈该线路设计的优点及存在的问题。

一、线路介绍

"食在广州,玩在长隆——爸爸去哪儿"5日4晚旅游路线:

第一天:广州接机,推荐线路可选沙面、圣心石室大教堂、广州塔、陈家祠、中山大学,珠江夜游,住宿为广州珠江国际酒店(5星)。

第二天:全天在广州长隆度假区,线路为长隆野生动物世界、长隆水上乐园、长隆欢乐世界(三选一),晚上观看广州长隆大马戏,住宿为广州珠江国际酒店(5星)。

第三天：线路为广州—珠海情侣路(车观)—港珠澳大桥(车观)—珠海长隆海洋王国,晚上观看海洋保卫战(烟花汇演),住宿为中山永安新城皇冠假日酒店(5星)。

第四天：线路为广州泮溪酒家或点都德早茶—荔枝湾—越秀公园—北京路步行街,住宿为广州南航明珠空港大酒店(5星)。

第五天:广州送机。

此线路行程会从广州市到珠海市,再从珠海市经停中山市回到广州市。

二、线路特色

(一)线路设计中美食与亲子项目的结合,能更好地满足孩子和家长的需求

一般到广州旅游的游客,都是先打卡广州的一些经典景点,例如广州塔、越秀公园、北京路步行街、珠江夜游等,然后会经深圳到香港,从香港过澳门,经珠海再回到广州,这条线路被称为经典的"省港澳游"。由于新冠肺炎疫情的持续影响,从广州经深圳进香港或者经珠海进澳门的旅游线路已经基本停团。但反观广东境内,近年来,随着广州、珠海长隆度假区的不断开发和完善,另辟蹊径地开发广东境内的美食亲子游不失为一种很好的选择。长隆旅游度假区是小朋友们的游玩圣地,分为广州长隆度假区和珠海长隆度假区,广州长隆度假区拥有长隆野生动物世界、长隆欢乐世界、长隆水上乐园、长隆国际大马戏、长隆酒店、熊猫酒店和长隆飞鸟乐园等多家主题公园及酒店,是中国拥有主题公园数量众多和规模超大的综合性主题旅游度假区;珠海长隆度假区则是以海洋元素为特色的综合性主题旅游度假区,两大长隆度假区是父母带孩子出游的首选旅游目的地。行程中设计的广式"叹早茶",能让家长们获得一次与广府饮食文化亲密接触的机会。"叹",在广州话中的意思为享受,"叹早茶",不只是喝茶,吃茶点才是重头戏。粤式茶点数量之多,据说已经达到了数千品种。不管你是初来乍到的游客还是本地食客,喝早茶一定会点被称为粤式早茶"四大天王"的虾饺、烧卖、肠粉、叉烧包,外地游客要想体验广州人的日常休闲生活就一定要喝一次正宗的广州早茶！这条线路的设计既很好地满足了孩子和家长的旅游需求,又凸显了广州的旅游资源特色。

(二)在有限的时间里该线路设计给了游客最大的选择余地

首先,在第一天的行程里,该线路设计给了游客很多广州经典景点的推介,加之去到这些景点的交通也都非常方便,完全没必要统一组织。因此,游客可根据自己抵达广州的时间和兴趣爱好自行安排当天的行程。

其次,该线路提供给游客可供选择的游览内容也十分丰富,有广州的地标性建筑——广州塔,有广州异域风情的经典代表——沙面和石室教堂,还有岭南传统建筑的代表,以"三雕两塑"著称的陈家祠,最后还有广东历史最悠久、最负盛名的大学——中山大学。

最后,在第二天的行程里,该线路设计也给游客选择的余地,游客可以根据自己的兴趣,考虑是去看野生动物,还是去玩刺激的机动游戏,抑或是去体验美妙的水上世界。

以上这种在有限的时间内给游客多种路线选择的设计方式值得其他旅游线路设计借鉴。

三、线路设计六要素组合评析

(一)餐饮

该线路中有一个体验广州早茶的项目,如能再增加一个体验粤菜的项目会更好,但这需要从游客需求和成本两方面来综合考虑,毕竟一顿正宗粤菜的价格还是不便宜的。

(二)住宿

全程4晚5星级酒店住宿,从舒适程度上来说不存在问题,特别是最后一晚送机前住在机场附近的酒店,这也便于早班机客人的返程。

(三)交通

从广州去珠海,最后再返回广州,全程采用豪华大巴车,这点也不存在问题。

(四)游览

线路全程可游览景点众多,完全能满足游客的出行需求。

(五)购物

最后一天行程安排了北京路步行街,游客在这里可以体验广州的商业文化,并购买很多具有粤式特色的伴手礼。

(六)娱乐

第一晚的珠江夜游,第二晚的长隆大马戏,第三晚的海洋保卫战(烟花汇演),全程3晚的娱乐活动会让游客的满意度大大提高。

综上所述,该线路设计基本合理,具有一定的创新性,也很好地凸显了广州的地方饮食文化特色。线路全程安排有张有弛,内容设计上既能满足孩子的出游需求,也很好地满足了家长的需求,增加了游客与该旅游线路的黏合性。

任务三 "神雕侠旅"旅游线路

青年游客是最具旅游消费欲望和潜力的群体,其强大的旅游动因必将能够为旅游市场注入新的活力。依据我国统计部门的标准,青年的年龄界定是15—34岁,这一年龄段的人群大都由在校大学生和刚步入社会的在职人员构成。处于这一阶段的人们往往具有精力充沛、创造力强、勇于尝试、敢于冒险、超前消费等特点。在我国旅游消费年龄结构中,他们占据了相当大的比例,而这其中情侣结对出游愈发频繁,已成为一种风尚。本任务以广受青年情侣欢迎的厦门旅游线路为例,来谈谈该线路在满足青年情侣出游需求上的优点及存在的问题。

一、线路介绍

"'神雕侠旅'——这个初夏,我们一起牵手去厦门"5日4晚自由行路线:

第一天:厦门—鼓浪屿—八市。

第二天:八市—厦门科技馆—沙坡尾。

第三天:六鳌半岛—镇海角。

第四天:树海瀑布—云水谣。

第五天:河坑景区—田螺坑景区—厦门。

交通全程采用自驾方式,住宿全程为特色民宿。

厦门:选择思明区曾厝垵某民宿,这家推窗是景的民宿,依山面海,拥有难得的安静和宽阔的视野,因为靠近环岛路,大环境非常好,适合自驾游想要安静住处、又能在民宿里享受慢时光的朋友。

漳州:选择漳浦县火山岛某民宿,INS 风,以纯白色为基调,并具有蓝色的泳池和弧形拱顶的走廊。

南靖:选择云水谣古镇怀远楼旁某民宿,古镇风格,阳台外就是茶田,步行 2 分钟到怀远楼,老板夫妇做菜手艺好,热情好客。

二、线路特色

(一)大众目的地的小众线路

厦门又称"鹭岛",是我国东南沿海风景秀丽的海滨城市,享有"国际花园城市"的美誉。它濒临台湾海峡,离金门仅数千米,是我国著名的侨乡、我国最早的四大经济特区之一、我国十大重点旅游城市之一。几乎每一个爱旅行的人,都有一个厦门梦。仿佛如果没去过厦门,没吃过沙茶面,没有花一天时间在厦门的各种咖啡店里发呆,没有住过鼓浪屿,旅行的清单就不算完整。作为一个大众化的旅游目的地,无论面对的是哪种客源市场,厦门旅游线路基本都会围绕着鼓浪屿、南普陀寺、胡里山炮台、环岛路、厦门大学等著名打卡地。而本条线路就是根据青年情侣的出游需求,在一个大众化的旅游目的地设计出的小众旅游线路。例如:线路中的八市,满足了青年情侣们美食打卡,体验最地道厦门烟火气和市井味的需求;线路中的厦门科技馆,被誉为"科学教育界的迪士尼",让青年情侣们重拾童心,体验一把小时候没体验过的"黑科技",打卡镜子迷宫、时空隧道和全息投影带来的 3D 魔幻感;线路中的沙坡尾,则是厦门这个城市里的乌托邦,吸引了很多有故事的人入驻,年轻的艺术家、手艺人、摄影师和歌手,他们在这里开启了自己的小事业,也带来了很多新鲜的思想,大批文艺小店也如雨后春笋,应运而生。这里处处是景,老书店、旧物馆、咖啡厅和艺术区,随手一拍都是画,充分满足了青年情侣追求体验感和拍照打卡的需求。

通过这条旅游线路的设计,我们可以总结出:通常在旅游线路设计中,可供我们选择的旅游目的地数量有限,如何根据不同游客的需求,精心设计出合理巧妙、有新意、有活力、有内涵的线路,是保持旅游产品旺盛生命力的源泉。

(二)多点协调,冷热互补

该线路设计从多样性上来说涵盖了城市体验、自然风光和历史人文,相比于单纯的厦门市内游在内容上丰富了很多。与此同时,也对厦门周边的次热门和冷门旅游资源进行了深度的发掘,这种旅游线路设计中的冷热互补能大大提高游客的新鲜感和体验度。例如:线路中的冷门旅游地漳州沿海游,有国内罕见的海蚀奇观、抽象画廊、"最美风车"——沙滩翡翠湾、"上帝的眼影——"漳浦盐场、"大陆的尽头"——镇海角等景观,这些都是能激发青年情侣们猎奇及深度体验的旅游项目,对他们有着强烈的吸引力。此外,相较于厦门的次热门旅游地云水谣,更像深闺中的美丽姑娘,属于世界文化遗产"福建土楼"的一个景区,作为电影《云水谣》的拍摄地而成名,这里的幽静古道、百年老榕、神奇土楼、灵山碧水,给人以超然、浪漫之感。这些次热门和冷门旅游地一般游客比较少,旅游体验感好,也能满足青年情侣们拍照打卡,并在自媒体平台上进行传播的需求。

三、线路设计六要素组合评析

(一)餐饮

该线路中有一个厦门八市的体验项目,八市可以说是属于厦门生活圈中最热闹且规模最大的海鲜市场,承载了很多老厦门人的记忆,在这里除了海鲜外,还有各种小吃、美食以及一些水果蔬菜等,如果想要接触厦门最接地气的生活气息,来这里就对了。

(二)住宿

全程4晚住宿都是特色民宿,具有优美的自然风光和独具特色的老房子。作为文青圣地的厦门是我国最早发展民宿产业的城市,也是民宿业最发达、最有质量的地区之一。行程中特色民宿的设计能满足青年情侣们追求的个性化与多样化。

(三)交通

该线路涉及的漳州沿海和南靖土楼等地交通较为不便,可以采用自驾的交通方式,一方面满足了青年情侣们追求行程自由的出游习惯,但另一方面也存在费用较高和安全等问题。

(四)游览

该线路全程可游览、体验的景点众多,完全能满足青年情侣们的出行需求。

(五)购物

该线路全程基本没有安排具体的购物点。土特产、伴手礼等传统旅游购物产品已经远远不能满足当下年轻群体的购物需求,他们更倾向于购买具有当地特色,便于携带,卡通、可爱,具有个性的旅游文创纪念品。

(六)娱乐

该线路全程基本没有安排专门的娱乐活动,更多的是希望游客在体验中感悟厦门的生活和文艺气息。

综上所述,该线路从全程游览的设计,到住宿、交通等方面,都具有很强的创新性,很好地满足了当下青年群体追求个性、时尚,侧重于文化和体验的旅游消费需求。

任务四 "长安号"丝绸之路专列旅游线路

丝绸之路全长7000多公里,中国境内总长4000多公里,沿线途经20多个城市。拥有丰富多彩的旅游资源,自然风光实属罕见,文化遗迹更是数不胜数。不管是贯通西北地区的陆路丝绸之路,还是连接南部沿海的海上丝绸之路,向来都充满了神秘感和异域风情,吸引着众多国内外游客,是享誉世界的旅游精品线路。

一、线路介绍

第一天:西安。

中午乘坐"长安号"专列从西安出发,开始难忘的"丝路"之旅,晚上住在火车上。

第二天：西安—柳园。

一路欣赏沿途美景，下午抵达柳园站。

第三天：敦煌—柳园。

早上，游览世界艺术的宝库——敦煌莫高窟，然后前往大漠中的"孪生姐妹"——鸣沙山、月牙泉风景区，体验爬山、滑沙、骑骆驼登山丘、滑翔伞，进行沙浴、沙疗等丰富多彩的沙漠活动，当天下午返回柳园并留宿。

第四天：柳园—吐鲁番。

在柳园站乘专列赴吐鲁番，欣赏沿途风景，晚上抵达吐鲁番，入住酒店。

第五天：吐鲁番—北屯市。

早餐后，乘车游览有"露天博物馆"之称的火洲吐鲁番，参观中国古代三大水利工程之一的坎儿井；游览 5A 级景区火洲清凉世界、千米葡萄长廊葡萄沟；到维吾尔族朋友家里做客并品尝瓜果，午餐后返回吐鲁番，乘车前往北屯市。

第六天：北屯市。

早晨到达北屯市，早餐后，前往有"东方瑞士"之称的喀纳斯湖，沿途可看到阿尔泰山、额尔齐斯河，途经阿勒泰大草原、白桦林，抵达贾登峪，换乘景区区间车前往喀纳斯湖核心景区。

第七天：北屯市—乌鲁木齐。

早餐后乘车去"五彩滩"。"五彩滩"属于雅丹地貌，五颜六色的山丘和郁郁葱葱的林木互相呼应，景色迷人，游览后从北屯乘专列抵达乌鲁木齐。

第八天：乌鲁木齐。

早晨到达乌鲁木齐，参观游览世界上规模最大的"大巴扎"（维吾尔语，意为集市、农贸市场）——新疆国际大巴扎；下午参观新疆维吾尔自治区博物馆，了解新疆的历史演变和各个少数民族的民俗文化；一睹上千年的楼兰美女干尸；晚上自行品尝新疆特色风味小吃。

第九天：乌鲁木齐—西安。

从乌鲁木齐出发赴 5A 级风景名胜区——天山天池，沿途观赏荒漠戈壁、田园风光，下午乘车返回乌鲁木齐，乘专列返回西安。

第十天：火车上。

欣赏途中美景，畅谈旅途乐事。

第十一天：西安。

下午抵达西安，结束愉快的"丝路"之旅。

二、线路特色

"长安号"丝绸之路专列旅游线路产品是根据丝路沿线的旅游资源和游客的需求专门策划设计的。专列从西安始发，经敦煌、乌鲁木齐到达北屯市，尔后从吐鲁番返回西安，行程总计11天。"长安号"专列串联了丝绸之路国内段沿线莫高窟、鸣沙山、月牙泉、天山天池、喀纳斯、五彩滩、吐鲁番、葡萄沟等众多核心旅游景区，游客可以尽情体验丝路沿线丰厚的历史文化、优美的自然风光和独特的民族风情。

"长安号"丝绸之路旅游专列是西安铁路局专门向铁路总公司申请的"游"字头列车，一列列车有16节车厢，除餐车和宿营车之外，全车有14节载客车厢，其中10节是硬卧，4节是软卧。硬卧车厢有60—66个位置，软卧车厢有36个位置，共计能容纳游客800位左右。这条线路全程共安排11天时间，根据不同人群、不同铺位，价格为1680—3480元/位，包括这11天火车卧铺、住宿、用餐、景点首道大门门票、保险等方面的费用。同时，列车还专门配备有包括领队、保健医生在内的26名工作人员。

三、线路设计六要素组合评析

（一）餐饮

民族特色饮食和当地特色小吃已经成为旅游观光之余吸引旅游者的重要因素，它们丰富了旅游线路的内容。该线路中较有特色的餐饮是抵达乌鲁木齐当晚的自费品尝新疆独具特色的民族风味小吃。这样的安排，人性化地考虑到了游客饮食口味上的自由性和随意性。但需要指出的是，各地的特色饮食作为一种特殊的餐饮项目，在一条成熟的旅游线路中的安排次数不宜过多，以7天的旅游线路为例，最多不应超过两次。

（二）住宿

全程住宿根据价位区间安排有经济型、舒适型、豪华型三种规格的酒店，游客可以根据自身的经济状况进行选择，充分体现该旅游线路设计人性化的特点。

(三)交通

旅游专列通常会连接代表性的景点，满足游客想一次出行游览众多景点的愿望。另外，相对普通火车团买票难的情况，旅游专列却不必担心。同时，火车出行的安全性、舒适性是其他交通方式无法比拟的，游客不用再为疲劳的自驾游而担心，更不用承担飞机出行所付出的高昂费用。旅游专列具有定时、定点、定线等特点，可以发挥"一线多游"的优势，即一条旅游线路可以提供多种旅游选择。"长安号"丝绸之路专列旅游线路的特色在于比一般的旅游交通工具更具有灵活性，游客还可以根据实际情况进行选择，人到哪里，车停哪里，原铺去原铺回，不但便捷安全，还体现出了"一铺往返不中转，游览行程节奏缓"的出行特点，一路上可观景、休息、游览、娱乐，省去了舟车劳顿。"长安号"专列全程贯穿旅游便民、惠民的服务理念，沿途只在景点站集中停靠，每到一处景点站，游客们将乘坐空调旅游车前往景点，而"长安号"将在站点等待游客归来。

(四)游览

景点比较全面，11天内饱览丝绸之路的全部美景。

(五)购物

购物项目介绍不清楚，这也是本条线路的缺点所在。

(六)娱乐

娱乐项目主要集中在两处，一是敦煌鸣沙山景区的沙漠活动，项目内容适合各个年龄段的游客根据自身的身体情况合理选择；二是吐鲁番葡萄沟景区的民族家访，项目内容没有年龄的界限。少数民族风情对于游客而言具有相当强烈的吸引力。

国内旅游的目的地大多集中在环渤海、长三角、珠三角等区域。习近平总书记提出共建"丝绸之路经济带"的战略构想和"政策沟通、道路联通、贸易畅通、货币流通、人心相通"的总体思路，把丝绸之路经济带旅游业的发展推上了一个新的历史舞台和高度。这条11天的旅游线路通过采风、家访、娱乐、互动、交流等多种方式，展现了丝绸之路旅游的魅力与价值，全面提升了丝绸之路旅游的吸引力。

任务五　延安红色旅游线路

在中共中央办公厅、国务院办公厅颁布的《2004—2010年全国红色旅游发展规划纲要》中,红色旅游的概念被界定为:以中国共产党领导人民在革命和战争时期建树丰功伟绩所形成的纪念地、标志物为载体,以其所承载的革命历史、革命事迹和革命精神为内涵,组织接待旅游者开展缅怀学习、参观游览的主题性旅游活动。刘克帅发表在《旅游学刊》的一篇文章提出,这一定义在红色景区扩容后已显得过于狭窄,因此其尝试重新界定红色旅游:到表征几代国人自1840年来,特别是自1921年来在中国共产党的带领下浴血奋战、艰苦奋斗、开拓进取,致力实现国家昌盛和民族复兴的伟大梦想的地点进行参观、访问的活动或社会现象。红色旅游旨在促进参观者将个体生命与国家和民族命运紧密相连,通过激发基于社会现实的神圣体验,塑造其对重大事件的社会记忆,从而构建参观者的社会认同,达到个体(归属感和自尊)和社会(凝聚力)的共赢。

一、线路介绍

第一天:西安—延安。

早餐后乘车赴延安,途中游览中华民族始祖轩辕帝的陵园——黄帝陵(游览约1.5小时)。传说黄帝生于山东寿丘,逝世于河南荆山,葬在陕西桥山。在山顶平台的中央,陵冢高3.6米,周长48米,有砖砌花护围,四周古柏成林,幽静深邃。历代对保护黄陵古柏都很重视,宋、元、明、清都有保护黄陵的指示或通令。后参观"轩辕庙",也称黄帝庙,其坐北朝南,占地约9.33公顷,庙院长140米,宽84米。院内有古柏16棵,最珍贵者当属黄帝手植柏与汉武帝挂甲柏。庙院内最主要的建筑是人文初祖殿,初建于明朝,后代屡有修缮。然后北上延安,沿途欣赏陕北黄土高原地貌,途中游览有"黄河之水天上来,玉关九转一壶收"的黄河壶口瀑布(行驶约 280 公里,车程约 2.5 小时,游览时间约 1 小时)。壶口瀑布仅次于贵州黄果树瀑布,是我国第二大瀑布。万里黄河至此,河床由 300 多米宽突然收缩到 50 多米,浩渺的黄河水骤然收成一束,从 30 多米落差的黄河壶口飞流直下,气势磅礴,奇特壮观。后前往延安,入住杨家岭石窑宾馆。

第二天:延安。

早餐后,游览革命旧址杨家岭(参观时间约 40 分钟)。1938 年 11 月至 1947 年 3 月,毛泽东等中共中央领导曾在此居住。其间,中共中央指导敌后抗日战争并领导了解放战争,开展了大生产运动和整风运动,并召开了"七大"和延安文艺座谈会。后参观革命旧址枣园(参观时间约 40 分钟)。1940 年,中央机关在此兴建房屋,窑洞枣园还有周恩来旧居、刘少奇旧居、任弼时旧居、彭德怀旧居、书记处小礼堂旧址及社会部、作战研究室和机要室旧址等。后乘车前往延安红街(参观时间约 120 分钟)。延安红街整体采用延安时期的建筑风格,包括主题街区、红色讲堂、沉浸式演艺、射击乐园、长征步道、窑洞酒店、特色非遗、红色文化培训基地等。整个红街延绵 1.5 公里,包含有 5 个红色主题广场,148 个红色业态商户。游客可在红街自由购物并品尝陕北最具特色的美食羊杂碎、韭菜盒、油旋、驴板肠、果馅、碗托、洋芋擦擦、小米凉粉等。自由活动结束后返回酒店。

第三天:延安—西安。

早餐后乘车前往延川县(车程约 1.5 小时),参观习近平总书记当年上山下乡插队生活七个年头的地方——梁家河(参观时间约 2 小时),这里是一个陕北黄土高原上的小村落。在梁家河村委会,总书记曾深情地对乡亲们说:当年乡亲们教我生活、教我干活。我那时还是个十五六岁的孩子,什么都不会,后来擀面条、蒸团子、腌酸菜,样样都学会了。不要小看梁家河,这是有大学问的地方。从此,这个陕北高原上的小山村走进了世界人民的视野,梁家河从此名传五湖四海,声扬神州大地。后参观梁家河知青劳动体验基地,亲手体验磨玉米面、种地、体验牛犁地、挑水等农活。参观结束后用午餐,后乘车返回西安(车程约 5.5 小时)。

二、线路特色

陕西的红色旅游主线集中在延安,发散至西安或宁夏银川,王家坪、枣园、杨家岭、南泥湾等,一道道山来一道道梁,一个个窑洞一座座房。延安的每一寸土地,每一处遗址,勾起人们无限的红色追忆。但仅仅是红色,总觉得少了些什么,不妨再循着延安周边的黄陵县、宜川县而去,"红花"还需"绿叶"衬,红色资源、华夏始祖、黄河奇观共赏,视线将不会单调,内心将更加丰盈。从该线路中可以看出,其在开发时突出了以下两项内容。

(一)突出红色主题

红色旅游是"红色"和"旅游"的有机结合体,其中"红色"是内涵,"旅游"是形式。红色旅游资源是红色旅游线路设计的内容和题材。

(二)突出红色体验

目前的红色旅游景区,无论是革命圣地还是伟人故居,大都是物品陈列配以图片文字解说,表现方式单一并略显陈旧,缺乏教育和审美体验的创造性设计。该线路在设计时深入挖掘红色旅游线路的文化内涵,以旅游者为中心,从娱乐、教育和审美体验入手多方位整合"红色"体验元素,在旅游过程中为游客创造重回革命年代的难忘经历。

三、线路设计六要素组合评析

(一)餐饮

陕北人在粗犷贫瘠的黄土高原上用智慧创造出了一道道令人垂涎的美食,养育了这片土地上千千万万的人们。陕北民间的各种饭菜,大致上可以划分为三大类,即家常便饭、节日饮食和各种风味小吃。该条旅游线路中主要让游客参与体验陕北风味小吃,这些风味小吃常常代表着陕北各地不同的地域特色,像红街上的羊杂碎代表了榆林风味、韭菜盒代表了清涧风味、油旋代表了绥德风味、驴板肠代表了米脂风味、果馅代表了子洲风味等。这些不同特色的风味小吃,更是陕北饮食文化中的精华。

(二)住宿

该线路2晚住宿均安排在杨家岭石窑宾馆,宾馆位于毛泽东和党中央工作、生活过的圣地——杨家岭。杨家岭石窑宾馆是目前世界上最大的三星级窑洞群宾馆,是汇集陕北黄土民俗文化特色的窑洞主题酒店。此外,酒店每晚有民间艺人为游客奉献精彩的黄土风情文艺表演,让入住的游客充分体验窑洞文化。

(三)交通

该线路充分利用西延高速、包茂高速、青兰高速、延延高速,采用大巴车连接黄陵县、宜川县、延安宝塔区、延川县全部行程的参观游览点。

(四)游览

人文景观与自然景观交相辉映,视觉冲击较大。

(五)购物

购物项目主要集中在延安红街,主要设计的是当地土特产杂粮及农副产品,较受中老年人的青睐。

(六)娱乐

娱乐项目主要集中在两处,一是延安红街主题街区,项目内容适合年轻游客体验;二是梁家河知青劳动体验基地,项目内容没有年龄的界限,能唤起中老年游客的怀旧感,也能让年轻游客感受来之不易的现代幸福生活。

任务六 神奇桂西:
中国第一条世界级养生旅游线路

养生旅游是指离开原住地前往具有养生资源的旅游地,进行以健康为主题的养生旅游活动,是一种专项旅游。进入21世纪以来,全球老年人口和亚健康人群比重增大,世界性疾病蔓延,养生成为一种全球化现象。在我国,随着人们可自由支配的时间越来越多,收入日益上升,生活质量日益提高,人们对养生的需求和认识也渐渐提高。养生康体旅游产品获得了广泛的重视,成为时代潮流。以保健疗养为主题的专项旅游线路,将有广阔的发展前景。

桂西系广西西部,位于云贵高原东南麓,是滇、黔、桂三省交会地带,也是祖国的南疆,与东盟国家越南有着近千公里的边境线。这里自然风光秀丽,景色迷人,旅游资源十分丰富且资源品质较高,以乐业天坑群和靖西峡谷群为代表的自然奇观属于世界顶级的旅游资源。

桂西是珠江流域的源头,海拔落差达2000米,有寒带、温带、亚热带以及热带森林植被,空气质量高,每立方厘米负氧离子平均含量约2万个。澄碧河、盘阳河两大河流流域形成了世界级的养生胜地,是闻名世界的长寿带,人均寿命世界最高,百岁老人比例世界第一。这里居住着壮、瑶、苗、彝、侗、仡佬等少数民族,民族风情原生原态,被称为"活的少数民族博物馆"。这里是邓小平同志领导"百色起义"的地方,是全国12个重点红色旅游区之一,也是人们祈求幸福、保佑安康的福地。广西西部旅游联盟在政府的领导和大力支持下,将桂西地区最好、最美的旅游资源和景区进行整合,打造成为中国第一条世界级养生旅游线路。

一、线路介绍

第一天:桂西福地——百色市。

上午参观游览百色起义纪念公园,登龙山祈求幸福,保佑平安。下午前往被誉为"桂西养生明珠"的澄碧湖风景区,这里是桂西地区养生的最佳去处。晚上可品尝红七军特色菜。

第二天:世界长寿之乡——巴马、凤山。

上午前往世界著名长寿之乡——巴马、凤山,游览三门海景区。下午前往巴马的长寿村——仁寿源景区,走进养生学堂,感受巴马千年长寿文化,与这里的村民一起制作地道的长寿养生特色小吃,如糯米饼、豆腐花、糍粑等,品尝地道的巴马养生菜肴。晚上举行篝火晚会,与当地的瑶族青年载歌载舞,忘情欢歌。

第三天:壮族发祥地——敢壮山。

上午走进壮族发祥地——敢壮山。壮族是中国少数民族中人口最多的民族,也是平均寿命较长的少数民族之一。在这里可以了解壮族源远流长的历史,领略壮族独特的民族风情,感受壮族千年的养生文化。

第四天:中国最美的边境线——德保、靖西。

上午来到祖国的南疆,被誉为"中国最美边境线"的德保、靖西。首先我们来到德保,这是一座充满灵气与福气的美丽边城,参观游览德保枫树林公园,下午来到被誉为山水迷宫的吉星地下长廊景区。离开吉星地下长廊,来到"酷似桂林、胜似桂林"的美丽边城—靖西,参观游览古龙山峡谷景区。

第五天:返程。

二、线路特色

"神奇桂西:中国第一条世界级养生旅游线路"把自然养生与休闲旅游密切结合在一起,该旅游线路将桂西地区独特的养生旅游资源和景区进行整合,线路不仅涵盖了广西西部的旅游精华,将澄碧湖风景区、三门海景区、仁寿源景区、田阳敢壮山、德保枫树林公园、吉星地下长廊景区、古龙山峡谷景区等精品风景区都囊括其中,还深度展示了桂西各民族久远的历史和独特的养生文化传统,以及遵循自然规律的生存状态。

三、线路设计六要素组合评析

(一)餐饮

该线路依照当地各民族饮食习惯推出特色养生餐,精心设计"红七军特色菜""寿乡养生特色菜""桂西少数民族特色菜",深度展示了桂西各民族饮食文化传统,具有鲜明的地方特色和民族特色。

(二)住宿

该线路3晚住宿均安排在深藏于桂西好山好水之间的特色精品生态酒店。该条线路的主要游客大多来自现代城市,让游客们找到城市的喧嚣与回归乡村淳朴自然之间的平衡,是该线路的突击特点,也体现着该线路设计者的良苦用心。

(三)交通

目的地各处交通由旅游大巴车衔接。

(四)游览

该旅游线路不仅让游客置身于秀丽而又壮观的迷人景色中,并且让游客置身于自然天成的养生环境中。结合桂西独具特色的少数民族风情,对游客来讲是一场视觉与身心上的游览盛宴。

(五)购物

全程安排购物活动一处,即敢壮山。了解壮族特色伴手礼:壮锦、绣球、竹编织品。其中的壮锦,与云锦、蜀锦、宋锦并称为"中国四大名锦",起源于宋代,是中华民族文化的瑰宝。

(六)娱乐

富于参与性是该旅游线路的一大特色,例如线路中安排与村民一起制作地道的长寿养生特色小吃,与当地的瑶族青年载歌载舞,亲身体验各民族的民族风情,充满娱乐性。这提示我们在开发旅游线路和组织旅游活动时,要动静结合,多设计符合线路主题的娱乐活动,以吸引游客的参与。

测试题:
项目六

项目小结

本项目通过对国内成功旅游线路设计案例的分析,将旅游线路设计的相关理论与实践结合,展示如何设计出一条符合市场需求的旅游线路。一方面让大家了解旅游线路设计市场基础的重要性,另一方面也加深对旅游线路的认识和理解。目标是提高旅游线路设计的实际操作能力。

项目七 特殊旅游线路的设计

课件：
项目七

导读

本项目着重讲述户外旅游、研学旅游、银发旅游三种特殊旅游线路的设计，以及设计人员在实际操作中应考虑的一些问题，并列举研学旅游线路设计、银发旅游线路设计实例加以分析。

学习目标

1. 归纳特殊旅游线路的分类
2. 比较银发旅游线路设计与常规旅游线路设计的不同
3. 归纳研学旅游活动的设计流程
4. 设计某种特殊旅游线路

随着近年来我国经济的迅猛增长，人民生活水平与文化素质的不断提高，全民旅游、全域旅游的实施，特殊旅游也逐渐兴起。

特殊旅游通常也叫作"专项旅游"或"特色旅游"，是指为满足旅游者某方面的特殊兴趣与需要，或针对某些特定人群，进行定向开发、设计、组织的特色专题旅游活动。

特殊旅游在西方发达国家早已流行，并且发展较为成熟，有些经验值得我们学习和借鉴。

特殊旅游内容较多、较复杂，并且不断出现新的类型。目前，大致可以分为以下类型：

户外旅游。包括自驾游、野营、滑雪、漂流、登山、攀岩、骑马、徒步穿越、户外生存、户外拓展、户外自行车（山地车）、飞行、极限活动、热气球、高空滑翔、狩猎等。

水上运动旅游。包括滑水、帆板、皮筏艇、摩托艇冲浪、海钓等。

探险类旅游。包括登山探险、沙漠探险、森林探险、峡谷探险、洞穴探险、湖泊探险等。

考察观察类旅游。包括观鸟、观蛇、海底观测、潜水观察、文物古迹科考、自然地理科考、人文历史科考、学术考察、独特文化考察等。

其他类旅游。包括修学旅游、医疗康复保健游、宗教游、摄影游、写生游、老年游、研学游等。

特殊旅游线路的设计既是市场的选择，也是旅游者的需要，亦是常规旅游线路的有益补充，现如今大有替代传统常规旅游的趋势。因此，旅游线路设计人员要重视特殊旅游线路的设计，以便跟上旅游市场发展的新形势。在特殊旅游线路的设计中，首先要了解特殊旅游线路的分类，根据分类的不同，找到各种类别的特点与规律，然后根据设计要求、市场需求、旅游者预期目标等，开展设计。

在进行特殊旅游线路的设计时，要把握"特殊旅游线路是旅游线路的一种特殊类型"这一关键点，明确特殊旅游线路的设计，首先要遵守常规旅游线路设计的原则与要求；其次，特殊旅游线路的设计比常规旅游线路的设计要考虑的因素更多，专业性更突出，涉及面更广，知识运用更多，服务要求更专业，服务的程度更细致，设计经验更丰富，设计手法更高明。换句话说，从难易程度上讲，常规旅游线路设计是特殊旅游线路设计的基础，特殊旅游线路设计是常规旅游线路设计的进阶。

测试题：项目七前言

任务一　户外旅游线路设计

一、户外旅游

户外旅游又叫体育旅游，是指采用旅游的形式进行户外运动。户外旅游刚一面世，就受到年轻人的喜爱，随着其进一步发展，大量的中年旅游者也加入了这个行列，这主要是因为在户外旅游的很多项目中，需要的时间与金钱较多，身体条件要求较高，还要有一定户外运动的经验，而这些都是很多中年旅游者所具备的。

(一)户外旅游与常规旅游的比较——户外旅游的特征

1.目的性

户外旅游是在观光旅游、休闲旅游和度假旅游等常规旅游基础上的进阶,是更高层次的旅游产品。户外旅游更加强调精神与体魄的提升,而常规旅游强调审美的提升、感受的丰富、知识的增加。

2.理念

户外旅游更强调的是旅游者的体能和意志品质,而常规旅游强调的是旅游者身心的放松、休闲、娱乐。

3.体验方式

户外旅游更加强调旅游者的自主性、个性化,而常规旅游强调旅游者的参与性与娱乐性。

4.自主性和主观能动性

户外旅游虽然也采用旅游团队的管理方式,但与常规旅游活动比,并不把旅游者对享乐的追求放在首要位置,而更加注重追求精神或心理上检验自我能力的体验感与满足感,重视队友之间的互助协作关系。户外旅游活动可以较为充分地展示旅游者自身的能力,包括体力、耐力、应变突发事件的能力以及心理素质等。以上都需要户外旅游者有较高的自主性和主观能动性。反观常规旅游团队的成员,一般自主性和主观能动性较差,不认识的团员之间互助协作的情况较少。因此,户外旅游产品的服务,一方面给予旅游者提供专业性的服务,另一方面还要尽可能地保留旅游者自主参与、自主完成的内容。旅游线路设计人员在设计户外旅游线路时,尽量安排一些户外旅游者乐于主动参与的内容,如自备交通工具(旅游者自己驾驶)、自行拆建帐篷、团体餐食的制作、集体活动、事先设置"障碍"或突然出现的"危险"、民主会议等。

5.交通工具、路况要求

户外旅游不以旅游交通因素为主,而且除大交通以外,大部分旅游活动线路的路况常规车辆无法行驶。

6.环境与条件

户外旅游连续运动强度大、时间长,旅游活动的环境具有原始性和自然性。户外旅游活动的地区通常是人迹罕至和未经旅游开发的荒漠、高山、雪域,或具有优美的自然风光、奇特的地形地貌、独特悠久的文明史、少数民族聚居地、保留着自然原始生活状态的地区。所以,户外旅游线路的设计不考虑该地区有没有可进入性的问题。

7.心理感受

每个人的内心深处都有"好奇"的心理,户外旅游产品对旅游者而言,设计视角新颖,具有一定程度的"冒险"因素,能够体验到前所未有的新鲜感、刺激感和满足旅游者对未知领域的探奇心理。

二、户外旅游线路设计

户外旅游目前还属于小众旅游形式,随着我国人民生活水平的提高、人口素质与品位的提高、追求个性化的需求提升,户外旅游市场前景巨大,户外旅游线路的设计也是旅游线路设计人员的必备技能。

(一)户外旅游线路的设计前提

(1)户外旅游的环境恶劣、条件艰苦,户外旅游者的安全保障是最重要的设计前提。关于这方面,旅游线路设计人员在设计层面上可操作性不强,只能通过实地踩线,准备多种应急预案,使用经验丰富的专业户外领队,携带专业器材,备用专业救护机构,注意事项中注明可能会产生的风险,强调安全事宜等,来解决安全保障的问题。

(2)旅游线路设计人员在设计户外旅游线路时,要有环保意识、生态意识。作为户外旅游线路的设计人员,必须对生态旅游进行足够的研究,最大限度地降低户外旅游活动对生态与环境的影响,尽量设计出无碳排放的旅游线路与旅游活动。

(二)专业术语的使用

在户外旅游线路设计时,会使用大量专业术语,不同户外旅游项目的专业术语也不同,需要户外旅游线路设计人员在设计时熟练使用各种户外旅游项目的专业术语。

 知识拓展

登山活动时常用的专业术语

"阿尔卑斯式登山" 这种登山活动因最早兴起于阿尔卑斯山区而得名,是指不依赖他人,完全或主要靠登山者自身力量攀登山峰的活动。

"金字塔形兵站式登山" 20世纪20年代后,金字塔形兵站式登山逐渐取代阿尔卑斯式登山。金字塔形兵站式登山是指依靠大量雇佣人员的登山活动。20世纪20年代以来,国际登山运动日益发展,攀登的高度不断上升,装备与食品的重量和运输量迅速增长。因登山者本身难以完成在全部登山过程中所需物资的运输任务,故需要雇佣大量当地山区居民为登山队服务。一般一个登山者配备三个辅助人员,层层设站,组成金字塔形的"兵站式"运输支援线。此种登山活动已逐渐失去原先的体育意义。自20世纪70年代中期起,国际登山组织开始大力提倡阿尔卑斯式登山活动,以恢复登山的体育运动意义和作用。

"技术登山" 19世纪末至20世纪70年代初,阿尔卑斯山的三大险峰——玛达霍隆、埃格尔和古兰特·焦拉斯的北壁路线均已被登山者征服。到了20世纪80年代初,由于登山的各种装备不断改进,依靠熟练的攀登技术和各种装备,专门攀登悬崖峭壁的登山活动开始兴起,这就是技术登山。

"单攻" 指以一座山为冲顶目标,登顶后沿原路返回。

"冲顶" 在准备工作就绪后,向顶峰的冲击。冲顶的成败主要基于两个因素:人的身体、精神状态和天气状况。

"保护" 是登山技术的重要组成部分、安全措施之一。分为自我保护和互相保护两大类。前者指依靠保护措施做好自身的保护工作,后者指队员之间相互进行的各种保护措施。

"登山营地" 为户外旅游者适应、休息和运输物资等需要而设置的营地。攀登海拔较高的山峰(5500米以上)时,一般设置"基地营"和"中间营地"两种。基地营是登山活动的指挥部和后勤供应总站,也是登山队员在冲顶之前进行休整的总营地。设置位置要求安全性高,便于取水、避风,

便于观察目标的路线,日照时间较长,地势平坦,能以汽车与附近城镇进行联系。中间营地是为适应缺氧等特殊情况而设置的,能够满足旅游者逐渐适应环境和运输物资供给的需要。

"低压舱" 是一种能够形成低压缺氧环境的装置。可按模拟"高空"低压缺氧环境,测试出登山者对缺氧的耐力,从而得出登山者攀登的能力。也可利用低压舱作为锻炼缺氧耐力的手段。

"高山病" 又称为"高山适应不全症"。主要是因人体对高山缺氧环境不适应造成的。症状主要表现为头痛、头晕、恶心、呕吐、耳鸣、脉搏加速、呼吸加速,四肢麻木,严重的可引起昏迷。高山病分为高山反应、高山昏迷、高山高血压、高山脉水肿、高山红细胞增多症、高山心脏病、慢性高山适应不全混合症七种类型。

"雪盲" 指阳光中的紫外线经雪地表面的强反射,对眼部所造成的损伤。主要症状有两眼肿胀难忍、怕光、流泪、视物不清、眼前出现黑影。佩戴能过滤紫外线的防护眼镜,可以起到预防作用。

"适应性行军" 为提高适应能力的登山活动,一般多采取逐段升高适应的方式。

"山间危险" 一般分两大类:天然危险和人为危险。天然危险如滚石、雪崩、冰崩、冰裂缝、山间急流、日晒、大风、大雪、低温、云雾和雷电等。人为危险是指登山者由于不熟悉山间自然变化规律,或缺乏经验造成的事故。

"雪线" 指终年积雪区与入夏积雪融化区之间的分界线。

"越岭" 指以翻越棱线为登山路线,或登顶棱线附近的山顶。

"纵走" 指延数座同一山系的山顶登山的路线。

"'之'字形攀登法" 在攀登比较陡峭、险要的草坡、碎石坡或冰雪坡面时,为减少直线攀登所产生的难度和滑坠危险而采用的攀登方法。因行进的线路像"之"字而得名。

"坡地难度等级" 一般分三级:容易级,仅用双脚就能登上的山坡;稍难级,除双脚外,尚需借用双手才能登上的山坡;难度大级,除四肢外,尚需使用各种绳索和攀登器材才能登上的山坡。

(三)户外旅游必备用品

参加户外旅游活动时,如果携带的装备不齐全就无法应对突发事故,但带的太多又会增加背负重量,耗费体力。不同户外旅游项目和户外旅游线路都有不同的装备,需要户外旅游线路设计人员如数家珍。

知识拓展

登山活动时的必备用品与常见装备

一、登山活动必备用品

1.指北针;2.地图;3.备用干粮;4.备用衣物;5.头灯;6.太阳眼镜;7.火种 8.瑞士军刀;9.急救箱(包);10.绳索,等等。

二、登山活动常见装备

(一)个人穿着用品

1.服装:(1)冲锋衣裤;(2)抓绒衣;(3)排汗内衣;(4)速干衣裤;(5)羽绒衣裤;(6)其他个人衣物。

2.鞋袜:(1)登山鞋;(2)轻便运动休闲鞋;(3)运动凉鞋;(4)排汗袜;(5)普通运动袜;(6)雪套。

3.护具:(1)遮阳帽;(2)抓绒帽;(3)薄手套;(4)厚手套;(5)遮阳镜。

(二)个人装备用品

1.背包:(1)大背包(容积为45—80升);(2)小背包(容积为15—30升);(3)腰包或挎包;(4)摄影包。

2.野营用具:(1)睡袋;(2)睡袋内胆;(3)帐篷;(4)帐篷地席;(5)防潮垫;(6)铝膜地席。

3.照明用具:(1)头灯;(2)手电;(3)营灯;(4)荧光棒;(5)防风打火机;(6)防水火柴。

4.炊具:(1)炉头;(2)气罐;(3)套锅;(4)小钢杯;(5)烧烤炉。

5.水具:(1)户外水壶;(2)军用水壶;(3)水袋;(4)保温水壶;(5)净水器;(6)净水药片。

6.通信工具:(1)手机;(2)对讲机;(3)全球定位系统;(4)求生哨。

7.其他:(1)登山杖;(2)头巾;(3)充气枕;(4)洗漱包;(5)常备药品;(6)背包雨罩;(7)背包捆扎带;(8)地图;(9)快挂;(10)指南针;(11)军刀;(12)户外手表;(13)防水袋;(14)证件袋;(15)小型望远镜;(16)针线包;(17)充电宝与充电线;(18)笔记本;(19)备用食品,等等。

(四)户外旅游要素的筛选与旅游线路设计的实际操作

(1)旅游景区。在设计户外旅游线路时,经常使用的旅游景区要素几乎没有设施设备,可进入性也较差,即使使用知名度较高的旅游景区要素,也是选用非常规旅游路线进行旅游活动。这些旅游景区大多分布于"老、少、边、穷"地区,具有独特的自然风光。

(2)旅游餐饮。在户外旅游线路的设计中,几乎不用考虑旅游餐饮要素,只有在进入艰苦的自然环境之前和走出之后,才有可能涉及旅游餐饮要素,真正的户外旅游活动期间,旅游者自带饮食或就地取材自己烹饪,最多也只是在小餐馆或当地住家中将就一顿,无法要求餐饮的条件。设计人员要在"旅游线路行程单"上,注明携带食物和水的数量,以及尽量多地标明可以进行用餐的地点和餐饮条件。

(3)旅游住宿。与旅游餐饮的情况一样,在户外旅游线路的设计中,一般只考虑进入艰苦的自然环境之前和走出之后的旅游住宿要素。在户外旅游活动期间,旅游者多是自带装备,在野外露宿或在农家小院、简易房屋内临时居住。设计人员要在"旅游线路行程单"上注明携带哪些住宿装备和标明可以休息、住宿的地点。

(4)旅游交通。每种户外旅游活动项目对旅游交通要素的使用情况都不同。总结起来,大体分为:①不使用任何交通工具(也包括自带交通工具,有时交通工具属于旅游者携带的设备或装备);②只使用大交通的交通工具;③只使用大交通与小交通的交通工具。因户外旅游线路对旅游交通的使用情况较为复杂,因此,设计人员对旅游交通因素的筛选需要根据户外旅游活动项目的类别、旅游者的要求及客观条件等具体的情况进行选择。

(5)旅游购物、娱乐。在户外旅游线路设计时,一般不会设计购物、娱乐的环节。大多数户外旅游者因个人喜好,会在路边摊或当地人家里自行购物。旅游娱乐也多是自娱自乐。

(6)旅游人力因素。户外旅游活动一般不委派导游人员,多为委派户外专业领队人员,或称"驴头",要求经验丰富、熟悉旅游目的地环境,或者熟悉当地地形的向导,能进行指引路线、管理和服务等工作,有时还需要雇佣一些当地人充当辅助人员(用以搬运大量的设备与物资)。虽然户外领队与向导在旅游服务上不够专业,但在专业技术、野外经验等方面远超导游人员。设计人员要掌握户外专业领队人员、当地向导、辅助人员的资料信息,以经验丰富、熟悉当地的程度作为标准,进行筛选、委派。随着旅游业的不断发展,户外旅游的兴起,现如今,很多户外领队与向导通过培训学习考取了国家导游人员资格证;同时,许多导游人员通过学习、实践,也具备了较全面的户外知识与较高的户外专业技术及丰富的户外经验。如果旅游企业能很好掌握这些旅游人力资源,会对专营户外旅游产品的旅游企业带来良好的口碑。

(7)旅游设备、装备因素。户外旅游活动需要携带专业的设备、装备。有些是旅游者自己准备,有些是旅游企业帮助购买。需要旅游者自己准备的,设计人员要在"旅游线路行程单"上说明设备、装备的名称、型号、规格、数量等要求;若是旅游企业帮助购买的,设计人员要在"旅游线路行程单"上说明设备、装备的名称、品牌、型号、数量、使用方法等,还要注明旅游活动结束后,装备的归属权问题。

随着户外旅游活动的不断发展,条件的日臻完善,经验的逐步积累,如今的户外旅游线路设计已经更加规范化、程序化、标准化和成熟化,减少了很多人为因素和随机因素的干扰,再加上有优质、先进的设备和装备作为保障,定位及救援等方面的完备服务,设计人员只要在保障安全的前提下,最大限度地让旅游者体验到刺激感与满足感,设计户外旅游线路会变得与设计常规旅游线路一样便于操作。

一、简答题

简述户外旅游的特征。

二、实训练习

根据所学知识,梳理户外旅游线路的设计流程。

测试题:
项目七
任务一

任务二 研学旅游线路设计

一、我国研学旅游的兴起与研学旅游线路的设计

(一)研学旅游的兴起

2016年11月,教育部等11个部门印发了《关于推进中小学生研学旅行的意见》,将研学旅行纳入我国中小学教育的教学计划,作为一项必修的教学课程。

研学旅游是"研究性学习"和旅游体验相结合的校外教育活动,是学校教育、社会教育、家庭教育的实践性学习形式,通过"教、学、做"合而为一的理念,利用旅游活动的模式,培养中小学生科学的思维方式、学习能力、良好思想品德和健全人格,实现素质教育的目标。

"读万卷书,行万里路"是我国先贤在教育方面的实践总结,在现阶段的教育改革中,研学旅游的推行,正是秉承了这一思想理念,放弃填鸭式的教育模式,让学生在学中玩、在玩中学。

(二)研学旅游线路设计的现状

研学旅游在我国刚刚兴起,还处于探索阶段,在理论研究方面可参考的资料较少,很多相关景区的配套设施还不具备或不齐全。但让人欣慰的是,很多旅游企业和研究机构已经开始重视对研学旅游的研究,投入了大量的人力、物力进行相关工作,有些旅游企业成立了独立的研学旅游部门,还有的企业专门成立了研学旅游公司进行这方面的专题研究和设计。但不尽如人意的是,大多数研学旅游产品,依然与修学旅游、常规旅游大同小异。其中原因诸多,主要有:

1. 市场因素

真正的研学旅游产品动用旅游资源较多、较复杂,成本较高,使得真正的研学旅游产品价格难以让市场接受。

2. 相关人员认知错误

大多数学生、家长、教师、教育机构,甚至旅游企业的相关人员都把研

学旅游等同于常规的春游、秋游。

3. 人才缺乏

所有研学旅游的相关人员都是"摸着石头过河",可供借鉴的经验与学习的资料太少,导游人员、讲解人员、设计人员以及其他研学旅游相关人员,本身的知识体系不够完善,更是对中小学生的教育方面所知甚少。

4. 短时间难于掌握全部内容

研学旅游内容纷繁复杂,不但要掌握旅游方面的知识,还要掌握中小学课本上的知识(甚至要扩展延伸)、教育学的知识、中小学生心理学的知识等。而如此大量的知识在短时间内难以全部掌握,更不用说运用这些知识进行设计了。

二、研学旅游线路的设计要求

研学旅游属于特殊旅游的一种,不能等同于修学旅游或春游、秋游。修学旅游强调以学习为主要任务;春游、秋游一般更多地考虑"玩"的因素。而研学旅游是将两者结合在一起,既强调学也强调玩,淡化"玩"与"学"之间的界限,把课堂转移到户外,让两者相辅相成、相互融合。因此,研学旅游线路的设计人员既要用传统的旅游线路设计的方法进行设计,又要开辟新的思路、新的形式、新的旅游活动内容,还要把教育的理念和内容贯穿其中。

(一)研学旅游线路的设计突出素质教育

研学旅游是中小学生现行教育体制改革的重要组成部分,要重视中小学生在出游过程中学到什么,更要重视中小学生如何利用所学的知识解决问题,是中小学课堂教育的有利补充。通过研学旅游,学生扩展了眼界,开拓了思维,提高了认知,增强了学习能力,是实现我国素质教育目标的重要方式。如果研学旅游只是到景区或研学基地听听常规的讲解、看看景物,那就违背了研学旅游的本质。因此,研学旅游线路的设计要从"对中小学生进行素质教育"这个方向入手。

(二)研学旅游线路的设计要注重趣味性与参与性

研学旅游线路的设计要明确旅游主体是中小学生,旅游目的是教育,旅游内容要结合课本,形式要具有趣味性和参与性。研学旅游活动要能够引领学生进行深度思考和充分体验,让知识"活起来",达到激发学生学习兴趣的目的;要能够引领学生从参观游览到体验运用,对学生进行视觉、听觉、嗅觉、味觉、触觉、感觉等多感官的刺激,以达到对学生思维的扩展与启发、正确价值观的树立,最终实现从"让我学"转变到"我要学"的目的。

(三)研学旅游线路的设计是多元素的高度组合

研学旅游活动需要动用大量的旅游资源,既包含常规的旅游资源,还包括一些特殊的旅游资源,例如:使用特殊的人力资源、场地、器材、设施设备,营造特殊的环境等。在讲解方面突出知识、常识、德育、审美、思维、价值观、人生观等方面。在研学旅游活动中,要突出体能、协调性、动手能力、适应能力、知识运用、统筹能力、领导能力、团队协作等方面。这些需要在设计研学旅游线路时,耗费大量的人力、物力、财力,设计人员需要进行细致、周到、全面的考虑。

(四)研学旅游线路要分年龄段进行设计

设计人员应根据不同年龄段进行研学旅游线路的设计,不同年龄段所学、应学的内容不同,价值观、人生观、适应能力、动手能力等都不同。因此,设计人员必须根据每个年龄段,分段进行研学旅游线路的设计。

(五)注重研学旅游活动内容的设计

研学旅游线路设计的难点在于能让学生学到什么,提高哪些方面的能力,拓展哪些思维,是否能树立正确的人生观与价值观,等等。还要考虑所设计的研学活动学生是否乐于参与,成本是否过高,资源是否到位等。因此,在研学旅游线路设计中最难的是内容的编排,这也是考量线路设计是否成功的关键。

三、研学旅游活动内容的设计

在研学旅游活动设计之前,首先要确定活动对象的年龄段,如果设计的内容不符合相应的年龄段需求,学生要么会觉得无聊,要么会觉得难度太大,最终都会导致学生失去兴趣。

研学旅游活动大致可以分为参观、课程、游戏、定向跑、户外拓展、手工DIY、实际操作七个方面。

(一)参观

研学旅游活动的参观不同于常规旅游参观,首先参观的对象要与课本内容有关,让学生从不同感官上体验到课本以外的知识。例如:学生在课本中学过蔡伦造纸,可以将传统工艺造纸作坊的参观设计在研学线路中,让学生从视觉上体验造纸的全过程,以及每一个步骤的要求与作用,最终让学生了解真实的中国传统造纸工艺。

(二)课程

研学旅游活动的课程方式、方法要新颖,可以在话题、形式与环境上新颖,选择学生有兴趣的话题作为课程内容,例如"盗墓与考古"的话题。还可以采用参与、引导、启发、互动等教学方法,进行现场教学,例如在华清宫里讲唐代的历史,还可以让学生既熟悉又喜欢的人授课,如网络达人等。需要注意的是,课程时间不宜过长、内容不宜过多。

(三)游戏

游戏是绝大多数人都感兴趣的活动方式,尤其是学生。目前,研学旅游市场上有动作、冒险、模拟、角色扮演、休闲等游戏设计。研学旅游活动的游戏不但要设计得有趣、新颖,还要有适当的难度。研学旅游活动的游戏类似于团建的游戏活动,目的是让学生通过"玩",学到知识、掌握技能、扩展思路、增强团结精神、锻炼身体和意志品质等。需要注意的是,同一个游戏要设计出不同的难度层级,一方面适合不同年龄段的学生;另一方面让学生每完成一个层级,都会产生成功感和喜悦感,树立学生的自信心。

(四)定向跑

这个活动类似于电视节目《爸爸去哪了》,是在一个陌生的环境内(可以是一个景区或一座城市),以小组为单位或以个人为单位,设置一些任务。可以是所有任务一起分配给学生,让他们自己选择完成任务的顺序;也可以在前一项任务完成后分配下一项任务,最终达到终点。定向跑可以开拓逻辑思维,增强学生的判断力、分辨力、应变力、交流能力等。若是以小组为单位,还可以增强学生的团队凝聚力、执行力、领导力等。

(五)户外拓展

户外拓展源于二战时期的英国,20世纪80年代传入中国,1989年我国成立了第一个户外拓展民间团体。随着研学旅游的开展,户外拓展也被引入到研学旅游的活动中。户外拓展可以增强学生的团队凝聚力,培养全

视频:
影视旅游
的滥觞

局意识和团队精神,提高交流能力,以及体能、生存、心理、人格、管理的训练等。

(六)手工DIY

手工DIY是最受学生喜欢的研学旅游活动之一。DIY是20世纪60年代起源于西方的概念,本意是不依赖或聘用专业的工匠,利用适当工具与材料自己进行住宅的修缮工作。DIY就是"Do it yourself"的英文缩写,"手工DIY"的意思即是自己动手做手工。手工DIY使手、眼、脑的协调配合得到有效锻炼,增强视觉和动作的协调,提高精确性和灵活性;还可以提高设计意识、动手能力、反应力、创造力;培养认真严谨的态度、坚忍不拔的精神、沟通协作的能力、做事的计划性和逻辑性。手工DIY通过实践、探究的体验式学习,不仅对促进学生的成长、缓解学习压力有着良好的作用,更对其未来的工作与生活具有重要意义。

(七)实际操作

与手工DIY不同,实际操作不一定是制作某种东西,其更强调体验过程、学习技艺,例如参加考古发掘、种树、做科学小实验等。这种研学旅游活动可以激发学生的热情,提高动手能力、计划性与逻辑思维能力。

综上所述,研学旅游活动是培养学生的创造力、沟通协调能力、空间想象能力、逻辑思维能力、动手能力、凝聚力的重要途径。在设计研学旅游活动时,活动内容既要紧贴平时的教学,让学生从另一个角度学到知识,又要培养学生在传统教学活动中学不到的能力与品质,最终树立正确的人身观、价值观、世界观。

一、简答题

1.简述我国研学旅游的现状。

2.简述研学旅游的要求。

3.说说研学旅游活动都有哪些?

测试题:
项目七
任务二

二、实训练习

结合所学知识,设计一项研学旅游活动。

要求：

1. 说明研学旅游活动的操作流程；
2. 说明活动运行的规则或注意事项；
3. 说明设计过程。

任务三　银发旅游线路设计

近年来，银发旅游逐步兴起，在我国已经成为除研学旅游之外最大的旅游客源市场。随着我国社会逐步迈入老龄化，老年人口数量的日益增多，再加上其可自由支配时间的充裕，可自由支配收入的增加，以及生活与消费观念的不断转变，形成了体量庞大的银发旅游市场。

一、银发旅游线路设计的意义

（一）增加旅游业的经济收益

据中国老龄科学研究中心调查显示，城市中42.8%的老年人拥有存款，60岁以上的老年人每月能领到一定金额的退休金和养老保险金，再加上子女大多无暇陪伴老年人，愿意提供资金和其他条件支持，鼓励老年人结伴出游。这为旅游业提供了前所未有的契机，抓住这个市场可以有效地促进旅游业的经济收益。近年来，我国老年旅游的比例已占到整个旅游市场的30%左右，尤其是在旅游淡季期间，老年旅游已超过整个旅游市场份额的半壁江山。因此，银发旅游产品可以让旅游企业和整个旅游行业获得可观的经济收益。

从旅游企业销售角度来讲，如今老年人出门旅游往往是结伴出游，或者子女为了照顾老年人的旅途生活，陪同出游。一个好的旅游产品，不仅能让老年人心动，也能带动老年人的玩伴，甚至能够激发老年人的子女们再次购买同一或相似旅游产品的动机。因此，好的银发旅游产品还有增加旅游产品销售量和带动旅游市场的作用。

(二)促进老年人身心健康,产生归属感

站在旅游者角度,一款好的旅游产品,能够让老年人在旅游途中身心愉悦,身体状况也能随着愉悦的心情得到改善。旅游者在旅游活动中,会产生归属感,二次购买旅游产品的可能性大大提高。

(三)均衡旅游市场淡旺季的作用

老年人有着更多的可自由支配的时间。中年、青年旅游者由于工作和其他事务的原因,没有太多的可自由支配时间,而且即使有,也大多是在"法定节假日"。在这一点上,老年人不受时间的约束,绝大多数老年人可以"错峰"旅游,选择在淡季与"非法定节假日"期间出行,这为均衡旅游市场淡旺季起到了非常重要的作用。

二、我国银发旅游市场的特点

(一)市场潜力巨大

根据我国第七次人口普查数据显示,60周岁以上老年人有2.64亿,按每年每人平均花费2000元在旅游上计算,每年银发旅游消费总额可达5000亿元以上。但目前市场上,提供针对银发旅游的旅游产品与相关服务的供给量远远不足。随着老年人口数量增加,银发旅游的产品供给量与实际需求量之间的矛盾将成为旅游市场上的突出矛盾。

(二)具备出游条件

对于旅游出行来说,必须同时具备可自由支配的时间、可自由支配的收入、旅游出行的动机、可以进行旅游活动的身体状况四个方面的条件。现如今,越来越多的老年人具备这些条件。

1.可自由支配的时间

从工作角度而言,老年人不用工作,赋闲在家,拥有大量的时间;从家庭结构而言,我国的家庭结构逐步由"大家庭"向"小家庭"转变,以前是几代人同住一个屋檐下,现在绝大多数家庭已是"三口之家""两口之家",儿孙不与老年人同住,于是出现了大批"空巢家庭",老年人不再整天为儿女操持家务,多出了大量的可自由支配的时间。

2.可自由支配的收入

老年人可自由支配的收入来源一是以前的积蓄,二是退休工资与社

会福利(如养老保险等),三是子女的资助。现在,绝大部分正常家庭除了维持正常生活的费用以外,都有一定的积蓄,子女出于孝心和不能照顾父母的实际情况,愿意资助父母出行旅游。

3.旅游出行的动机

如今,我国绝大多数的老年人具有强烈的外出旅游愿望。从旅游活动的本质而言,旅游活动是人们在满足基本生活需求之后,更高层次的精神追求。通过旅游活动,人们可以休闲、学习、观光、疗养、运动、购物、娱乐等,是丰富自我、肯定自我、点缀生活的途径和方式。

4.可以进行旅游活动的身体状况

身体状况也是旅游出行的必备条件之一。随着医疗条件的改善、医疗设施的完备,我国人口的平均寿命在不断增长。此外,老年人在闲暇之余锻炼身体已经成为常态化,我国老年人的身体状况也在逐步健康化。

三、我国银发旅游产品的现状

(一)缺乏专业性的银发旅游产品

我国大部分旅游企业在设计银发旅游产品时,没有针对老年人的心理、生理和行为特征,真正的银发旅游产品并不多,供需矛盾极大,银发旅游产品的设计现状令人担忧。

(二)设计人员专业性差

大多数旅游企业没有进行市场调研与市场分析,没有深入研究老年人的特殊性,盲目地进行跟风设计,造成设计的旅游产品不符合老年旅游者的基本需求,既损害了老年旅游者的利益,又降低了二次销售本企业旅游产品的可能性,还搅乱了旅游市场。

(三)旅游企业不负责任

有些旅游企业只想尽快占领老年旅游市场,根本不进行旅游产品设计,将常规的旅游产品冠以"老年游"的标签进行销售,导致效果非常不理想。更有甚者,利用老年人的弱点,以低价、零负团费的手段招徕老年旅游者,用"旅游"的名义进行欺诈活动。

四、银发旅游线路的设计

(一)从分析、研究老年人入手

银发旅游线路的设计,首先应该从研究老年人开始,以最大限度地满足老年旅游者的需要为设计理念,设计出符合老年旅游者的意愿和行为习惯的旅游产品。"适应老年人的需求"才是银发旅游线路设计的依据与关键。下面是调查机构总结的一些老年人的特点,供设计人员在设计银发旅游线路时参考。

1.生理特点

(1)体质衰退;

(2)抵抗力下降;

(3)疾病增多;

(4)身体有发胖的趋势;

(5)智力和记忆力减退;

(6)精神衰老;

(7)所有身体机能下降;

(8)认识能力低下,感觉迟钝,视力、听力减退。

除此之外,银发旅游线路的设计人员还可以研究老年人的各个感官、器官、系统的变化情况。

2.心理特点

(1)精神上无寄托,因环境的改变,会造成孤独感和依赖感;

(2)孤独心理又易产生忧郁感与焦虑感,长期存在焦虑心理会使老年人变得心胸狭窄、吝啬、固执、急躁,时间长则会引起神经性内分泌失调,促使疾病的发生;

(3)由紧张的工作转向松散状态造成的失落感,情感不稳定,易伤感,易被激怒,发怒以后又常常感到懊悔;

(4)老年人常有害怕、受惊的感觉,当恐惧感严重时,还会出现血压升高、心悸、呼吸加快、尿频、厌食等症状;

(5)做事信心不足,事事依赖别人,行动依靠别人决定。

3.行为习惯

(1)"老年不与少年行",喜欢与同等文化层次、志趣相投的老年人交往;

(2)喜爱与聪明伶俐的小朋友交往,并视为自己的人生乐趣;

(3)喜爱大量聚集,小团体活动;

(4)出门活动的时间常在6—7点、9—11点和14—17点;

(5)视听等功能的减弱,常常静坐、闭目沉思;

(6)喜爱阳光照射量大和照射时间长的地域,阴雨天常显得无精打采;

(7)不愿意在熟悉环境中改变自己的行为习惯;

(8)喜欢被人看和看别人,喜欢回忆过去,重提旧事,对当地人物的评论更感兴趣,有时争得面红耳赤,有时一起哄堂大笑,并以此来体现存在感与价值观;

(9)喜欢清闲的生活,如喝茶、散步、聊天、种花、养鱼、养鸟等;

(10)习惯早睡早起,很多老年人有睡眠障碍,常有睡眠减少、睡眠浅、多梦、早醒等;

(11)勤劳成习、省吃俭用、爱惜财物;

(12)动作灵活性差、协调性差,反应迟缓,行动笨拙等。

4.需求变化

(1)希望老有所养、老有所依,后继有人;

(2)希望有归属感;

(3)希望老有所爱(夫妻之爱、子女之爱、天伦之爱);

(4)希望受尊重等。

以上都是普遍情况,不同老年人的情况也会有差异。总之,只有详细的调查、认真的分析、仔细的研究目标群体的具体情况,设计人员才能设计出有针对性的银发旅游产品。

(二)筛选旅游要素

银发旅游线路的旅游要素的筛选,同其他特殊旅游线路一样,首先要符合常规旅游线路的要素筛选要求,再根据老年人的生理、心理、行为、需求等特征进行复选。

(三)需要注意的细节

1.乘坐大交通与小交通的时间不宜过长

老年人长时间保持一种姿势,容易造成手脚麻木,活动时会使手脚失控,造成伤病;如果无法避免长时间的车程,要在途中设计多次休息,尤其是老年人乘坐长途大巴时,时间间距不宜超过两小时,最好一个半小时休息一次,让老年人下车活动一下腿脚,去一下洗手间。正常人在常规状况下,上厕所的生理周期约为 2—2.5 小时一次,老年人因身体机能下降,时间会更短。

2. 景区交通不宜颠簸、大幅度转向和大坡度上下

如果无法避免,要提前与景区沟通,更换交通方式或取消这个景区。因为大多数老年人都有骨质疏松和心脑血管方面的问题,颠簸、大幅度转向、上下坡等都可能诱发疾病以致产生危险。

3. 旅游活动时间不宜过长

如果无法避免参观游览的时间与路程过长,设计时应在参观游览与路程中多设计休息的地点与方式,避免老年人过度劳累,旅游活动速度要缓慢,切忌"急行军",总之要多停少动、多坐少站。银发旅游一定要少安排景区,一般一天只安排一到两个景区,每个景区参观游览的时间不宜超过两个小时。

4. 饮食方面

除正常餐饮要求外,老年人的菜品还要清淡、柔软、多菜少肉、温度适宜,并按时饮食。

5. 住宿方面

除正常住宿要求外,老年人的住宿还要防滑设备完善,如装备高低不一的扶手、灯光明亮等。

6. 注意安全隐患

银发旅游最大的安全隐患有两个,一是身体失控造成的伤害;二是多因耳背与"一意孤行"造成的走失。这两项可以通过服务人员的细心、耐心与多提醒来改善。

7. 安静的环境

绝大多数的老年人喜欢安静的环境,住宿、餐厅、景区、大巴车等应以安静为前提,因为嘈杂的环境不利于老年人的休息,还会造成老年人的急躁情绪,更有甚者会造成老年人情绪失控与危险的发生。

8. 旅游活动要符合老年人的作息习惯

设计银发旅游活动要符合老年人的作息习惯。例如老年人都习惯早睡早起,按时吃饭,所以,设计的行程要"早出早归"。

9. 设计合理的出游时间

银发旅游产品的出游时间最好避开节假日,一般选择初春与深秋最为适合。

10. 配备专业的医护人员

银发旅游活动中必须配备专业的医护人员和急救药品。

此外，还有很多需要注意的设计细节，需要设计人员在工作中不断发现与总结。用一句话概括，银发旅游线路的设计主要把握"慢""轻""静""安""软"等原则。

 基础检测

一、简答题

1. 请谈谈老年人有哪些特点。
2. 列举在设计银发旅游线路时要注意的细节。

二、实训练习

寻找市场上的旅游产品，根据所学内容，看看哪些旅游产品可以改造成银发旅游产品，并进行改造。

要求：

1. 设计要符合银发旅游线路的要求；
2. 突出细节设计。

测试题：
项目七
任务三

任务四　特殊旅游线路设计实例

一、研学旅游线路设计实例

（一）案例

跟着课本读桂林

1.研学背景

教育背景：小学四年级课文《桂林山水》、七年级课文《桂林山水歌》，还有古往今来众多名人如杜甫、韩愈、徐霞客、陈毅、郭沫若等都在桂林留下了珍贵笔墨。

历史文化背景:桂林是中国首批国家历史文化名城、世界著名的旅游城市,其境内的山水风光举世闻名,千百年来享有"桂林山水甲天下"的美誉。桂林人文资源十分丰富,集文物古迹、民族风情、村寨风光于一体,并与山水景观有机结合,交辉互映。

2.研学目的

(1)通过身临其境感受桂林山水,能更深入地理解课本知识;

(2)了解桂林山水的成因;

(3)考察桂北地区的非物质文化传承,初步了解桂林的历史文化、红色文化及少数民族文化;

(4)让学生们在活动中交流,在交流中合作,在合作中共处,培养集体意识和团队精神。

3.课程目标

能力目标:结合天下无双的桂林山水体验与桂林非物质文化遗产,以趣味研学、寓教于乐的形式,让学生们接受户外活动体验、生活技能培训、审美技能和心理素质训练,锻炼学生们的社交能力、动手能力、团队协作能力,培养学生们的探索精神,增强自身的社会责任感。

情感目标:亲近自然,畅游山水,放飞心灵。让学生们行走在美丽的山水之间,在轻松快乐的情境中,体验文化,学习成长,培养热爱祖国大好河山的情感。

知识目标:通过对课本中的桂林山水进行具体的、情境化的呈现,使学生们认识到课堂学习内容的实际价值,认识到课本内容对其今后的学习、生活所起到的基础性作用,从而提高学生的学习积极性,引导学生主动地融入学习活动中。

4.研学课程特色

(1)探索靖江王府,走进历史,体验古代科举制度的形式——"新秀赶考";参观摩崖石刻,体验中国传统拓本制作过程;寻找"桂林山水甲天下"诗句的出处。

(2)了解长征途中最悲壮的湘江战役的历史,重温红军二万五千里长征的伟大壮举,让学生们深刻感受以湘江战役为代表的革命事迹带来的精神洗礼,感受先烈们为革命胜利不怕流血牺牲的崇高精神,升华学生们的爱国主义情感与民族自豪感。

表 7-1 "跟着课本读桂林"旅游线路行程单

	时间段	研学主题	研学内容	研学任务	知识链接
第一天	全天	启程,桂林山水欢迎您	背起行囊,离开爸妈,开启快乐的桂林山水研学之行。	融入团队,学会照顾自己	自理能力、团结协作能力
第二天	上午	国防教育	参观桂林国防教育陈列馆	了解国防教育发展历程	国防、军事
	上午	红色教育	【参观湘江战役烈士纪念碑园】1.了解红军湘江战役的历史背景;2.了解湘江战役的意义:没有红军突破湘江的成功,就不会有红军二万五千里长征中四渡赤水、巧渡金沙江、飞夺泸定桥,以及爬雪山、过草地这些气吞山河、可歌可泣的革命历程,乃至共和国的建立。	学唱红歌	历史、抗战
	下午	水利文化	【参观灵渠】1.了解灵渠的历史:秦始皇为统一中国而建;2.古代三大水利工程之一,与都江堰、郑国渠齐名;3.了解湘漓分派,了解桂林米粉的发源地。	1.灵渠沟通了哪两大水系;2.了解陡门、铧嘴、大小天平的作用;3."桂林"名称的由来。	历史、地理
	晚上	总结分享		填写研学手册	

续表

时间段	研学主题	研学内容	研学任务	知识链接
第三天 上午	我是非遗传承人	【参观滴水人家】 1.了解桂北风情、古民居建筑艺术; 2.了解桂林非物质文化遗产的传承,感受"工匠精神":古法榨油、织布、竹编、腐竹制作、陶艺制作、春粑粑等; 3.体验传统手工艺课程,不仅培养学生的动手能力,还能学习传统文化。可现场品尝劳动成果,也可带走留作纪念。	1.分组编茶杯垫; 2.分组做卡通艾叶粑粑。	传统文化
第三天 下午	山水风光、亲近自然	【游览漓江精华段(乘船)】 1.欣赏漓江美丽风光,爱护漓江一草一木,增强学生们的环保意识; 2.欣赏二十元人民币背景图。	1.寻找二十元人民币背景图最佳角度并拍照; 2.通过对漓江良好的自然环境的深度体验,意识到环境保护的重要性。	生态环保
第三天 下午	西街英语挑战	【游览阳朔西街】 古风犹存却充满活力的阳朔西街,街中有众多的工艺品店、书画店、旅馆、咖啡厅。	尝试用英语与外国友人交流	英语
第三天 晚上	总结分享		填写研学手册	

续表

	时间段	研学主题	研学内容	研学任务	知识链接
第四天	上午	植物科普、民族工艺体验	研学课程体验 课程一：从百草园到柚子书院：认识植物的种类，分辨树叶，从课本走进自然。 课程二：非遗课堂：讲解画扇的文化，体验非遗画扇制作过程，学习并掌握关于"扇"或"善"的典故、成语。 课程三：DIY制作竹筒饭（竹筒饭午餐）	1. 今天你认识了哪些植物？ 2. 请列举关于扇或善的成语。	自然、美术、美食
	下午	喀斯特地质课堂	【参观芦笛岩】 参加一次别开生面的地质课：了解什么是喀斯特地貌，溶洞是怎样形成的，石钟乳、石笋、石柱、石幔这些千奇百怪的地形都长什么样。	学习地质小知识，完成"我的溶洞日记"。	地理
		桂林米粉文化、美食	【参观桂林米粉文化体验中心】 了解米粉的制作工艺，品尝最具特色的地方小吃。		美食
	晚上	总结分享		填写研学手册	
第五天	全天	农耕文化、探访少数民族学生，并怀之交流学习	【参观龙脊梯田】 1.了解关于龙脊梯田的农耕文化； 2.了解龙脊梯田的历史，体验人民在大自然中求生存的坚强意志，品味人民在认识自然和建设家园中所展现出的智慧和力量； 3.领略梯田之美，此块梯田垂直高度五六里、横向伸延五六里，如同一级级登上蓝天的天梯，又如一幅幅巨大的抽象画； 4.参观少数民族特色建筑——吊脚楼； 5.与少数民族学生交流，互相了解学习、生活现状并建立友谊。	1.中国有多少个少数民族？在桂林居住的有哪些民族？ 2.壮族、瑶族的服饰特点？ 3.龙脊的房屋建筑特点？	少数民族、农耕、建筑
	晚上	总结分享		填写研学手册	

续表

	时间段	研学主题	研学内容	研学任务	知识链接
第六天	上午	阅尽王城知桂林	【参观靖江王府】 1.探寻王府历史,参观摩崖石刻; 2.在广西贡院体验"穿越时空的学子生活",争当状元郎。参观学习古时贡院知识,体验古代科举考试,感受学子们"十年寒窗"的艰辛和"金榜题名"时的喜悦; 3.体验国家非物质文化遗产彩色拓印技艺。	1.亲手拓印一份"福"字作品,在拓师的带领下,用王府秘拓技艺将人生中第一幅饱含满满心意的历史拓印作品送给最爱的长辈; 2.寻找"桂林山水甲天下"诗句的出一处,作者是谁?	
		山水颂歌、回归课本	【游览象鼻山】 1.了解象鼻山的形成及历史文化; 2.全班朗诵课文《桂林山水》; 3.趣味山水诗词大赛(分组); 4.刘三姐经典山歌对唱。	诗词大会	语文、音乐
	下午	告别桂林,踏上归途	告别,是在满满的收获之后,带着对青山绿水的眷恋,留下少年的畅想和回忆。从今天起,做一个独立、自信、阳光、智慧的好少年,努力学习,快乐成长!	分组总结本次研学之行	分享、感恩

(3)欣赏漓江风景。舟行碧波上,人在画中游,身临其境解析课文《桂林山水》,通过对漓江良好的自然环境的深度体验,意识到环境保护的重要性。

(4)访寻漓水人家,体验非物质文化传承,探秘二十四节气时间之旅。

(5)梯田徒步,学习农耕文化,体会劳动人民的智慧,与少数民族学生互动交流。

(6)在象鼻山品读描写桂林山水的经典作品——小学课文《桂林山水》;趣味山水诗词大赛,体会并学唱一首广西的经典对唱山歌——《心想唱歌就唱歌》。

(7)观察并了解中国溶洞地貌的分布及形成原因。

5.研学教育流程

(1)研学前:指导学生做好准备工作,阅读相关书籍,一一查阅相关资料,确定重点研究课题及任务;

(2)研学中:组织学生参与教育活动项目,指导学生撰写研学日记,并完成相应的研究课题任务报告;

(3)研学后:组织学生分享心得体会,如组织征文展示、组织分享交流会等。

6.课程评估体系

(1)学生自我评价:学生要对自己的自我管理、实践活动、协作精神等三个方面进行评价。

(2)过程性评价:由辅导老师和带队老师完成,在每天的研学旅游活动过程中对学生的态度、参与度、完成研学任务成果等进行评价。

(3)终结性评价:由带队老师进行综合考评。

7.安全注意事项

住宿安全、食品安全、公共场所安全、交通安全。此项内容可详细编入研学手册中。

标准:略

费用:略

(二)案例分析

1.研学旅游产品主题与简介的分析

(1)主题。①主题明确了研学旅游的本质。研学旅游是不在学校(或者课堂),换个地方进行研究学习,是在学校(或者课堂)的学习基础上,通过实践和体验,深化学到的知识。因此,研学旅游活动的内容要源于课本、高于课本。②主题中巧妙地用了一个"读"字,而没有用"看"或其他字词,一下就把学生思想上的被动接受,变成了主动进行,从研学旅游设计理念上讲,这是最理想的效果,也是所有关心学生的人最想看到的变化。主题中的一个"读"字,可能已经成为吸引很多老师、家长和学生选择这款旅游产品的原因之一。因此,先声夺人的主题对一个旅游产品至关重要。

(2)课本内容。以课本中描述的景区为旅游目的地,大大提高了学生的兴趣。从学习角度来说,桂林的山水是一个既熟悉又陌生的地方,熟悉的是游览的过程与地理称谓,陌生的是抽象的美景描述,这就让学生有了观察、探究与掌握的愿望。设计人员抓住了人们对稍微熟悉又不知详情的事物抱有深入探究的心理特征,让旅游产品更具有吸引力。关于该线路中《桂林山水》《桂林山水歌》的出现,也说明设计人员是下功夫研究了学生课本的,一切研学旅游活动必须立足于教育,从研究学生的课本出发,无疑是十分正确的。

(3)名人、偶像。古往今来访问桂林的名人众多,设计人员利用名人(偶像)的示范效应作为吸引点。每个人都有自己的偶像,名人与偶像的示范作用,会让学生进行模仿与体验,说明设计人员进行了深入的研究。

(4)桂林简介。"旅游线路行程单"中对桂林的简介,使用大量"诱惑"性的词语,展现了桂林人文资源、自然旅游资源的丰富,看似表面是说桂林,其实为旅游产品做了广告宣传,而且没有任何的突兀感。

(5)研学背景。研学背景的介绍,点明了研学旅游的目的、旅游活动的内容、预期达到的目标,让消费者明明白白地消费,显示了旅游企业的诚意,增加了消费者的信任感,促进消费者的购买欲望。

(6)课程目标。课程目标点明研学旅游与常规旅游的不同。研学旅游是当代中小学教育的组成部分,是教育与旅游相结合的产物。课程目标从能力目标、情感目标、知识目标三个方面指出预期的学习目标。在现实中,一般情况下研学旅游产品是由老师先行选择并推荐,再由家长选择购买,学生最终完成体验的,所以,设计必须符合上述三类人的消费需求与心理特征。①能力目标。这款研学旅游产品从趣味和形式入手,通过体验与训练,提高学生的社交能力、动手能力、团队协作能力,这些都是学生将来必备的能力,也是老师与家长最想让学生具备的能力。②情感目标。这款研学旅游产品将情感目标锁定在"热爱祖国"上,突出了人类应有的本性——"博爱",这也是很多当代年轻人缺失的。从亲近自然、感受祖国的大好河山开始,培养学生的爱国情怀。③知识目标。这款研学旅游产品把课本中对桂林山水的文字描述,具体地、情境化地呈现出来,让学生更好地掌握课本上的知识,提高学习兴趣与动力,引导学生从被动学习变为主动地融入学习活动中。课程目标基本符合老师、家长、学生三方的主观需求,为老师的选择、推荐,家长的购买,学生的体验,提供充足的理由。

(7)研学课程特色。①这款研学课程的特色分别从历史、红色因素、自然风光、非遗文化、农耕文化、诗词歌曲、地质地貌七个方面进行阐述,囊括了研学旅游产品一般购买者的大部分兴趣点和学生应学应知的各个领域。其中,学习中国古代史与红色革命史,可以升华学生们的爱国情感与民族自豪感;将对桂林山水的描写转化成真实的体验,让学生从实际感官上进行理解;理论化的地质地貌知识,经过实地观察,可以激发学生在地质方面某个领域的兴趣;通过交际、交流解决很多"好学生"高智商低情商的问题,为学生将来走向社会打下基础。②研学旅游活动的内容都是老师与家长想让学生学到的、掌握的,也是学生自己感兴趣的。③一次终生难忘的研学旅游活动,可以让学生改变人生观、价值观、世界观,更有可能改变学生今后的人生道路,这样的实例在旅游从业人员身边已经是屡见不鲜了。

2.研学旅游产品行程内容的分析

(1)时间。六天五晚的行程时间,比较适合四年级到九年级学生的体力与精力。时间如果再长一些,学生的注意力就会下降,失去参与研学旅游活动的兴趣;时间如果短一些,不足以达到研学旅游的目的。

(2)研学旅游活动的具体内容。内容涉及国防教育、红色教育、水利文化、非遗文化、自然、英语、植物、科普、民族工艺体验、地理、化学、美食、交际能力、历史、音乐、文学等方面,可见,设计人员在对研学旅游的研究与旅游资源的选择方面下了很大的功夫。

①第一天,考虑到学生们可能来自全国各地,所以留有一天的时间,保证学生不会错过研学旅游活动的开展,同时让学生做好过集体生活的准备,顺便提高社交能力。

②第二天,上午从爱国主义教育开启研学旅游活动,参观桂林国防教育陈列馆和湘江战役烈士纪念碑园,让学生们明白现如今学习、生活的环境来之不易,激发学生们的爱国情怀,珍惜当下的学习机会;下午参观灵渠,了解中国古代的三大水利工程和修建原因,体会先贤们的聪明才智和

中国劳动人民的伟大。

③第三天,上午在漓江边进行家访,了解桂北地区的风土民情、古代民居建筑艺术、非物质文化遗产的传承,感受"工匠精神"。参观古法榨油、织布、竹编、腐竹、陶艺、春粑粑的制作过程,并动手参与制作,这不仅培养学生的动手能力,还能学习传统文化;现场享受自己的劳动成果可以提高学生们参与的兴趣,并且可以感受成功的喜悦,树立起自信心;下午先乘船游览漓江,感受"江作青罗带,山为碧玉簪"的美景,再到阳朔西街"秀"一下自己英语的口语能力和社交能力。

④第四天,上午分辨树叶,认识植物的种类,从课本走进自然,从自然回归课本。之后,再学习画扇的制作和中国传统文化中的谐音。午餐是学生自己做竹筒饭。这一设计既培养学生的动手能力、增加体验感、提高勤劳的品质,又树立了"粒粒皆辛苦"、万事万物来之不易的价值观,还解决了旅游活动中正餐形式千篇一律的问题。下午参观芦笛岩,让学生知道了什么是喀斯特地貌,了解了溶洞是怎样形成的。米粉是桂林最具特色的地方小吃之一,在桂林米粉文化体验中心,学生们既能了解米粉的制作,又能品尝到最正宗的桂林米粉。

⑤第五天,学生们了解龙脊梯田的历史和农耕文化,感受人类在大自然中求生存的艰辛,体会人们认识自然、建设家园过程中所表现出的智慧与力量。与少数民族学生交流,互相了解学习、生活现状,建立友谊,也是为了让学生们感悟学习与生活环境的来之不易,并提高学生的社交能力。参观吊脚楼可以让学生们了解中国南方建筑的发展史。

⑥最后一天,上午在靖江王府里活动,探寻王府历史,参观摩崖石刻;在广西贡院里体验一次古代的科举考试,感受莘莘学子"十年寒窗"的艰辛和"金榜题名"的喜悦。最后参观的是象鼻山,在这里可以让学生们充分展示文学才华、音乐天赋。

整个研学旅游活动的内容,行程饱满而不紧张,紧紧围绕"学习",却没有让学生感到学习的状态与压力,似乎都是在"玩",但在"玩"中有知识链接、有任务、有参与、有体验、有思考、有总结,也有展示。可以说,较为完整地体现了研学旅游活动的设计宗旨。

3.研学旅游活动阶段的分析

"研学教育的流程"这一部分的说明,从研学旅游活动的前、中、后三个阶段阐述了学生要做的"功课",再次说明研学旅游活动不是常规的旅游,是换一种方式的学习,是中小学教育体系的组成部分。需要强调的是,研学旅游活动完毕后,思考、交流、分享、总结尤其重要。孔子有言:"学而不思则罔。"知识的学习仅仅是个开端,通过思考、总结,再进行运用、交流,才能真正地掌握相关知识。

评估体系、价格、标准、注意事项等内容,不是旅游线路设计的重点,这里就不再一一进行分析。总之,这款研学旅游产品的旅游活动内容的设计较为完备,相关设计人员可以从中汲取一些优点与经验,以进行自己的研学旅游线路的设计。

二、银发旅游线路设计实例

(一)案例

云南最美夕阳红
一群人不离散,一代人不离场

【余岁从容对,几度夕阳红　昆大丽五晚六日放心游】

慢行云南,携手爸妈探寻隐于山水之间的田园慢生活,来一场真正属于爸妈的旅行——爱给特别的您,对您无微不至的关爱,一站配齐。

1. 贵宾鲜花接机服务,对您的爱,从飞机落地开始,以鼻尖芬芳抚慰您衣角的风尘。

2. 全程零自费,一价全含,阳光消费!对您的爱实实在在,您的好心情,全由自己决定!

3. 全程有受过专业培训的夕阳红导游贴心为您服务!让您感受贴心周到的照顾与服务,让您一睹云南风采!

4. 赠送丝巾、保暖杯和养生茶,拍摄集体照。懂您所需,给您所爱。

5. 医护人员每天早上健康检查,让您出行无忧,健康在路上,活成您最爱的样子!

6. 车上随时配备热水、医疗包,每天一枚口罩,舒适有保障,给您体贴入微的关照,无微不至的呵护

7. 最美夕阳红评比,拍出最有年感代 style,珍藏与您相处的朝朝暮暮,如此甚好!

〔舒心与你〕——最美不过夕阳红,驶向老年人的"诗和远方"

▲当地民族风情篝火晚会、换装秀、旅拍、下午茶,时代感的居圣地,畅享"最炫民族风",让旧时光回归美好!

正规专享快行慢游,给您一份怦然心动的惊喜,体验当地少数民族风情文化和地域文化;每一次短暂的旅行,都值得被珍藏;每一段难忘的旅程,都将是一次美丽的回忆!

▲喜洲古镇(了解古镇文化、坐小马车、传统手工艺扎染、制作喜洲粑粑)。

夕阳红专列,以慢时光为主!边走边看,走走停停,可以慢慢地体会云南山水迷人魅力和建筑的悠久历史,以及各地的风土人情和传统工艺!

〔开心与你〕——打卡一场说走就走的"慢"时光旅行

▲囊括昆大丽核心景区,和当地人载歌载舞,针对老年人设计的行程,独一无二的产品!

旅游节奏缓慢,安排合理!让云南的精彩在您"慢"时光旅途中发生!

1. 四大古城镇齐游(大理古城、丽江古城、喜洲古城、彝人古镇),加深关于"小桥流水人家"的印象;

2. 双廊观景台:素有"大理风光在苍洱,苍洱风光在双廊"之盛誉。

3. 花语牧场:在慢时光里,自由闲逛,面朝花海守得春暖花开!

4. 石林:5A级景区,被评为"世界地质公园""世界自然遗产风光"。

〔贴心与你〕——精选养生美食,暖心升级,为您的旅行增加一道健康防线!

▲体验当地民族风情换装秀,给您一个不一样的修身养性的文化盛宴!一路美食一路舞!

★应乐山庄白族换装秀:一首最炫民族风炫炸朋友圈,换上白族服装,做一回激情的阿鹏和金花。

★丽江纳西打跳歌舞:汇聚多个民族的打跳精髓,从舞蹈中感受民族凝聚力。

★石林彝族换装秀:穿上阿诗玛的服装,挎个小背篓,美美地拍张照,圆自己一个女神梦。

●白族土八碗、纳西打跳歌舞伴餐、白族原生态美食——大理砂锅鱼、云南独有的特色餐——野生菌火锅、云南风味小吃。

注重身体健康,荤素搭配不油腻,保证膳食纤维均衡,营养又美味,仿佛在养生的道路上从未停歇!

〔赏心与你〕——我们是一抹绚丽的夕阳,同样灿烂辉煌!

▲乘着夕阳红专列,来一场民族的狂欢盛宴,用灵魂诠释纳西风情,观看精彩纷呈的《丽水金沙》。

《丽水金沙》全方位地展现了丽江独特而博大的民族文化和民族精神。这不仅是一台展示少数民族风情的晚会,更是一次心灵的旅行,远离喧嚣的都市,感受原始的声音,还有什么比这更惬意的呢!

〔安心与你〕——让夕阳红回归美好,让您不再"你追我赶"!

▲全程入住指定高端品质酒店和大理古城客栈。住得讲究、住得舒心,抛开平日里的繁琐,腾出足够的时间,在古城客栈把时光过成诗,找到属于自己的诗和远方!

〔用心与你〕——夕阳无限好,黄昏情意浓,每一次的旅行都值得珍藏!

▲最美夕阳红评比(团上客人拍照评比,前三名依次奖励茶饼、鲜花饼、香包)。定格精彩瞬间,留住最美时刻:为了记录旅程的美好,也为了加深旅游的印象,那些真实存在的景色,还有洋溢阳光的笑脸,应该被按下快门键定格,所以我们特别推出"最美夕阳红"评比活动,不是比美,胜是选秀!拍照赢大奖,团宠"C位"大比拼,出彩必须当仁不让,速度要快,姿势要帅,出行必须足够精致,拍照也要玩出年代style,重启年龄,勇夺第一!快快拿起你的手机拍出最美照片吧!用你的美照征服朋友圈,闪亮人生。

〔详细行程〕

行程预览:身体和灵魂,总有一个在路上

【第一天】起始地乘机—昆明长水国际机场(鲜花接机)—住昆明酒店——自由活动

【第二天】石林—楚雄彝人古镇(长街宴、祭火大典、篝火晚会)

【第三天】大理古城—喜洲古镇(古镇文化、坐小马车、扎染、制作喜洲粑粑)—花语牧场(下午茶、旅拍)—应乐山庄(篝火晚会打跳、民族换装秀)

【第四天】文化博物馆—白族民居—丽江—黑龙潭—丽江古城(古城

寻宝)—《丽水金沙》表演

　　【第五天】文化宝藏馆—双廊观景台—昆明(温泉酒店)

　　【第六天】鲜花市场—昆明长水国际机场—乘机返回温馨的家

表 7-2　"云南最美夕阳红"旅游线路行程单

第一天昆明	交通	各起始地乘飞机至昆明长水国际机场
	餐饮	无安排
		各地贵宾今日乘机抵达昆明长水国际机场,我社将安排专业接机人员,专属 GL8 商务车接机,享受贵宾待遇,接受浪漫的洗礼,并为您安排入住酒店。考虑到您长途跋涉和进入高原地区,为避免出现身体不适,我社今日将无行程安排。
温馨提示		1.航班抵达昆明后,请您保持报名时预留电话的畅通,以便接送人员能在第一时间内为您提供服务; 2.云南属高原地区,气候易变,早晚温差较大,紫外线强度较大,请您做好替换衣物和防护准备; 3.云南是少数民族聚集地,请尊重各族人民风俗习惯,以免引起不必要的冲突和麻烦。
第二天楚雄	交通	昆明(乘车)—石林(乘车)—楚雄
	餐饮	早/宜良烤鸭/长街宴
		早餐后,乘车赴石林,游览喀斯特奇观、国家 5A 级景区【石林风景区】。约 3 亿年前,石林风景区是一片汪洋泽国,经过漫长的地质演变,才形成极为珍贵的地质遗迹,聆听每一块石头向您述说的故事,游览阿诗玛化身石、剑峰池、望峰亭、双鸟渡食、石林湖、石林等景点,欣赏巧夺天工的喀斯特地貌。穿梭其中,便觉到了另一个世界! 然后乘车前往楚雄,参观楚雄【彝人古镇】,享受【长街宴】。尊享彝族人待客最高礼仪,让四面八方的游客体验彝家儿女火一样的热情,看热情似火的彝族宴情歌舞,体验彝族人最隆重的节日庆典。长街宴曾是彝族迎新年的一种传统习俗,在彝人古镇,现如今每一天都可以在彝族人热情欢畅的舞蹈中体验这一彝族最隆重的庆典。 彝族是火的民族,祭火大典是彝族人祈求灵魂重生的祭祀活动。伴随着毕摩虔诚的诵经祈福,在铿锵有力的三弦伴奏下,围着篝火,纵情地歌唱舞蹈。让"慢"时光旅程回归美好!围着篝火动起来,四方来客皆是友! 晚餐后入住楚雄酒店。

续表

温馨提示	1.请尊重各族人民风俗习惯,谨言慎行,以免引起不必要的冲突和麻烦; 2.请保管好自己的财物; 3.今日消耗大量体力,尽量早休息;	
第三天 大理	交通	大理(乘车)—喜洲古镇(乘车)—花语牧场(乘车)—应乐山庄
	餐饮	早/白族风味餐/应乐山庄篝火晚会
	早餐后,乘车前往【大理古城】(游览古城乘坐电瓶车),漫步中外驰名的外国人旅居家园【洋人街】,欣赏异国风情!青石铺就的长巷,飘散着古城淡淡的烟火,偶有行人悠闲走过,把恍惚的记忆,遗落在时光里。慢游闲逛,寻梦无需长途跋涉,只需静候在阳光洒下的点点滴滴里。之后乘车前往【喜洲古镇】。可以乘坐古城小马车游览,也可以亲自制作喜洲粑粑,之后我们将带您体验喜洲特有的古法扎染制作。扎染是珍贵的非物质文化遗产,纯天然材料上色,千年传承的工艺代表着大理人和大自然相处之道。 午餐后游览【花语牧场】。来到风花雪月的大理,来到最美的花语牧场,一片鲜花的海洋,苍山的美、洱海的静,完美结合!风景秀丽的花语牧场,观赏丰富多彩的云南花卉,感受大自然的壮观,并在洱海畔、花海旁骑行,一路风光无限好。沿途更是一步一景,纯天然的自然滤镜下,用快门定格自由的生活,独享一片宁静。坐在花语牧场品尝下午茶,全身心地放松。 之后将前往【应乐山庄】参加我们专门为您定制的【换装秀活动】和【篝火晚会】。从未穿过民族服装的你,是否也期待穿上白族服饰?有伴的你,你们就是最美的阿鹏与金花,就要秀出属于自己的范儿!	
第四天 丽江	交通	大理(乘车)—丽江古镇(乘车)—《丽水金沙》
	餐饮	早/洱海砂锅鱼
	早餐后,乘车前往参观【翡翠文化博物馆】。之后前往【白族民居】,了解白族建筑文化。白族民居是白族建筑艺术的一大景观!"手艺大理——银器"集中展示了民间工艺美术大师、云南民间工艺产业领军人物寸发标,国家高级工艺美术大师、引领新华村走向品牌的先驱母炳林,以及汪情村银器制作代表汪开荣这三位省级艺术传承人的银器锻造手艺。 午餐后前往丽江,游览【黑龙潭公园】。这是丽江金沙旅游网重点推荐的旅游景点之一,丽江黑龙潭公园俗称龙王庙,位于丽江古城北端象山之麓,黑龙潭内随势错落的古建筑有龙神祠、得月楼、锁翠桥、玉皇阁和后来迁建于此的原明代芝山福国寺解脱林门楼、五凤楼,原明代知府衙署的光碧楼,及清代的听鹂榭、一文亭、文明坊等建筑。	

续表

	游览结束后,前往【丽江古镇】。在这里可以穿梭在古镇四通八达的老巷里,听着小桥流水的雅韵,看着目不暇接的纳西特色,用最安静的方式来审视这个"高原姑苏";也可以找一家别致的咖啡馆,临窗而坐,然后尽情发呆,用最安静的方式来感受这个"别有一番滋味在心头"的古镇。 晚餐后观看《丽水金沙》。这场文艺表演以舞蹈诗画的形式,荟萃了丽江奇山异水孕育的独特的滇西北高原民族文化气象、亘古绝丽的古纳西王国的文化宝藏,择取丽江各民族最具代表性的文化意象,全方位地展现了丽江独特的民族文化。 之后入住酒店休息。	
温馨提示	1.景区人流密集,请保管好自己的财物和注意自身安全。 2.今天游览的景点比较集中,处处是美景,流连忘返的时刻不要忘了集合时间。	
第五天昆明/安宁	交通	丽江(乘车)—双廊观景台(乘车)—昆明
	餐饮	早/纳西火塘鸡/正餐
	早餐后前往参观国家宝藏,了解当地玉石文化。 中餐后乘车前往昆明,途经【双廊观景台】。乘车过洱尾,阵阵凉风吹拂,当地有谚语云"上关风,下关花",这是洱海的北边,相对于南岸的下关,此处即上关。从上关到洱海东岸,由于山地的局限,再难见到大片良田的景象,因而这里的村子规模都很小,村民主要靠渔业为生,站在观景台上,可以观看苍山耸立、洱海碧波荡漾。抵达后入住温泉酒店	
温馨提示	请大家谨记导游电话,如果掉队,请及时联系。景区海拔较高,不宜剧烈运动。	
第六天温馨的家	交通	昆明长水机场(送机)
	餐饮	早/无/无
	早餐后,乘车至【鲜花集市】,活动时间120分钟,返程航班为12:00之前的航班。带着云南最美的民族风情、自然风光和旅行给您带来的无限愉悦的心情离开美丽的昆明,回到温馨的家,结束此次愉快的彩云之行。	
温馨提示	请保管好自己的财物和注意自身安全。	
接待标准	略	
费用	略	

(二)案例分析

1. 旅游产品主题与行程标题分析

(1)主题。①主题粗看起来很简单,但通过断句方法的不同,会有很多种理解方式,如"云南/最美夕阳红""云南最美/夕阳红""云南最美夕阳/红",主题足以引起一些有文化底蕴的旅游者的兴趣。并且这一题目的设计,明确带有细分市场的思想,将目标精确定位于银发市场。②主题下面的说明文字,用"不离散"与"不离场",紧紧抓住了老年人"怕孤独""怕自己没用""还想老有所为"的心理。凭借着主题与主题说明就已经征服了很多老年旅游者的心。

(2)行程标题。①体现出设计人员的文学功底,行程内容中也多有富有文学色彩的好句子;②"昆大丽"指的是昆明、大理和丽江,说明了旅游线路的大致方向;③"五晚六日"的行程时间,并不是实际行程的时间,这是包装设计的一种方法。实际行程的时间是四天,四天时间的行程,从大多数老年人的体力上考虑,是比较合理的;④"放心游"强调了旅游企业的实力,给旅游者购买的信心。

2. 旅游产品简介内容与行程内容分析

(1)"慢行"。"慢行"是银发旅游设计的关键点,是这款产品的最大特点,从后面的行程也可看出,线路的创意是紧紧围绕这一特点进行设计的。说明设计人员对老年人的心理、生理有很深入的研究。

(2)"携手爸妈"。这是打动子女购买该款旅游产品的催化剂,从子女方面来说,"子欲孝而亲不待",现今社会,由于生活与工作高速运转,子女很少有机会长时间陪伴父母,这款产品可以让子女有较长时间陪伴父母"慢行",既照顾了父母的生活,又尽了孝心,加强了两代人之间的沟通与交流,促进了家庭的和睦。从旅游企业的角度来说,旅游管理部门规定:老年旅游者出行必须要有家属陪同。设计者没有生硬地要求子女必须随行,而是立足于子女的角度来强调这一点,更容易让旅游消费者接受。

(3)无微不至的关怀。"鲜花接机""零自费""专业培训的夕阳红导游服务""赠送丝巾、保暖杯、养生茶、集体照""医护人员每天早上健康检查""车上随时配备开水、医疗包""最美夕阳红评比"等,每一点的设计都是从老年人的心理和生理的实际出发,体现出对老年人无微不至的关怀与照顾,既让老年人感到无比的贴心,又不会让他们因受到"特殊待遇"而产生尴尬。

(4)老年人的"诗和远方"。最美不过夕阳红,老年人也有属于自己的"诗和远方"。①这款银发旅游产品,组合了云南省适合银发旅游的人文、自然旅游因素的精华部分,可以看出,设计人员在筛选上是广泛而又严谨的。依托四大古城镇,囊括昆明、大理、丽江的核心景区,旅游活动时间安排得紧凑而不紧张。②平均每天100公里左右的路程,让老年人即不劳累,又享受了属于自己的"诗和远方"。其间穿插当地民族风情的篝火晚会、换装秀、旅拍、下午茶、打跳歌舞、品尝特色小吃等活动,给以老年人展示自我的舞台,从心理上满足了老年人"老有所为"的愿望。这种快慢结合的旅游方式,符合老年人的生理特点。

(5)第一天。①考虑到旅游者来自全国各地,乘坐的航班的班次不同,到达昆明的时间肯定也不一致,再加上旅游者对昆明的当地环境不够熟悉,所以,设计人员设计在机场安排专人、专车接机,让旅游者一开始就享受到VIP的待遇和贴心的服务;②为了避免因初次进入高原地区老年旅游者身体不适应,所以没有安排行程。如果旅游者来得较早,老人身体没有太大的反应,子女们还可以陪同老人自行活动。③从旅游企业的角度来说,虽然旅游企业这一天是在"浪费时间",等待旅游者聚齐,但旅游企业并没有产生多余的成本,还让旅游者适应了环境。④"温馨提示"中,将接机要注意的细节、云南的气候、民族习俗等注意事项进行提醒,免去了旅游者因"不知情"而造成的不必要麻烦。

(6)第二天。开始正式的行程。①为了方便老年旅游者的参观游览,将乘坐电瓶车设计在行程内,解决了老年人体力的问题。这一点,打破了常规旅游线路设计中不设计景区交通的方式,体现出银发旅游与常规旅游产品的不同。②喀斯特地貌奇观可以让旅游者充分发挥想象力,与3亿年前的石头亲密接触,让旅游者领路到人的生命在大自然的沧海桑田面前,仅仅只是短短的一瞬间。③乘车到达楚雄,享受彝族人待客最高礼仪——长街宴,体验彝家儿女火一样的热情,观看彝族歌舞,感受彝族风情,再加上晚上的祭火大典,与彝族朋友们一起载歌载舞,既有参与又有体验,能让老年人融入其中,又能展现自我;既锻炼了身体,又了解了彝族人的民俗。

(7)第三天。①大理古城内依然将景区交通电瓶车含在了行程以内。

来到洋人街,老年人可以不出国门就能欣赏到"异国风情"。古城中,长长的石板街巷、淡淡的袅袅炊烟,会让老人拾起遗落的时光,唤醒恍惚的记忆。②在喜洲古镇,乘坐小马车、亲自制作喜洲粑粑,体验古法扎染制作,可以让老年人忘却自己的年龄,领略到非物质文化遗产的魅力。中午,设计人员又将白族的特色风味餐推了出来,让旅游者感受云南少数民族的特色。③花语牧场是一片花的海洋,再加上苍山的美、洱海的静,融入其间全身心地放松一下,和子女一起喝一杯下午茶,享受一下自由生活的安宁。这样的设计,使旅游者两代人之间加强交流、增进感情,促进家庭的和睦,同时满足了两代人的心愿。④穿上白族服饰,阿鹏与金花们与你一起回到那激情燃烧的岁月。⑤设计人员一慢一快,一张一弛的设计,就像在谱写一篇乐章,既符合旅游线路设计的基本要求,又时刻引导着旅游者的情绪。

(8)第四天。①游览翡翠文化博物馆和白族民居,购买几件民间美术工艺大师制作的银器,满足一下旅游者的购物愿望,设计人员把购物设计在参观之中,让旅游者没有压力的消费,更能激发旅游者的购物愿望;②丽江黑龙潭公园让旅游者感受丽江地区特有的建筑与装饰风格;③在丽江古镇里听着小桥流水,看着纳西特色,再找一家别致的咖啡馆,临窗而坐,点上一杯咖啡,让旅游者找到一点"小资"的感觉,忘却生活的不快;④晚餐后,再去看看《丽水金沙》,把整个旅游活动推向高潮。

(9)第五天。游览双廊观景台时,旅游者仔细回想会发现,设计人员竟然悄无声息地把云南的四大美景(上关风,下关花,苍山雪,洱海月)一一安排在旅游活动中,在满足旅游者游览需求的同时,既表明了设计人员的"良苦用心",又彰显了高超的设计手法。

(10)最后一天。把大家送到机场,完美收官。这款旅游产品实际用了四天的时间进行旅游活动的安排,但占用了旅游者六天的时间,虽然设计人员竭力地在压缩成本,但由于行程连贯饱满、张弛有度,旅游活动的六大要素一应俱全,再加上人文与自然旅游资源相结合,云南最精华的旅游景区都在其中,包装设计打动人心等原因,丝毫不会引起旅游者的反感。

这个案例中,设计人员广博的知识、细致入微的认真态度、周密的思维、丰富的设计经验与高超的设计技巧,非常值得旅游线路设计人员的学习。

项目七　特殊旅游线路的设计

 基础检测

一、简答题

1.谈一谈两个案例中有哪些设计缺陷？

2.分析、总结案例中的设计技巧？

二、实训练习

结合所学知识，设计一条某省范围内的专题旅游线路(如地质、宗教、考古等)。

测试题：
项目七
任务三

项目小结

关于特殊旅游线路的设计，有涉及面广、需要储备的知识量大、客观原因多等特点，希望通过本项目的讲述，设计人员可以学习、总结出一些设计特殊旅游线路的技巧与思路，并用于今后旅游线路设计操作中。

附录

附录1　中国世界遗产名录

截至2021年7月,中国共有56项世界遗产(包括文化遗产38项,自然遗产14项,双重遗产4项,含跨国项目1项),共有29个省、自治区、直辖市和特别行政区拥有世界遗产。目前尚没有世界遗产的中国省级行政区有4个,分别为黑龙江省、海南省、上海市、香港特别行政区。

名称	图片	地点	类型	登录年份	简介
泰山		山东	自然遗产、文化遗产	1987年	泰山约形成于3000万年前新生代中期。泰山区域地层古老,主要由混合岩、混合花岗岩及各种片麻岩等多种古老岩石构成,距今约24—25亿年,属于太古代岩类。历经几千年文化积淀,泰山上存有许多人文景观。泰山是齐鲁文化的中心,是中国古代文明的重要发源地之一
长城		辽宁、吉林、河北、北京、天津、山西、内蒙古、陕西、宁夏、甘肃、新疆、山东、河南、湖北、湖南、四川、青海	文化遗产	1987年	长城是古代中国为抵御不同时期塞北游牧部落联盟的侵袭,修筑的规模浩大的隔离墙或军事工程的统称。长城东西绵延上万华里,因此又被称作"万里长城",是自人类文明以来最巨大的单一建筑物。时至今日,所见的大多数残存建筑为明朝时修复的一段

续表

名称	图片	地点	类型	登录年份	简介
北京及沈阳的明清皇家宫殿		北京、辽宁	文化遗产	1987年（北京故宫）2004年（沈阳故宫）	紫禁城是世界现存最大的皇宫，为明清两朝24个皇帝居住、办公的宫殿。由明成祖朱棣于1406年下旨修建，至1420年基本完成。沈阳故宫是后金及清朝初期，努尔哈赤及皇太极两名皇帝的宫殿，顺治皇帝在此继位，同时也是清朝的离宫之一。
莫高窟		甘肃	文化遗产	1987年	莫高窟，俗称千佛洞，坐落在河西走廊西端的敦煌，以精美的壁画和塑像闻名于世。始建于十六国的前秦时期，是世界上现存规模最大、内容最丰富的佛教艺术地。但莫高窟在近代以来受到许多人为的损伤，文物大量流失，其完整性已被严重破坏。
秦始皇陵及兵马俑坑		陕西	文化遗产	1987年	秦始皇陵是中国第一位皇帝始皇帝的陵墓，位于陕西西安以东31公里临潼区的骊山，本称骊山园。建于公元前247至公元前208年，历时39年。现存陵冢高76米，陵园布置仿秦都咸阳，分内外两城，内城周长2.5公里，外城周长6.3公里。陵冢位于内城西南，坐西面东，放置棺椁和陪葬器物的地方为秦始皇陵建筑群的核心，目前尚未发掘。据目前的考古发掘，已发现的秦始皇兵马俑被普遍认为位于秦始皇陵的外围，有成卫陵寝的含义，是秦始皇陵的有机组成部分。

续表

名称	图片	地点	类型	登录年份	简介
周口店北京人遗址		北京	文化遗产	1987年	周口店北京人遗址位于北京市西南房山区周口店，距北京约50公里。由龙骨山上的一系列洞穴组成，在此发现北京猿人的大量化石
黄山		安徽	自然遗产、文化遗产	1990年	黄山位于安徽省南部黄山市境内，南北长约40千米，东西宽约30千米，山脉面积1200平方公里，核心景区面积约160.6平方公里，主体以花岗岩构成，最高处莲花峰海拔1864米。黄山徽派内涵深广，是中国三大区域文化（藏学、敦煌学、徽学）之一，涵盖了哲、经、史、医、科、艺诸多领域
九寨沟风景名胜区		四川	自然遗产	1992年	九寨沟风景名胜区位于四川省北部阿坝藏族羌族自治州九寨沟县（原南坪县）。因沟中有树正、荷叶、则查洼、盘信、黑果、盘亚助、故洼、彭布、尖盘九个藏族村寨而得名。九寨沟水系流经白河、白水江、嘉陵江，最后流入长江

续表

名称	图片	地点	类型	登录年份	简介
黄龙风景名胜区		四川	自然遗产	1992年	黄龙风景名胜区位于四川省北部阿坝藏族羌族自治州松潘县境内,与九寨沟毗邻,相距100千米。因沟中有许多彩池,随着周围景色变化和阳光照射角度变化而变幻出五彩的颜色,被誉为"人间瑶池"。由黄龙沟、丹云峡、牟尼沟、雪宝顶、雪山梁、红星岩、西沟等景区组成。黄龙风景名胜区以彩池、雪山、峡谷、森林"四绝"著称于世,在此基础上加上滩流、古寺、民俗称为"七绝"。该风景区海拔3000米以上,海拔5000米以上的雪峰达到7座,是我国高海拔的风景名胜区之一,也是我国唯一的保护完好的高原湿地。这一地区还生存着十余种濒临灭绝的动物,包括大熊猫和四川疣鼻金丝猴
武陵源风景名胜区		湖南	自然遗产	1992年	武陵源风景名胜区位于湖南省西北部的武陵山脉中段桑植和慈利两县交界处,隶属张家界市。武陵源由四大风景区组成,分别为张家界国家森林公园和张家界国家地质公园、索溪峪、天子山、杨家界三个自然保护区;总面积约391平方公里,核心景区面积超过250平方公里。武陵源具有比较原始的生态系统,有罕见的砂岩峰林地貌景观,有3000多座形状奇异的山峰、800多条溪涧,也有岩溶洞穴、瀑布群,并有天然森林

续表

名称	图片	地点	类型	登录年份	简介
承德避暑山庄及其周围寺庙		河北	文化遗产	1994年	承德避暑山庄和外八庙是指避暑山庄及周围寺庙，即清朝皇帝的夏季行宫以及依照西藏、蒙古、新疆的藏传佛教寺庙形式修建的寺庙。位于河北省承德市中心区以北。避暑山庄从清朝康熙四十二年(1703)开始建造，至康熙四十七年(1708)已初具规模。康熙五十年(1711)，康熙帝赐名为"避暑山庄"，并题写"避暑山庄"匾额。历经康熙、雍正、乾隆三代，费时八十九年(公元1703年至公元1792年)才基本完工，并在山庄外周边修建了包括"外八庙"在内的许多寺庙。清朝前期许多重要的政治、军事、民族和外交等国家大事，都在这里处理。清朝皇帝夏季到避暑山庄避暑时，通常是每年农历四、五月份来，九、十月份返回北京。因此，避暑山庄就成了北京以外第二个政治中心，周围寺庙又是处理民族关系、接见边疆少数民族政教首领和外国使节的地方，对安抚和团结边疆少数民族、巩固国家统一起到了重要作用。避暑山庄与周围寺庙构成了紧密关联的有机整体，风格迥异，山庄内朴素淡雅，周围寺庙金碧辉煌
曲阜孔庙、孔林、孔府		山东	文化遗产	1994年	曲阜的孔庙、孔林、孔府合称"三孔"，位于山东省曲阜市，包括祀奉孔子的孔庙、孔子嫡系后裔居住的孔府、孔子及后裔的墓地——孔林

续表

名称	图片	地点	类型	登录年份	简介
武当山古建筑群		湖北	文化遗产	1994年	武当山古建筑群位于湖北省西北部的武当山,均为道教建筑,始建于唐,明永乐年间大修武当山,历时十四年,建成9宫8观等33座建筑,嘉靖年间又增修扩建。由于兴建丹江口水库,部分建筑被淹没,现存古建筑二百余栋
拉萨布达拉宫历史建筑群		西藏	文化遗产	1994年(布达拉宫)2000年(大昭寺)2001年(罗布林卡)	拉萨布达拉宫历史建筑群是西藏自治区拉萨的布达拉宫及其周边建筑物的总称,此建筑群在1994年被登录为世界遗产,并在2000年、2001年分别扩充至大昭寺与罗布林卡
庐山国家级风景名胜区		江西	自然遗产、文化遗产	1996年	庐山又称匡山、匡庐,位于江西省九江市南郊。庐山形成于第四纪冰川时期,是一座地垒式断块山脉,是我国自古以来重要的游览目的地。庐山位于长江的南岸,鄱阳湖平原的北部,鄱阳湖西北岸,以"雄""奇""险""秀"闻名,被称为"匡庐奇秀甲天下"。庐山的最高峰为汉阳峰,海拔1474米。瀑布飞流直下,云雾变幻无常,景区风景秀丽,气候宜人,夏季气温比山下低10℃左右,为中国知名避暑胜地之一。庐山亦是一座文化名山,被认为是中国山水文化的历史缩影。自东晋以来,中国历代著名的文人、高僧、政治人物都在此留下过重要的历史印迹,歌咏庐山的诗歌辞赋有4000多首

续表

名称	图片	地点	类型	登录年	简介
峨眉山—乐山大佛		四川	自然遗产、文化遗产	1996年	峨眉山位于四川省峨眉山市境内,景区面积154平方公里,最高峰万佛顶海拔3099米,于2007年以前可乘观光索道到达,后因生态问题停止对外开放。如今佛教圣地华藏寺所在地金顶(海拔3077米)成为了峨眉山旅游的最高点。地势陡峭,风景秀丽,有"秀甲天下"的美誉。气候多样化,植被丰富,共有3,000多种植物,特有物种繁多。山路沿途有较多猴群,常结队向游人讨食,为峨眉山一大特色。它是中国四大佛教名山之一,有寺庙26座,重要的有八大寺庙,佛事频繁。据传峨眉山为佛教中普贤菩萨的道场。 乐山大佛,全名嘉州凌云寺大弥勒石像,位于四川省乐山市市中区的岷江、青衣江、大渡河三江交汇之处,是世界上高度最高的石佛像。整座佛像建成于唐朝,先后历经3位负责人,耗时约九十年才最终完成。大佛整体开山而建,而发髻等部分结构则为后期添加。大佛在建成时,外侧曾有木阁加以保护,但后来已经完全损毁。乐山大佛历史上曾有过多次维修,在中华民国时期曾被杨森所属士兵在军事训练中击毁一部分,但随后又被他人集资修复。中华人民共和国成立后,乐山大佛得到妥善保护和维修

续表

名称	图片	地点	类型	登录年份	简介
丽江古城		云南	文化遗产	1997年	丽江古镇又名大研镇,位于云南省丽江市的旧城区,坐落在丽江坝中部,是中国历史文化名城中唯一没有城墙的古镇。丽江古镇始建于宋末元初,至今已有八百多年的历史。丽江古镇是一座风景秀丽、历史悠久和文化灿烂的名城,也是我国罕见的保存相当完好的少数民族古镇。丽江古镇还集中体现了纳西族文化的精华,并完整地保留了宋元以来形成的历史风貌。
平遥古城		山西	文化遗产	1997年	平遥古城始建于西周宣王时期,后于明朝洪武三年(1370)扩建。平遥目前基本保存了明清时期的县城原型,有"龟"城之称,因有六道城门,南北门为龟首尾,东西四门象征四足。街道格局为"土"字形,建筑布局则遵从八卦的方位,体现了明清时的城市规划理念和形制分布。城内设四条大街、八条小街和72条小巷。古城以南大街为中轴线,城东有城隍庙,城西有平遥县署,城左立文、城右立武庙,东道观西佛寺,对称布局;城内外有各类遗址、古建筑300多处,有保存完整的明清民宅近4000座,街道商铺都体现历史原貌,被称作研究中国古代城市的活样本。平遥城墙建于明洪武三年,现存有6座城门瓮城、4座角楼、72座敌楼。其中南门城墙段于2004年倒塌,除此以外的其余大部分至今保存完好,是中国现存规模较大、历史较早、保存较完整的古城墙之一,亦是世界遗产平遥古城的核心组成部分。

续表

名称	图片	地点	类型	登录年份	简介
苏州古典园林		江苏	文化遗产	1997年（拙政园、留园、网师园、环秀山庄）2000年（沧浪亭、狮子林、艺圃、耦园、退思园）	苏州古典园林指苏州城内的园林建筑群，以私人营造的古典园林为主。苏州园林起始于春秋时期的吴国建都姑苏时（公元前514年），形成于五代，成熟于宋代，兴旺于明代，鼎盛于清代。到清末苏州已有各色园林一百七十多处，现保存完整的有六十多处，对外开放的园林有十九处。园林占地面积不大，但以意境见长，以独具匠心的艺术手法在有限的空间内点缀安排，移步换景，变化无穷。苏州园林是中国古典园林的重要流派，亦是江南园林的重要代表。
颐和园		北京	文化遗产	1998年	颐和园是清朝的皇家行宫和大型皇家园林，位于北京市海淀区西北，占地290公顷（合4400亩）。颐和园修建于清朝乾隆年间（原名清漪）、重建于光绪年间，曾属于清朝北京西郊三山五园之一。颐和园素以人工建筑与自然山水巧妙结合的造园手法著称于世，是中国园林艺术顶峰时期的代表。

续表

名称	图片	地点	类型	登录年份	简介
北京天坛		北京	文化遗产	1998年	北京天坛位于北京市东城区,是明清两朝帝王祭天、祈谷和祈雨的场所。天坛占地约273万平方米,是故宫面积的四倍。北京天坛最初为明永乐十八年(1420)仿南京城形制而建的天地坛,嘉靖九年(1530)实行四郊分祀制度后,在北郊觅地另建地坛,原天地坛则专事祭天、祈谷和祈雨,并改名为天坛。清代基本沿袭明制,在乾隆年间曾进行过大规模的改扩建。1918年起天坛辟为公园,正式对民众开放。目前园内古柏葱郁,是北京城南的一座大型园林。作为中国规模最大、伦理等级最高的古代祭祀建筑群,它的布局严谨,建筑结构独特,装饰瑰丽,巧妙地运用了力学、声学和几何学等原理,具有较高的历史、科学和文化价值,在中国建筑史上占有重要的地位。
大足石刻		重庆	文化遗产	1999年	大足石刻位于重庆市大足区境内,是唐末宋初时期的摩崖石刻,以佛教题材为主,其中以宝顶山摩崖造像和北山摩崖造像最为著名。大足石刻是中国著名的古代石刻艺术,大足石刻最初开凿于初唐永徽元年(650,尖山子摩崖造像),历经晚唐、五代,盛于两宋,明清时期亦有所增刻,最终形成了一处规模庞大、集中国石刻艺术精华之大成的石刻群,其内容为释儒道三教合一,堪称中国晚期石窟艺术的代表,也是中国南方石窟艺术中的顶尖之作。

续表

名称	图片	地点	类型	登录年份	简介
武夷山		福建	自然遗产、文化遗产	1999年（武夷山）2017年（北武夷山）	武夷山位于福建省武夷山市,核心面积63575公顷,次核心面积36400公顷,合计99975公顷,外围保护地带——缓冲区面积27888公顷。主要包括四个区域:武夷山风景名胜区、城村汉城遗址、福建武夷山国家级自然保护区以及九曲溪生态保护区。明代理学家朱熹曾在此聚众讲学,这里是人文与自然有机相融的体现。
青城山		四川	自然遗产	2000年	青城山为中国道教发源地之一,属道教名山之一。位于四川省都江堰市西南,古称"丈人山",东距成都市68公里,处于都江堰水利工程西南10公里处。主峰老霄顶海拔1600米。在四川名山中与剑门之险、峨嵋之秀、夔门之雄齐名,有"青城天下幽"之美誉。青城山分前山、后山,前山是青城山风景名胜区的主体部分,约15平方公里,景色优美,文物古迹众多。青城后山由于交通不便,地势较险,使得自然风光保存完好。

续表

名称	图片	地点	类型	登录年份	简介
都江堰		四川	文化遗产	2000年	都江堰是中国古代建设并使用至今的大型水利工程，位于四川省都江堰市城西，岷江上游340公里处。都江堰是由战国时期秦国蜀郡太守李冰及其子于约公元前256年至公元前251年主持始建的。经过历代整修，两千多年来都江堰依然发挥着巨大的作用。都江堰周边的古迹甚多，主要有二王庙、伏龙观、安澜桥、玉垒关、凤栖窝和斗犀台等。整个都江堰枢纽可分为堰首和灌溉水网两大系统，其中堰首包括鱼嘴(分水工程)、飞沙堰(溢洪排沙工程)、宝瓶口(引水工程)三大主体工程，此外还有内外金刚堤、人字堤及其他附属建筑。都江堰工程以引水灌溉为主，兼有防洪排沙、水运、城市供水等综合效用。它所灌溉的成都平原是闻名天下的"天府之国"。
皖南古村落——西递、宏村		安徽	文化遗产	2000年	西递村是安徽省南部黟县东南西递镇的一个村庄。西递村始建于公元11世纪的宋朝的元祐年间，由于河水向西流经这个村庄，原来称为"西川"。因在村西有古驿站，称"铺递所"，故而得名"西递"，素有"桃花源里人家"之称。西递村从整体上保留下明、清派民居村落的基本面貌和特征，主要包括古民居124幢，祠堂3幢等保护完好的明清古建筑群，大多数民居都对公众开放。 宏村位于安徽省南部的黄山脚下，是一座有着大量明清时期历史建筑的古村落。村中还构建了完善的水系和颇具特色的"牛"形布局，是徽州民居的典型代表。

续表

名称	图片	地点	类型	登录年份	简介
龙门石窟		河南	文化遗产	2000年	龙门石窟位于河南省洛阳市南郊12公里处的伊水两岸的龙门山和香山崖壁上，开凿时间为北魏至北宋的四百余年间，至今仍存有窟龛2100多个，造像10万余尊，碑刻题记3600余品，多在伊水西岸。数量之多位于中国各大石窟之首。其中"龙门二十品"是魏碑精华，唐代著名书法家褚遂良所书的"伊阙佛龛之碑"则是初唐楷书艺术的典范。龙门石窟是中国著名的三大石刻艺术宝库之一，同时被誉为世界最伟大的古典艺术宝库之一。
明清皇家陵寝		湖北、河北、南京、北京、辽宁	文化遗产	2000年（明显陵、清东陵、清西陵）2003年（明孝陵、明十三陵）2004年（盛京三陵）	明清皇家陵寝是指中国的明朝、后金、清朝的皇帝陵墓群。明清时代的皇室墓葬，与之前有很大的不同。中国的皇室陵寝，在明清以前有多种形式，包括木椁大墓、土墓、深葬，但很少讲究建筑形式。自明太祖起，修订了陵寝制度，包括增设祭奠设施、增加院落及宝盖式屋顶。清代的陵墓则更加考究，注重风水及环境，希望陵寝能与当地的山川、气候达到"天人合一"的境界，并且建筑也更加富丽堂皇，是中国陵寝营建的巅峰。

续表

名称	图片	地点	类型	登录年份	简介
云冈石窟		山西	文化遗产	2001年	云冈石窟位于山西省大同市西郊,建于北魏兴安二年(453)到太和十九年(495)间,是中国第一处由皇室显贵主持开凿的大型石窟。整个窟群分东、中、西三部分。东部的石窟多以佛塔为主,又称塔洞;中部"昙曜五窟"是云冈石窟开凿最早、气魄最大的窟群;西部窟群时代略晚,大多是北魏迁都洛阳后的作品。石窟依山开凿,在武州河北岸东西绵延1公里,主要洞窟达51个,其中保存较好的约20个,整个窟群共有大小佛1100多个,大小佛像51000多尊,最大佛像高达17米,最小佛像仅有2厘米高。最大石窟是第6窟(北魏孝文帝时开凿),由地面到窟顶高达20米
云南三江并流保护区		云南	自然遗产	2003年	三江并流指发源于青藏高原的怒江(萨尔温江上游)、澜沧江(湄公河上游)和金沙江(长江上游)这三条大江在云南省西北部迪庆藏族自治州及怒江傈僳族自治州境内穿过横断山脉高大的云岭、怒山、高黎贡山中幽深的峡谷,并行奔流数百千米而不交汇的自然奇观。三江并流地区还生活着16个少数民族,是世界罕见的多民族、多语言、多文字、多种宗教信仰、多种生产生活方式和多种风俗习惯并存的汇聚区,是世界民族文化多样性最为富集、历史文化积淀极为深厚的地区之一

续表

名称	图片	地点	类型	登录年份	简介
高句丽王城、王陵及贵族墓葬		吉林	文化遗产	2004年	高句丽于公元前37年在五女山城(卒本城)建都立国、公元3年迁都丸都山城、其后迁至平原上的国内城，427年再次迁都至朝鲜平壤。668年被唐与新罗联军攻破灭国。高句丽王城、王陵及贵族墓葬是以吉林省集安市为中心分布的高句丽前期建筑遗迹。墓葬群内有7000座墓葬，许多墓室里有各种内容丰富、绘制精美的神话题材壁画。
澳门历史城区		中国澳门	文化遗产	2005年	澳门历史城区是我国现存最古老、规模最大、保存最完整和最集中的东西方风格共存建筑群，包括中国最古老的教堂遗址和修道院、最古老的基督教坟场、最古老的西式炮台建筑群、第一座西式剧院、第一座现代化灯塔和第一所西式大学等。作为欧洲国家在东亚建立的第一个永久基地，城区见证了澳门四百多年来中华文化与西方文化互相交流、多元共存的历史。正因为中西文化共融的缘故，城区当中的大部分建筑都具有中西合璧的特色。城区内的建筑大部分至今仍完好地保存或保持着原有的功能。

续表

名称	图片	地点	类型	登录年份	简介
四川大熊猫栖息地		四川	自然遗产	2006年	四川大熊猫栖息地——卧龙、四姑娘山和夹金山脉位于四川省境内,成都平原与川西高原之间,包括邛崃山脉之中的7处自然保护区和9处风景名胜区。总面积9245平方公里,地跨成都市、雅安市、阿坝藏族羌族自治州、甘孜藏族自治州四个地级行政区的12个县或县级市。四川大熊猫栖息地拥有丰富的植被种类,环境与第三纪的热带雨林相似,是世界上除热带雨林以外植物种类最丰富的地区之一。同时,这里也是全球最大、最完整的大熊猫栖息地,全球30%以上的野生大熊猫栖息于此。另外,这里亦是小熊猫、四川金丝猴、雪豹及云豹等濒危物种的重要栖息地。
殷墟		河南	文化遗产	2006年	殷墟是商朝晚期都城遗址,年代约为公元前14世纪末至公元前11世纪中叶,位于河南安阳市西北殷都区小屯村周围,由殷墟王陵遗址与殷墟宫殿宗庙遗址、洹北商城遗址等共同组成。20世纪初,因盗掘甲骨而发现,1928年正式开始考古发掘。殷墟是中国历史上第一个文献可考、并为考古学和甲骨文所证实的都城遗址。

—241—

续表

名称	图片	地点	类型	登录年份	简介
中国南方喀斯特		云南、贵州、重庆、广西	自然遗产	2007年（云南石林、贵州荔波、重庆武隆） 2014年（广西桂林、贵州施秉、重庆金佛山、广西环江）	中国南方喀斯特由我国南方的云南石林、贵州荔波、贵州施秉、重庆武隆、重庆金佛山、广西桂林、广西环江共同组成，面积约了五万平方公里，主要位于云南省、贵州省、重庆市和广西壮族自治区。中国南方喀斯特展示了热带至亚热带的喀斯特地貌
开平碉楼与村落		广东	文化遗产	2007年	开平碉楼与村落以碉楼和建有碉楼的村落闻名于世，位于广东省江门市开平市的乡村，现存碉楼有1833幢。自明朝以来，由于水患和匪患的缘故，开平当地就已有民众开始修建碉楼。其特色为中西合璧，结合有古希腊、古罗马及伊斯兰等多种风格
福建土楼		福建	文化遗产	2008年	福建土楼通常是指闽西南独有的、利用不加工的生土夯筑承重生土墙壁所构成的群居和防卫合一的大型楼房，俗称"生土楼"。总数约三千余座，主要分布地区包括龙岩市永定县和漳州市南靖县、诏安县、平和县、华安县。福建土楼是世界独一无二的山区大型夯土民居形式，产生于宋、元，成熟于明末、清代和中华民国时期。福建土楼依山就势，就地取材，适应聚族而居的生活和共御外敌的防御要求，被称为中国传统民居的瑰宝

续表

名称	图片	地点	类型	登录年份	简介
三清山国家级风景名胜区		江西	自然遗产	2008年	三清山位于江西省上饶市玉山县与德兴市交界处，距玉山县城50公里，距上饶市78公里。三清山为怀玉山脉主峰，因玉京、玉虚、玉华"三峰峻拔、如三清列坐其巅"而得其名，三峰中以玉京峰为最高，海拔1816.9米，是江西第五高峰，也是信江的源头之一。三清山风景秀美，同时又是道教名山。
五台山		山西	文化遗产	2009年	五台山位于山西省东北部忻州市五台县东北隅，位居中国四大佛教名山之首，被称为"金五台"，被认为是文殊菩萨的道场。它是世界佛教五大圣地之一。五台山并非一座山，它是坐落于"华北屋脊"之上的一系列山峰群，景区总面积达2837平方公里，最高海拔3058米。五座山峰(东台望海峰、南台锦绣峰、中台翠岩峰、西台挂月峰、北台叶斗峰)环抱整片区域，顶无林木而平坦宽阔，犹如垒土之台，故而得名。 五台山是我国唯一一个青庙(汉传佛教)与黄庙(藏传佛教)交相辉映的佛教道场，因此汉族、蒙古族、藏族等民族在此和谐共处。五台山据传拥有寺庙128座，现存寺院共47处，台内39处，台外8处，其中多敕建寺院，多朝皇帝前来参拜。著名的有显通寺、塔院寺、菩萨顶、南山寺、黛螺顶、广济寺、万佛阁等。

续表

名称	图片	地点	类型	登录年份	简介
登封"天地之中"历史建筑群		河南	文化遗产	2010年	登封"天地之中"指河南省登封市的一批具有悠久历史的文物古迹,包括周公测景台和观星台、嵩岳寺塔、太室阙和中岳庙、少室阙、启母阙、嵩阳书院、会善寺、少林寺建筑群(包括常住院、塔林和初祖庵)等8处11项历史建筑。该建筑群中的各建筑建成时间从汉至清,时间跨度达两千多年。
中国丹霞地貌		福建、湖南、广东、江西、浙江、贵州	自然遗产	2010年	丹霞地貌的定义为"有陡崖的陆上红层地貌",1928年冯景兰等在广东省仁化县丹霞山考察时首先命名。形成丹霞地貌的是一种沉积在内陆盆地的红色岩层,这种岩层在千百万年的地质变化过程中,被水切割侵蚀,形成了红色山块群。中国丹霞地貌包括贵州赤水、福建泰宁、湖南崀山、广东丹霞山、江西龙虎山(包括龟峰)、浙江江郎山六处典型的丹霞地貌。

续表

名称	图片	地点	类型	登录年份	简介
杭州西湖文化景观		浙江	文化遗产	2011年	杭州西湖位于浙江省杭州市区西面,东靠杭州市区,其余三面环山,面积约6.39平方千米,南北长约3.2千米,东西宽约2.8千米,绕湖一周近15千米。西湖平均水深2.27米,水体容量约为1429万立方米。湖中被孤山、白堤、苏堤、杨公堤分隔,按面积大小分别为外西湖、西里湖(又称"后西湖"或"后湖")、北里湖(又称"里西湖")、小南湖(又称"南湖")及岳湖五片水面,其中外西湖面积最大。孤山是西湖中最大的天然岛屿,苏堤、白堤越过湖面,小瀛洲、湖心亭、阮公墩三个人工小岛鼎立于外西湖湖心,雷峰塔与保俶塔隔湖相映,由此形成了"一山、二塔、三岛、三堤、五湖"的基本格局。
元上都遗址		内蒙古	文化遗产	2012年	元上都或称上都,即开平,位于今内蒙古自治区锡林郭勒盟正蓝旗境内,多伦县西北闪电河畔。元世祖忽必烈即位以前,于1256年三月,命刘秉忠建王府于此。1260年5月5日,忽必烈在开平即位。1263年6月16日,忽必烈下诏升开平为上都。1267年,忽必烈定都燕京(1271年改称大都),改上都为陪都,作避暑行宫,夏天在这里处理政务。

续表

名称	图片	地点	类型	登录年份	简介
澄江化石地		云南	自然遗产	2012年	澄江化石地是位于云南澄江县境内40多处散存的寒武纪多门类古生物群遗址，距今约5.16亿年到5.21亿年，主要集中于帽天山的页岩，对该地的发掘开始于1984年。由于澄江化石埋藏的地质条件特殊，不但保存了生物硬体化石，而且保存了非常罕见的清晰的生物软体印痕化石。其特点是动物体内没有矿物质的软组织部分保存得非常好，例如表皮、纤毛、眼睛、肠胃、消化道、口腔、神经等。其中，丰娇昆明鱼是已知最古老的脊椎动物，化石在5.2亿年前寒武纪的地层被发现，似乎是由软骨构造的头颅骨及骨骼。澄江动物群比加拿大的伯吉斯动物群更为丰富，而且年代较其约早一千万年。我们可以通过澄江化石地窥见寒武纪生命大爆发时代的海洋景观。

续表

名称	图片	地点	类型	登录年份	简介
新疆天山		新疆	自然遗产	2013年	天山山脉是亚洲中部最大的一条山脉，横亘新疆的中部、吉尔吉斯斯坦和乌兹别克斯坦，西端伸入哈萨克斯坦。古名白山，又名雪山，冬夏有雪，匈奴谓之天山，唐时又名折罗漫山，高达二万一千九百尺，宽约250—300千米，平均海拔约5,000米。最高峰是托木尔峰，海拔为7435.3米，在中华人民共和国和吉尔吉斯斯坦边界；第二高峰是汗腾格里峰，海拔6995米，在哈萨克斯坦和吉尔吉斯斯坦边界；博格达峰的海拔为5445米，在中华人民共和国境内。新疆的三条大河——锡尔河、楚河和伊犁河都发源于天山。天山山脉把新疆分成两部分：南边是塔里木盆地，北边是准噶尔盆地。天山由东西走向的褶皱断块山组成，山间有陷落盆地，如哈密盆地、吐鲁番盆地，西部有伊犁谷地。 位于乌鲁木齐市以东的博格达峰海拔5445米，峰上的积雪终年不化，人们称它为"雪海"。位于博格达峰山腰的天池，清澈透明，是新疆著名的旅游胜地。目前，博格达峰自然保护区已纳入联合国教科文组织"人与生物圈"自然保护区网。

续表

名称	图片	地点	类型	登录年份	简介
红河哈尼梯田文化景观		云南	文化景观	2013年	红河哈尼梯田是位于云南省红河哈尼族彝族自治州的梯田。云南多山，亦多梯田，哀牢山哈尼梯田为云南梯田的代表，被誉为"中国最美的山岭雕刻"。哈尼梯田至今有1200多年历史，规模宏大，分布于云南南部红河州元阳县、红河县、金平县、绿春县四县，总面积约100万亩，其中元阳县是哈尼梯田的核心区，当地的梯田修筑在山坡上，最高可达3000级，景观壮丽。
大运河		北京、天津、河北、河南、山东、安徽、江苏、浙江	文化遗产	2014年	大运河包括京杭大运河、浙东运河、隋唐大运河。京杭大运河和浙东运河北起北京，南至宁波，途经天津、河北、山东、安徽、江苏、浙江诸省。隋唐大运河则以洛阳为中心，北到涿州，南到余杭（今杭州），途经现在的河南、安徽、江苏、浙江、山东、河北诸省。大运河对中国经济的繁荣和稳定起到了重要作用，时至今日仍对区域的交流起着促进作用。

续表

名称	图片	地点	类型	登录年份	简介
丝绸之路：长安至天山廊道的路网		中国的河南、陕西、甘肃、新疆，吉尔吉斯斯坦，哈萨克斯坦	文化遗产	2014年	丝绸之路：长安—天山廊道的路网是在古代东西文化交流上扮演了重要角色的丝绸之路上的一段路线及相关古遗址遗迹。包括重点城镇遗迹、商贸城市、交通遗迹、宗教遗迹及相关遗迹五类代表性遗迹共计33处。长达5000公里的长安—天山廊道路网在绵长的丝绸之路路网中的一部分，从汉唐的都城长安出发，一路向西延伸至中亚七河地区。它形成于公元前2世纪和公元1世纪之间，直到16世纪之前都在使用。它对多种文明的交流起到了促进作用，为商品交换、宗教信仰、科技知识的传播、技术创新、文化实践和文学艺术的深度交流提供了便利。这段路网中有多个古代帝国以及可汗王国的都城和宫殿建筑群、教窟寺、古道、驿站、关口、烽火台、长城、碉堡、墓地和宗教建筑。

续表

名称	图片	地点	类型	登录年份	简介
土司遗址		湖南、湖北、贵州	文化遗产	2015年	土司遗址是包括湖南永顺老司城遗址、湖北恩施唐崖土司城址、贵州遵义海龙屯的世界遗产。土司制度的实施对少数民族习俗与文化的保留、对中央政权的稳固起了重大的作用。土司制度源自于元明时代的中国文明。中国的"土司制度"是针对西南少数民族地区的民族政策，推行期为13世纪至20世纪初（元明清时代），有数百年的历史。其特点是中央委任当地首领担任"土司"，世袭统治当地人民。土司遗址见证了古代中国作为统一多民族国家，对西南多民族地区独特的"齐政修教、因俗而治"的管理智慧。这一管理智慧促进了民族地区的持续发展，有助于国家的长期统一，并在维护民族文化多样性传承方面具有突出的意义。列入《世界遗产名录》的这三处遗址是土司制度鼎盛时期的遗存，是中国土司遗产中的代表
左江花山岩壁画文化景观		广西	文化遗产	2016年	花山崖壁画主要分布在桂南左江流域的宁明、龙州、崇左、扶绥、大新等壮族聚居的地区，是壮族祖先骆越人所画，共79处。其中宁明县明江花山崖壁画规模最大，最为壮观，被称为"自然展览宫""壮族文化瑰宝"。列入世界遗产范围的共有38幅岩画，这些岩画创作于公元前5世纪至公元2世纪之间，是当时存在于中国南方的铜鼓文化唯一例证

续表

名称	图片	地点	类型	登录年份	简介
湖北神农架		湖北、重庆	自然遗产	2016年（神农架林区）2021年（五里坡）	神农架林区为湖北省的省直辖县级行政区，也是我国境内唯一作为县级行政区的林区。地处湖北省西北部，相传华夏始祖炎帝神农氏在此搭架采药，亲尝百草。其境内有湖北神农架国家公园，世界遗产范围区域包括神农顶、老君山和五里坡，这一区域是我国生物多样性最为丰富的三大区域之一，不但为许多珍稀动植物提供了生存环境，同时也为植物学、动物学与生态学研究提供了极为珍贵的资源和范例。大九湖湿地则被批准纳入国际重要湿地名录，并且是中国神农架世界地质公园的其中一个园区
青海可可西里		青海、西藏	自然遗产	2017年	可可西里位于青藏高原西北部，夹在唐古拉山和昆仑山之间，海拔4500米以上，是第三大无人区，因此保留着完整的原始自然状态，成为野生动物的乐土
鼓浪屿国际历史社区		福建	文化遗产	2017年	鼓浪屿是一个位于福建省厦门市思明区的小岛，原鼓浪屿区后被撤销行政区并入思明管辖，现成为著名的风景区，面积不到2平方公里，人口约2万。有"海上花园""万国建筑博览会""钢琴之岛"之美称。除环岛电动车外不允许机动车辆上岛，因此气氛幽静。2005年《中国国家地理》杂志将鼓浪屿评为"中国最美的城区"第一名

续表

名称	图片	地点	类型	登录年份	简介
梵净山		贵州	自然遗产	2018年	梵净山位于贵州铜仁市的印江县、江口县、松桃县交界处,为武陵山脉主峰,方圆达六七百里,其最高峰凤凰金顶(凤凰山)海拔2572米,朝拜地老金顶(梵净山老山)海拔2494米,新金顶(新山)海拔2336米。梵净山是云贵高原向湘西丘陵过渡斜坡上的第一高峰,相对高度达两千米,它不仅是乌江与沅江的分水岭,而且还是横亘于贵州、重庆、湖南、湖北四省(区)的武陵山脉的最高主峰。梵净山原始生态保存完好,1982年被联合国列为一级世界生态保护区。梵净山拥有丰富的野生动植物资源,比如黔金丝猴、珙桐等珍稀物种。
中国黄(渤)海候鸟栖息地(第一期)		江苏	自然遗产	2019年	中国黄(渤)海候鸟栖息地(第一期)由江苏大丰麋鹿国家级自然保护区、江苏盐城国家级珍禽自然保护区南段及东沙试验区和江苏盐城条子泥市级自然保护区(YS-1)、江苏盐城湿地珍禽国家级自然保护区中段(YS-2)两部分组成,总面积超过2680平方公里。

续表

名称	图片	地点	类型	登录年份	简介
良渚古城遗址		浙江	文化遗产	2019年	良渚遗址位于浙江省杭州市余杭区良渚街道、瓶窑镇及周边地区，是以良渚古城遗址为中心的遗址群，总面积约34平方公里，遗址年代为公元前3300年至公元前2000年，属于新石器时代文化遗址，是良渚文化最重要、最具代表性的遗址。良渚遗址发现于1936年，当时西湖博物馆的工作人员施昕更在今老和山一带的古荡遗址发掘时，注意到此地的出土器物与其家乡良渚一带常见的出土器物极为相似，便经西湖博物馆同意支持，于1936年12月至1937年3月间，在良渚一带进行了三次试掘，发现茅庵里、棋盘坟等12处遗址。出土的陶器中有引人注目的黑陶，当时被认为与山东龙山文化类似，揭开了长江下游考古工作的序幕。随后，以黑陶、磨光石器和精致玉器为代表的新时期文化遗存在环太湖流域不断被发现，与龙山文化的差异也逐渐明显。

续表

名称	图片	地点	类型	登录年份	简介
泉州：宋元中国的世界海洋商贸中心		福建	文化遗产	2021年	泉州的泉州港在宋元时期便以"刺桐"的代称闻名于世,是"海上丝绸之路"的起点,是宋元时期东方重要的港口城市。"古泉州(刺桐)史迹"系列遗产包含了万寿塔、文兴码头、美山码头、石湖码头、六胜塔、九日山祈风石刻、磁灶窑系金交椅山窑址、真武庙、天后宫、德济门遗址、洛阳桥、泉州府文庙、伊斯兰教圣墓、清净寺、开元寺、草庵摩尼光佛造像、老君岩造像17个遗产点。2017年1月26日,中国联合国教科文组织全国委员会秘书处推荐海上丝绸之路最具代表性的港口城市"古泉州(刺桐)史迹"作为2018年世界文化遗产申报项目。2018年6月29日,古泉州(刺桐)史迹在第42届世界遗产大会上被评审为"发还待议",暂未列入世界遗产名录中。2020年,该项目名称变更为"泉州：宋元中国的世界海洋商贸中心",并且将申报的遗产项目扩大至22处后,再度提交至第44届世界遗产大会审议。2021年6月,国际古迹遗址理事会在报告中建议对此项目"予以登录"。2021年7月25日,在福州举行的第44届世界遗产大会宣布泉州：宋元中国的世界海洋商贸中心列入世界遗产名录。

附录2 中国AAAAA级景区名录

景点名称	所属省份(个数)	登录年份
故宫博物院	北京市(8个)	2007年
天坛公园		2007年
颐和园		2007年
北京八达岭——慕田峪长城旅游区		2007年
北京市明十三陵景区		2011年
恭王府景区		2012年
北京市奥林匹克公园		2012年
北京市海淀区圆明园景区		2019年
天津古文化街旅游区(津门故里)	天津市(2个)	2007年
天津盘山风景名胜区		2007年
承德避暑山庄及周围寺庙景区	河北省(11个)	2007年
保定市安新白洋淀景区		2007年
河北保定野三坡景区		2011年
河北省石家庄市西柏坡景区		2011年
唐山市清东陵景区		2015年
邯郸市娲皇宫景区		2015年
河北省邯郸市广府古城景区		2017年
河北省保定市白石山景区		2017
秦皇岛市山海关景区		2007/2018年
河北省保定市清西陵景区		2019年
河北省承德市金山岭长城景区		2020年
大同市云冈石窟		2007年
忻州市五台山风景名胜区		2007年
山西晋城皇城相府生态文化旅游区		2011年

续表

景点名称	所属省份(个数)	登录年份
晋中市介休绵山景区	山西省(9个)	2013年
晋中市平遥古城景区		2015年
山西省忻州市雁门关景区		2017年
山西省临汾市洪洞大槐树寻根祭祖园景区		2018年
山西省长治市壶关太行山大峡谷八泉峡景区		2019年
山西省临汾市云丘山景区		2020年
内蒙古鄂尔多斯响沙湾旅游景区	内蒙古自治区(6个)	2011年
内蒙古鄂尔多斯成吉思汗陵旅游区		2011年
内蒙古自治区满洲里市中俄边境旅游区		2016年
内蒙古自治区阿尔山·柴河旅游景区		2017年
内蒙古自治区赤峰市阿斯哈图石阵旅游区		2018年
内蒙古自治区阿拉善盟胡杨林旅游区		2019年
沈阳市植物园	辽宁省(6个)	2007年
大连老虎滩海洋公园、老虎滩极地馆		2007年
辽宁大连金石滩景区		2011年
本溪市本溪水洞景区		2015年
辽宁省鞍山市千山景区		2017年
辽宁省盘锦市红海滩风景廊道景区		2019年
长白山景区	吉林省(7个)	2007年
长春市伪满皇宫博物院		2007年
吉林长春净月潭景区		2011年
长春市长影世纪城旅游区		2015年
敦化市六鼎山文化旅游区		2015年
吉林省长春市世界雕塑公园旅游景区		2017年
吉林省通化市高句丽文物古迹旅游景区		2019年
哈尔滨市太阳岛景区	黑龙江省(6个)	2007年
黑龙江黑河五大连池景区		2011年
黑龙江牡丹江镜泊湖景区		2011年
伊春市汤旺河林海奇石景区		2013年

续表

景点名称	所属省份(个数)	登录年份
漠河北极村旅游区		2015 年
黑龙江省虎林市虎头旅游景区		2019 年
上海东方明珠广播电视塔	上海市(4 个)	2007 年
上海野生动物园		2007 年
上海科技馆		2010 年
上海市中国共产党一大、二大、四大纪念馆景区		2021 年
苏州园林(拙政园、虎丘山、留园)	江苏省(25 个)	2007 年
苏州市周庄古镇景区		2007 年
南京市钟山风景名胜区—中山陵园风景区		2007 年
中央电视台无锡影视基地三国水浒景区		2007 年
无锡市灵山景区		2009 年
苏州市同里古镇景区		2010 年
南京市夫子庙—秦淮风光带景区		2010 年
常州市环球恐龙城休闲旅游区		2010 年
扬州市瘦西湖风景区		2010 年
南通市濠河景区		2012 年
江苏省姜堰市溱湖旅游景区		2012 年
苏州市金鸡湖景区		2012 年
镇江市金山·焦山·北固山旅游景区		2012 年
无锡市鼋头渚景区		2012 年
苏州市吴中太湖旅游区		2013 年
苏州市沙家浜·虞山尚湖旅游区		2013 年
常州市天目湖景区		2013 年
镇江市句容茅山景区		2014 年
周恩来故里旅游景区		2015 年
大丰中华麋鹿园景区		2015 年
江苏省徐州市云龙湖景区		2016 年
江苏省连云港花果山景区		2016 年
江苏省常州市中国春秋淹城旅游区		2017 年

续表

景点名称	所属省份(个数)	登录年份
江苏省无锡市惠山古镇景区		2019 年
江苏省宿迁市洪泽湖湿地景区		2020 年
杭州市西湖风景名胜区		2007 年
温州市雁荡山风景名胜区		2007 年
舟山市普陀山风景名胜区		2007 年
杭州市千岛湖风景名胜区		2010 年
嘉兴市桐乡乌镇古镇旅游区		2010 年
宁波市奉化溪口—滕头旅游景区		2010 年
金华市东阳横店影视城景区		2010 年
浙江省嘉兴市南湖旅游区		2011 年
浙江省杭州西溪湿地旅游区	浙江省(19 个)	2012 年
浙江省绍兴市鲁迅故里沈园景区		2012 年
衢州市开化根宫佛国文化旅游景区		2013 年
湖州市南浔古镇景区		2015 年
台州市天台山景区		2015 年
台州市神仙居景区		2015 年
浙江省嘉兴市西塘古镇旅游景区		2017 年
浙江省衢州市江郎山·廿八都景区		2017 年
浙江省宁波市天一阁·月湖景区		2018 年
浙江省丽水市缙云仙都景区		2019 年
浙江省温州市刘伯温故里景区		2020 年
黄山市黄山风景区		2007 年
池州市九华山风景区		2007 年
安徽省安庆市天柱山风景区		2011 年
安徽省黄山市皖南古村落—西递宏村		2011 年
六安市天堂寨旅游景区	安徽省(12 个)	2012 年
安徽省宣城市绩溪龙川景区		2012 年
阜阳市颍上八里河景区		2013 年
黄山市古徽州文化旅游区		2014 年

续表

景点名称	所属省份(个数)	登录年份
合肥市三河古镇景区		2015 年
安徽省芜湖市方特旅游区		2016 年
安徽省六安市万佛湖景区		2016 年
安徽省马鞍山市长江采石矶文化生态旅游区		2020 年
厦门市鼓浪屿风景名胜区		2007 年
南平市武夷山风景名胜区		2007 年
福建省三明市泰宁风景旅游区		2011 年
福建省土楼(永定·南靖)旅游		2011 年
宁德市白水洋—鸳鸯溪旅游区	福建省(10 个)	2012 年
泉州市清源山景区		2012 年
宁德市福鼎太姥山旅游区		2013 年
福州市三坊七巷景区		2015 年
龙岩市古田旅游区		2015 年
福建省莆田市湄洲岛妈祖文化旅游区		2020 年
江西省庐山风景名胜区		2007 年
吉安市井冈山风景旅游区		2007 年
江西省上饶市三清山旅游景区		2011 年
江西省鹰潭市龙虎山旅游景区		2012 年
上饶市婺源江湾景区		2013 年
景德镇古窑民俗博览区		2013 年
瑞金市共和国摇篮旅游区	江西省(13 个)	2015 年
宜春市明月山旅游区		2015 年
江西省抚州市大觉山景区		2017 年
江西省上饶市龟峰景区		2017 年
江西省南昌市滕王阁旅游区		2018 年
江西省萍乡市武功山景区		2019 年
江西省九江市庐山西海景区		2020 年
泰安市泰山景区		2007 年
烟台市蓬莱阁旅游区		2007 年

续表

景点名称	所属省份(个数)	登录年份
济宁市曲阜明故城(三孔)旅游区	山东省(13个)	2007年
山东青岛崂山景区		2011年
山东威海刘公岛景区		2011年
山东烟台龙口南山景区		2011年
枣庄市台儿庄古城景区		2013年
济南市天下第一泉景区		2013年
山东省沂蒙山旅游区		2013年
山东省潍坊市青州古城旅游区		2017年
山东省威海市华夏城旅游景区		2017年
山东省东营市黄河口生态旅游区		2019年
山东省临沂市萤火虫水洞·地下大峡谷旅游区		2020年
登封市嵩山少林景区	河南省(14个)	2007年
洛阳市龙门石窟景区		
焦作市云台山—神农山·青天河景区		2007年
河南安阳殷墟景区		2011年
河南洛阳白云山景区		2011年
河南开封清明上河园		2011年
河南省平顶山市尧山中原大佛景区		2011年
河南省洛阳栾川老君山鸡冠洞旅游区		2012年
洛阳市龙潭大峡谷景区		2013年
南阳市西峡伏牛山老界岭恐龙遗址园旅游区		2014年
驻马店市嵖岈山旅游景区		2015年
河南省红旗渠太行大峡谷		2016年
河南省永城市芒砀山旅游景区		2017年
河南省新乡市八里沟景区		
武汉市黄鹤楼公园		2007年
宜昌市三峡大坝—屈原故里旅游区		2007年
湖北省宜昌市三峡人家风景区		2011年
湖北省十堰市武当山风景区		2011年

续表

景点名称	所属省份(个数)	登录年份
湖北省恩施土家族苗族自治州神龙溪纤夫文化旅游区	湖北省(13个)	2011年
湖北省神农架旅游区		2012年
宜昌市长阳清江画廊景区		2013年
武汉市东湖景区		2013年
武汉市黄陂木兰文化生态旅游区		2014年
恩施土家族苗族自治州恩施大峡谷景区		2015年
湖北省咸宁市三国赤壁古战场景区		2018年
湖北省襄阳市古隆中景区		2019年
湖北省恩施土家族苗族自治州腾龙洞景区		2020年
张家界武陵源—天门山旅游区	湖南省(11个)	2007年
衡阳市南岳衡山旅游区		2007年
湖南省湘潭市韶山旅游区		2011年
湖南省岳阳市岳阳楼—君山岛景区		2011年
湖南省长沙市岳麓山·橘子洲旅游区		2012年
长沙市花明楼景区		2013年
郴州市东江湖旅游区		2015年
湖南省邵阳市崀山景区		2016年
湖南省株洲市炎帝陵景区		2019年
湖南省常德市桃花源旅游区		2020年
湖南省湘西土家族苗族自治州矮寨·十八洞·德夯大峡谷景区		
广州市长隆旅游度假区	广东省(15个)	2007年
深圳华侨城旅游度假区		2007年
广东省广州市白云山风景区		2011年
梅州市雁南飞茶田景区		2011年
深圳市观澜湖休闲旅游区		2011年
广东省清远市连州地下河旅游景区		2011年
广东省韶关市丹霞山景区		2012年
佛山市西樵山景区		2013年

续表

景点名称	所属省份(个数)	登录年份
惠州市罗浮山景区		2013年
佛山市长鹿旅游休博园		2014年
阳江市海陵岛大角湾海上丝路旅游区		2015年
广东省中山市孙中山故里旅游区		2016年
广东省惠州市惠州西湖旅游景区		2018年
广东省肇庆市星湖旅游景区		2019年
广东省江门市开平碉楼文化旅游区		2020年
桂林市漓江景区		2007年
桂林市乐满地度假世界		2007年
桂林市独秀峰—王城景区		2012年
南宁市青秀山旅游区	广西壮族自治区(8个)	2014年
广西壮族自治区桂林市两江四湖·象山景区		2017年
广西壮族自治区崇左市德天跨国瀑布景区		2018年
广西壮族自治区百色市百色起义纪念园景区		2019年
广西壮族自治区北海市涠洲岛南湾鳄鱼山景区		2020年
三亚市南山文化旅游区		2007年
三亚市南山大小洞天旅游区		2007年
海南呀诺达雨林文化旅游区	海南省(6个)	2012年
分界洲岛旅游区		2013年
海南槟榔谷黎苗文化旅游区		2015年
海南省三亚市蜈支洲岛旅游区		2016年
重庆大足石刻景区		2007年
重庆巫山小三峡—小小三峡		2007年
武隆喀斯特旅游区(天生三桥、仙女山、芙蓉洞)		2011年
酉阳桃花源旅游景区		2012年
重庆市万盛经开区黑山谷景区	重庆市(10个)	2012年
重庆市南川金佛山		2013年
江津四面山景区		2015年
重庆市云阳龙缸景区		2017年

续表

景点名称	所属省份(个数)	登录年份
重庆市彭水县阿依河景区		2019 年
重庆市黔江区濯水景区		2020 年
成都市青城山—都江堰旅游景区	四川省(15 个)	2007 年
乐山市峨眉山景区		2007 年
阿坝藏族羌族自治州九寨沟旅游景区		2007 年
乐山市乐山大佛景区		2011 年
四川省阿坝州黄龙景区		2012 年
绵阳市北川羌城旅游区		2013 年
阿坝州汶川特别旅游区		2013 年
南充市阆中古城旅游区		2013 年
广安市邓小平故里旅游区		2013 年
广元市剑门蜀道剑门关旅游区		2015 年
四川省南充市仪陇朱德故里景区		2016 年
四川省甘孜州海螺沟景区		2017 年
四川省雅安市碧峰峡旅游景区		2019 年
四川省巴中市光雾山旅游景区		2020 年
四川省甘孜州稻城亚丁旅游景区		2020 年
安顺市黄果树大瀑布景区	贵州省(8 个)	2007 年
安顺市龙宫景区		2007 年
毕节市百里杜鹃景区		2013 年
黔南州荔波樟江景区		2015 年
贵州省贵阳市花溪青岩古镇景区		2017 年
贵州省铜仁市梵净山旅游区		2018 年
贵州省黔东南州镇远古城旅游景区		2019 年
贵州省遵义市赤水丹霞旅游区		2020 年
昆明市石林风景区	云南省(9 个)	2007 年
丽江市玉龙雪山景区		2007 年
丽江市丽江古城景区		2011 年
大理市崇圣寺三塔文化旅游区		2011 年

续表

景点名称	所属省份(个数)	登录年份
中国科学院西双版纳热带植物园		2011 年
迪庆藏族自治州香格里拉普达措景区		2012 年
云南省昆明市昆明世博园景区		2016 年
云南省保山市腾冲火山热海旅游区		2016 年
云南省文山州普者黑旅游景区		2020 年
拉萨布达拉宫景区		2013 年
拉萨市大昭寺		2013 年
林芝巴松措景区	西藏自治区(5个)	2017 年
日喀则扎什伦布寺景区		2017 年
林芝市雅鲁藏布大峡谷旅游景区		2020 年
西安市秦始皇兵马俑博物馆		2007 年
西安市华清池景区		2007 年
延安市黄帝陵景区		2007 年
陕西西安大雁塔·大唐芙蓉园景区		2011 年
陕西渭南华山景区		2011 年
宝鸡市法门寺佛文化景区	陕西省(11个)	2014 年
商洛市金丝峡景区		2015 年
陕西省宝鸡市太白山旅游景区		2016 年
陕西省西安市城墙·碑林历史文化景区		2018 年
陕西省延安市延安革命纪念地景区		2019 年
陕西省西安市大明宫旅游景区		2020 年
嘉峪关市嘉峪关文物景区		2007 年
平凉市崆峒山风景名胜区		2007 年
甘肃天水麦积山景区	甘肃省(6个)	2011 年
敦煌鸣沙山月牙泉景区		2015 年
甘肃省张掖市七彩丹霞景区		2019 年
甘肃省临夏州炳灵寺世界文化遗产旅游区		2020 年
青海省青海湖景区	青海省(4个)	2011 年
西宁市塔尔寺景区		2012 年

续表

景点名称	所属省份(个数)	登录年份
青海省海东市互助土族故土园景区		2017 年
青海省海北州阿咪东索景区		2020 年
石嘴山市沙湖旅游景区	宁夏回族自治区(4 个)	2007 年
中卫市沙坡头旅游景区		2007 年
宁夏银川镇北堡西部影视城		2011 年
银川市灵武水洞沟旅游区		2015 年
新疆天山天池风景名胜区	新疆维吾尔自治区(16 个)	2007 年
吐鲁番市葡萄沟风景区		2007 年
阿勒泰地区喀纳斯景区		2007 年
新疆伊犁那拉提旅游风景区		2011 年
阿勒泰地区富蕴可可托海景区		2012 年
喀什地区泽普金湖杨景区		2013 年
乌鲁木齐天山大峡谷景区		2013 年
巴音郭楞蒙古自治州博斯腾湖景区		2014 年
喀什地区喀什噶尔老城景区		2015 年
新疆维吾尔自治区伊犁哈萨克自治州喀拉峻景区		2016 年
新疆维吾尔自治区巴音郭楞蒙古自治州和静巴音布鲁克景区		2016 年
新疆维吾尔自治区喀什地区帕米尔旅游区		2019 年
新疆维吾尔自治区克拉玛依市世界魔鬼城景区		2020 年
新疆维吾尔自治区博尔塔拉蒙古自治州赛里木湖景区		2021 年
新疆生产建设兵团第十师白沙湖景区		2017 年
新疆生产建设兵团阿拉尔市塔克拉玛干·三五九旅文化旅游区		2021 年

附录3 "一带一路"沿线国家名单

东亚
中国、蒙古

西亚18国
伊朗、伊拉克、土耳其、叙利亚、约旦、黎巴嫩、以色列、巴勒斯坦、沙特阿拉伯、也门、阿曼、阿联酋、卡塔尔、科威特、巴林、希腊、塞浦路斯、埃及的西奈半岛

南亚8国
印度、巴基斯坦、孟加拉、阿富汗、斯里兰卡、马尔代夫、尼泊尔、不丹

中亚5国
哈萨克斯坦、乌兹别克斯坦、土库曼斯坦、塔吉克斯坦、吉尔吉斯斯坦

东盟10国
新加坡、马来西亚、印度尼西亚、缅甸、泰国、老挝、柬埔寨、越南、文莱、菲律宾

独联体7国
俄罗斯、乌克兰、白俄罗斯、格鲁吉亚、阿塞拜疆、亚美尼亚、摩尔多瓦

中东欧16国
波兰、立陶宛、爱沙尼亚、拉脱维亚、捷克、斯洛伐克、匈牙利、斯洛文尼亚、克罗地亚、波斯尼亚和黑塞哥维那、黑山、塞尔维亚、阿尔巴尼亚、罗马尼亚、保加利亚、马其顿

参考文献

[1] 陈启跃,等.旅游线路设计[M].上海:上海交通大学出版社,2005.
[2] 杨卫伍,等.旅游演艺的理论与实践[M].北京:中国旅游出版社,2013.
[3] 龚维嘉.旅游线路开发与设计[M].安徽:合肥工业大学出版社,2008.
[4] 张道顺.旅游产品设计与操作手册[M].北京:旅游教育出版社,2006.
[5] 赵毅,等.新编旅游市场营销学[M].北京:清华大学出版社,2006.
[6] 张振家.旅游线路设计[M].北京:清华大学出版社,2017.
[7] 吴国清.旅游线路设计[M].北京:旅游教育出版社,2005(2019).
[8] 马继兴.旅游心理学[M].北京:清华大学出版社,2010.7.
[9] 刘纯.旅游心理学[M].北京:高等教育出版社,2004.6.
[10] 刘伟.旅游概论[M].北京:高等教育出版社,2019.
[11] 胡华.旅游线路规划与设计[M].北京:旅游教育出版社,2015.
[12] 全国导游人员资格考试教材编写组.导游业务[M].北京:旅游教育出版社,2018.
[13] 龚军姣.旅游线路设计研究[D].湖南师范大学,2005.
[14] 楚义芳.关于旅游线路设计的初步研究[J].旅游学刊,1992(2):9-13,57-60.
[15] 谭彩荷.旅游线路设计的问题及实证研究[J].重庆工学院学报,2004(04):66-68.
[16] 王昕.关于旅游线路设计的思考[J].重庆师范学院学报(自然科学版),2000(S1):34-36,46.
[17] 蒋婷,朱海涛.区域美食旅游的设计开发与评价——以济南市为例[J].济南大学学报(社会科学版),2014,24(4):85-90.
[18] 王荣红,邱正英,李云.关于老年人旅游线路设计的思考[J].大舞台,2010(7):237-238.
[19] 杨铭铎,郭英敏.工业科普旅游线路设计原则与方法——以哈尔滨啤酒厂为例[J].四川旅游学院学报,2015(6):62-64,68.

[20] 邓希泉,李倢,徐洪芳.中国青年人口与发展统计报告(2018)[J].东青年职业学院学报,2018,32(04):5-13.

[21] 张小琴.小议旅游美学[J].现代企业教育,2008(22):132-133.

[22] 叶德辉.构建以人为本的旅游产品设计体系[J].包装工程,2012,33(02):133-135.

[23] 朱孔山.论旅游产品设计与开发的原则[J].商业研究,2002(14):116-118.

[24] 曹洪珍.旅行社旅游线路设计问题研究[J].对外经贸,2011(12):69-71.

[25] 康福田,张晋燕.我国旅游线路设计中的问题及对策[J].市场论坛,2013(4):75-77.

[26] 王淑华.旅游市场调研重要性再议:市场调查还要被忽视到何时[J].商场现代化,2005(24):66-67.

[27] 中华人民共和国国家质量监督检验检疫总局.旅游区(点)质量等级的划分与评定 GB/T17775-2003.

[28] 中华人民共和国国家质量监督检验检疫总局、中国国家标准化管理委员会.旅游饭店星级的划分与评定 GB/T14308-2010.

[29] 国务院新闻办公室.国新办举行加快建设交通强国推动交通运输行业高质量发展发布会[EB/OL].2020.https://www.mot.gov.cn/2020wangshangzhibo/jtqg/.

[30] 国家旅游局办公室.国家旅游局办公室关于印发"十三五"全国旅游公共服务规划的通知[EB/OL].2016.http://www.cac.gov.n/2017-03/07/c_1120585 018.htm.

[31] 国家旅游局.旅行社老年旅游服务规范[EB/OL].2016.https://baike.so.com/doc/24799989-25725825.html.

[32] 中华人民共和国文化和旅游部.旅行社旅游产品质量优化要求[EB/OL].2019.https://www.mct.gov.cn/whzx/zxgz/wlbzhgz/201905/t20190524_84 3710.htm.

[33] 民福康健康.户外登山常识登山运动的常用术语及解释[EB/OL].[2021-7-09].http://www.39yst.com/hwydcs/380293.shtml.